彩图 1　Telematics 信息交换过程示意图

彩图 2　CAN 总线系统检测盒 VAS(VAG)1598/38

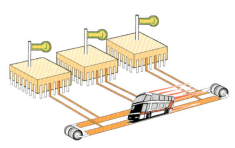

彩图 3　CAN 总线的数据传输与公交车载运乘客相似

彩图 4　BMW 车系影音娱乐系统的 MOST 总线

彩图 5　把检测盒连接到总线检测插座上

彩图 6　正确连接测量仪器（如 DSO）

彩图 7　备用的控制单元 VAS6186

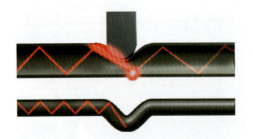
彩图8　光导纤维受压变形

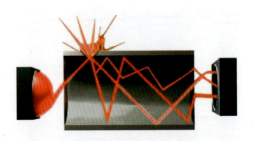
彩图9　光导纤维磨损处光线逸失

彩图10　以硬度适宜的波纹管包扎光导纤维

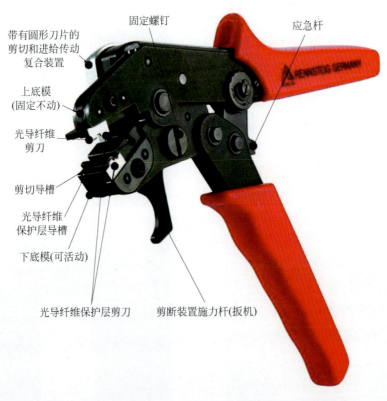
彩图11　VAS6223剪切钳

彩图 12　将光导纤维粗略地剪开

彩图 13　剪切保护层（橘红色包层）

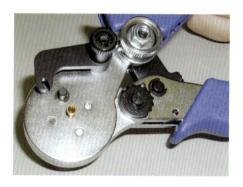

彩图 14　将光导纤维铜质接头嵌入
VAS6223 压接钳中

彩图 15　用锁定杆将铜质接头锁住

彩图 16　将光导纤维插入铜质接头的内孔

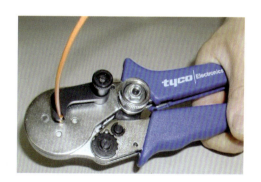

彩图 17　施力进行压接

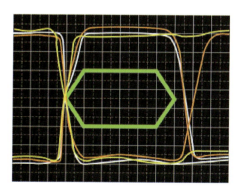

彩图 18　FlexRay 的正常波形

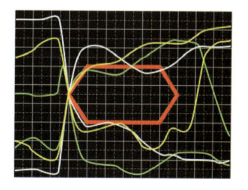

彩图 19　FlexRay 的非正常波形

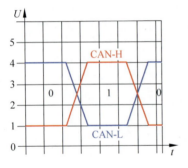
彩图 20　K-CAN 的电平

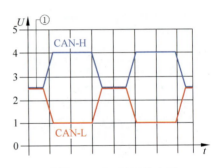
彩图 21　PT-CAN 的电平

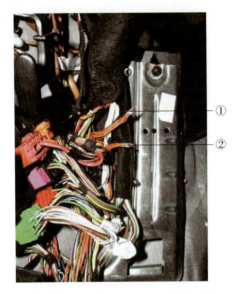
彩图 22　Audi 驱动 CAN 总线接点
①—驱动 CAN-High 导线（橙/黑）；②—驱动 CAN-Low 导线（橙/棕）

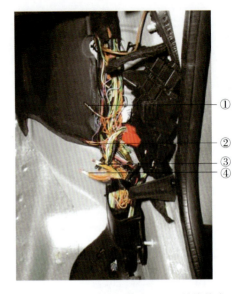
彩图 23　Audi 舒适/信息 CAN 总线接点
①—信息 CAN-Low 导线（橙/棕）；②—信息 CAN-High 导线（橙/紫）；③—舒适 CAN-High 导线（橙/绿）；④—舒适 CAN-Low 导线（橙/棕）

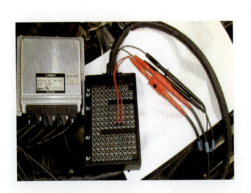
彩图 24　适配器 VAG1598/30

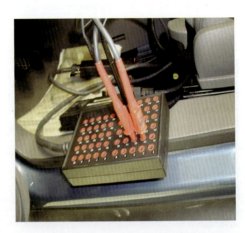
彩图 25　适配器 VAG1598/11

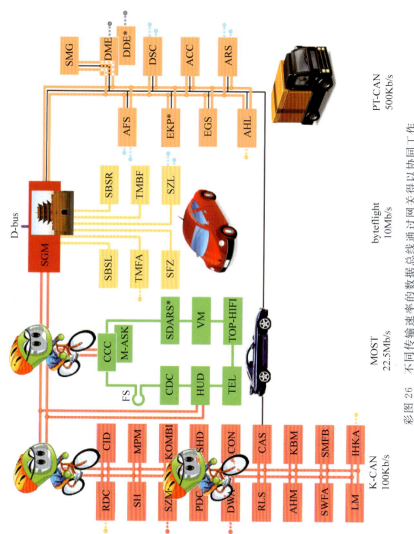

彩图26 不同传输速率的数据总线通过网关以协同工作

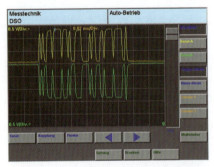

彩图 27　无故障的驱动 CAN 总线波形

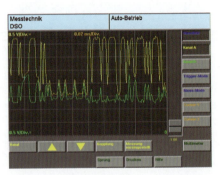

彩图 28　驱动 CAN 总线 CAN-High 导线断路的故障波形

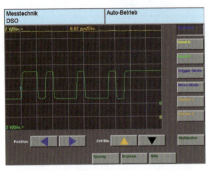

彩图 29　舒适/信息 CAN-High 导线对正极短路的故障波形

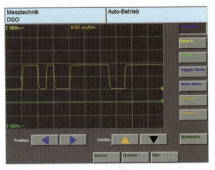

彩图 30　舒适/信息 CAN-Low 导线对地短路的故障波形

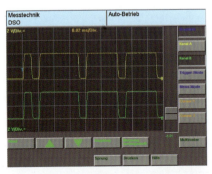

彩图 31　舒适/信息 CAN-High 导线与 CAN-Low 导线之间短路的故障波形

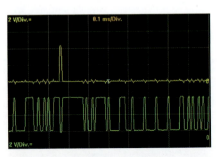

彩图 32　舒适/信息 CAN 总线处于单线工作模式下的电压波形

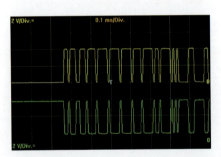

彩图 33　舒适/信息 CAN 总线的实测电压波形

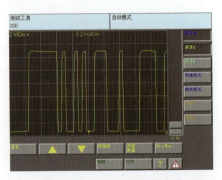

彩图 34　LIN 总线标准波形

普通高等院校汽车工程类规划教材

汽车网络技术
（第2版）

凌永成 主编
李雪飞 刘国贵 席昌钱 参编

清华大学出版社
北京

内 容 简 介

本书主要讲述 CAN 总线、光学总线(MOST 和 byteflight)、子总线系统(LIN 总线、K 总线、BSD 总线、蓝牙技术、射频技术等)、FlexRay 与车载以太网、网关与诊断总线的结构组成和工作原理,对典型车系的汽车网络系统及其故障诊断、检测、维修等实用内容也作了充分的介绍,并配有实训指导书和作业单,是一本内容较为广泛、简明扼要地反映汽车网络技术新知识的规划教材。

本书可作为普通高等院校汽车工程类专业教材,也可作为高等职业技术学院、高等专科学校以及职业培训学校的汽车运用、汽车服务、汽车维修类专业教材,还可作为广大汽车工程技术人员的参考读物。

版权所有,侵权必究。 举报: 010-62782989,beiqinquan@tup.tsinghua.edu.cn。

图书在版编目(CIP)数据

汽车网络技术/凌永成主编. —2 版. —北京: 清华大学出版社,2019.10(2023.8重印)
(普通高等院校汽车工程类规划教材)
ISBN 978-7-302-53761-8

Ⅰ. ①汽… Ⅱ. ①凌… Ⅲ. ①汽车-计算机网络-高等学校-教材 Ⅳ. ①U472.41

中国版本图书馆 CIP 数据核字(2019)第 195739 号

责任编辑:许 龙
封面设计:傅瑞学
责任校对:刘玉霞
责任印制:宋 林

出版发行:清华大学出版社
  网　　址:http://www.tup.com.cn,http://www.wqbook.com
  地　　址:北京清华大学学研大厦 A 座　　　　邮　编:100084
  社 总 机:010-83470000　　　　　　　　　　邮　购:010-62786544
  投稿与读者服务:010-62776969,c-service@tup.tsinghua.edu.cn
  质量反馈:010-62772015,zhiliang@tup.tsinghua.edu.cn
印 装 者:北京嘉实印刷有限公司
经　　销:全国新华书店
开　　本:185mm×260mm　　印 张:17.75　　插 页:3　　字 数:438 千字
版　　次:2012 年 3 月第 1 版　2019 年 10 月第 2 版　　印 次:2023 年 8 月第 6 次印刷
定　　价:49.80 元

产品编号:084355-01

教材是教学之本,是教学质量稳步提高的基本保障。教材内容必须与时俱进,紧跟技术发展的步伐,反映工程技术领域的新技术、新结构、新特点和新趋势。为此,我们组织力量对《汽车网络技术》第1版进行了全面的修订。

本书共8章,在简要介绍汽车网络技术的基本原理和发展趋势之后,重点讲述 CAN 总线、光学总线(MOST 和 byteflight)、子总线系统(LIN 总线、K 总线、BSD 总线、蓝牙技术、射频技术等)、FlexRay 与车载以太网、网关与诊断总线的结构组成和工作原理,对典型车系的汽车网络系统及其故障诊断、检测、维修等实用内容也作了充分的讲授,是一本内容较为广泛、简明扼要地反映汽车网络技术新知识的规划教材。

为进一步强化实践教学,切实培养和提高学生的汽车网络系统检修技能,本书还配有汽车网络系统检测诊断实训指导书和作业单。

本书可作为普通高等院校汽车工程类专业教材,也可作为高等职业技术学院、高等工业专科学校以及职业培训学校的汽车运用、汽车服务、汽车维修类专业教材,还可作为广大汽车工程技术人员的参考读物。

本书是按照授课时数约为60学时编写的,各学校在选用本书作为教材时,可根据自己的教学大纲适当增、减学时。

本书条理清晰,层次分明,语言简练,图文并茂,内容全面,重点突出,详略得当,删除了冗长的理论分析,强化了汽车网络系统检测、诊断等实用技术的介绍,教材内容的取舍以充分满足汽车网络工程师知识结构的要求为出发点,特别注重理论与实践的紧密结合,内容具有极强的针对性和实用性,旨在开阔学生的专业知识视野,切实培养和提高学生的技术应用能力,是一本具有鲜明特色的实用规划教材。

本书第1章及附录部分由席昌钱编写,第2、3章由李雪飞编写,第4、5、6章由刘国贵(辽宁曙光汽车集团黄海汽车有限责任公司)编写,第7、8章由凌永成编写,全书由凌永成统稿。

沈阳大学黄晓云教授作为主审,对全书进行了认真的审阅,并提出了许多宝贵意见,使本书内容更具前瞻性,在此深表感谢!

在本书编写过程中,曾得到许多专家和同行的热情支持,并参考和借鉴了宝马、奥迪、大众、奔驰、标致-雪铁龙、丰田车系的汽车技术培训资料和国内外公开出版的文献,在此一并致谢!

由于作者水平有限,书中可能存在不足或疏漏之处,恳请广大读者批评指正,以便再版时修订。

为方便选用本书作为教材的任课教师授课,编者还制作了与本书配套的电子课件。有需要的教师可与作者联系,作者会无偿提供。

凌永成

2019 年 3 月

目录

第1章 绪论 ... 1

1.1 汽车网络技术的发展 ... 1
- 1.1.1 汽车网络技术的发展历程 ... 1
- 1.1.2 汽车网络技术的发展趋势——Telematics ... 4

1.2 汽车网络技术的应用 ... 10
- 1.2.1 汽车网络技术的产生背景 ... 10
- 1.2.2 现场总线与汽车网络 ... 14
- 1.2.3 汽车网络的分类 ... 18
- 1.2.4 汽车网络技术应用概况 ... 21

1.3 汽车网络标准与协议 ... 26
- 1.3.1 A类网络标准与协议 ... 26
- 1.3.2 B类网络标准与协议 ... 27
- 1.3.3 C类网络标准与协议 ... 27
- 1.3.4 D类网络标准与协议 ... 30

复习思考题 ... 31

第2章 CAN总线 ... 32

2.1 数据信号及其传输 ... 32
- 2.1.1 数制 ... 32
- 2.1.2 数据信号的类别 ... 34
- 2.1.3 总线与接口 ... 36
- 2.1.4 数据传输方式 ... 38

2.2 CAN总线的工作原理 ... 40
- 2.2.1 CAN总线简介 ... 40
- 2.2.2 CAN总线的组成 ... 42
- 2.2.3 CAN总线系统元件的功能 ... 44
- 2.2.4 CAN总线的数据传输过程 ... 48

2.3 CAN总线的应用 ... 52
- 2.3.1 CAN总线的分类 ... 52
- 2.3.2 驱动CAN总线 ... 54

  2.3.3 舒适/信息 CAN 总线 ………………………………………………………… 58
 2.4 CAN 总线的检测 ……………………………………………………………………… 62
  2.4.1 CAN 总线检测插座 …………………………………………………………… 62
  2.4.2 CAN 总线系统检测盒 ………………………………………………………… 63
 复习思考题 …………………………………………………………………………………… 65

第 3 章 光学总线 …………………………………………………………………………… 66

 3.1 光学总线的信息传输 ………………………………………………………………… 66
  3.1.1 光学传输简介 ………………………………………………………………… 66
  3.1.2 光学传输的系统结构 ………………………………………………………… 67
 3.2 MOST 总线 …………………………………………………………………………… 72
  3.2.1 MOST 的定义与应用 ………………………………………………………… 72
  3.2.2 MOST 的组成与系统状态 …………………………………………………… 74
  3.2.3 MOST 的数据传输 …………………………………………………………… 76
  3.2.4 MOST 的诊断 ………………………………………………………………… 82
 3.3 byteflight 总线 ………………………………………………………………………… 85
  3.3.1 byteflight 简介 ………………………………………………………………… 85
  3.3.2 byteflight 系统的数据传输 …………………………………………………… 87
  3.3.3 byteflight 总线的应用 ………………………………………………………… 90
 3.4 光导纤维的使用与维修 ……………………………………………………………… 95
  3.4.1 光波传输系统的信号衰减及原因 …………………………………………… 95
  3.4.2 光导纤维的使用 ……………………………………………………………… 97
  3.4.3 光导纤维的维修 ……………………………………………………………… 98
 复习思考题 ………………………………………………………………………………… 102

第 4 章 子总线系统 ………………………………………………………………………… 103

 4.1 LIN 总线 ……………………………………………………………………………… 103
  4.1.1 LIN 总线简介 ………………………………………………………………… 103
  4.1.2 LIN 总线的数据传输 ………………………………………………………… 108
  4.1.3 LIN 总线的自诊断 …………………………………………………………… 113
 4.2 K 总线协议 …………………………………………………………………………… 115
  4.2.1 K 总线协议简介 ……………………………………………………………… 115
  4.2.2 K 总线协议的应用 …………………………………………………………… 116
 4.3 BSD 总线 ……………………………………………………………………………… 119
  4.3.1 BSD 总线简介 ………………………………………………………………… 119
  4.3.2 BSD 总线的应用 ……………………………………………………………… 120
 4.4 蓝牙技术 ……………………………………………………………………………… 126
  4.4.1 蓝牙技术简介 ………………………………………………………………… 126
  4.4.2 蓝牙技术的工作原理 ………………………………………………………… 129

    4.4.3 蓝牙技术的应用 ·· 130
  4.5 射频技术 ··· 133
    4.5.1 射频识别技术 ··· 134
    4.5.2 射频识别技术在无钥匙进入及起动系统中的应用 ············· 140
    4.5.3 蓝牙技术与射频识别技术的比较 ···························· 154
  复习思考题 ··· 155

第 5 章　FlexRay 与车载以太网　156

  5.1 FlexRay ··· 156
    5.1.1 FlexRay 简介 ··· 156
    5.1.2 FlexRay 的特性 ·· 157
    5.1.3 FlexRay 在汽车上的应用 ·································· 162
    5.1.4 FlexRay 的故障处理与检测 ································ 165
    5.1.5 FlexRay 的命运（时运不济） ······························· 166
  5.2 车载以太网 ··· 166
    5.2.1 车载以太网及其标准 ······································· 166
    5.2.2 车载以太网的发展趋势与应用 ······························ 174
  复习思考题 ··· 179

第 6 章　网关与诊断总线　181

  6.1 网关 ··· 181
    6.1.1 网关的作用和工作原理 ····································· 181
    6.1.2 网关的安装位置及其电路 ··································· 184
  6.2 诊断总线 ··· 187
    6.2.1 K 诊断总线 ··· 187
    6.2.2 大众车系的诊断 CAN 总线 ································ 188
    6.2.3 宝马车系的诊断 CAN 总线 ································ 191
  复习思考题 ··· 193

第 7 章　典型汽车网络系统　194

  7.1 奥迪车系汽车网络系统 ··· 194
    7.1.1 Audi A6 网络系统概览 ···································· 194
    7.1.2 Audi A6 网络子系统 ······································ 197
  7.2 宝马车系汽车网络系统 ··· 201
    7.2.1 宝马车系网络系统概览 ····································· 201
    7.2.2 宝马车系的 K 总线 ·· 202
    7.2.3 宝马车系的 K-CAN ······································· 203
    7.2.4 宝马车系的 PT-CAN ······································ 206
  7.3 大众车系汽车网络系统 ··· 209

7.3.1 大众车系网络系统概览 ……………………………………………………… 209
7.3.2 大众迈腾汽车网络系统 ………………………………………………………… 211
7.4 法国车系汽车网络系统 ………………………………………………………………… 218
7.4.1 汽车局域网 VAN ……………………………………………………………… 218
7.4.2 标致、雪铁龙汽车的 VAN 网络 ……………………………………………… 220
7.5 丰田车系汽车网络系统 ………………………………………………………………… 229
7.5.1 丰田车系汽车网络系统概览 ………………………………………………… 229
7.5.2 丰田车系汽车网络系统的组成 ……………………………………………… 231
复习思考题 …………………………………………………………………………………… 233

第8章 汽车网络系统检修 ……………………………………………………………… 234

8.1 常用检测仪器 …………………………………………………………………………… 234
8.1.1 万用表 ………………………………………………………………………… 234
8.1.2 示波器 ………………………………………………………………………… 235
8.1.3 汽车检测仪 …………………………………………………………………… 236
8.2 检测仪的使用与波形分析 ……………………………………………………………… 240
8.2.1 VAS5051 检测仪的使用 ……………………………………………………… 240
8.2.2 CAN 总线系统的故障信息 …………………………………………………… 248
8.2.3 驱动 CAN 总线故障波形分析 ………………………………………………… 250
8.2.4 舒适 CAN 和信息 CAN 总线故障波形分析 …………………………………… 255
8.2.5 LIN 总线故障波形分析 ……………………………………………………… 263
8.3 静态电流的检测与线束维修 …………………………………………………………… 264
8.3.1 休眠模式及静态电流的检测 ………………………………………………… 264
8.3.2 CAN 总线终端电阻的检测 …………………………………………………… 266
8.3.3 CAN 总线线束维修 …………………………………………………………… 268
复习思考题 …………………………………………………………………………………… 270

附录 汽车网络系统检测诊断实训指导书 …………………………………………………… 271

参考文献 ………………………………………………………………………………………… 274

第 1 章 绪 论

> **教学提示**:汽车网络技术极大地提高了汽车的总体技术水平,随着 Telematics 技术的逐步完善,未来汽车将向智能化、信息化方向发展。
>
> **教学要求**:本章主要介绍网络技术在汽车上的应用概况、基本组成和发展趋势。要求学生了解汽车网络技术的应用概况和发展趋势,熟悉汽车网络系统的基本组成。

1.1 汽车网络技术的发展

1.1.1 汽车网络技术的发展历程

汽车电子技术在经历了零部件层次的汽车电器时代、子系统层次的单片机(汽车计算机)控制时代之后,已经开始进入汽车网络化时代,并向汽车信息化时代迈进。

按照电子产品和电子控制系统的技术特点,可将汽车电子技术的发展粗略地划分为 4 个阶段。

1. 第一阶段——零部件层次的汽车电器时代

1965—1980 年属于零部件层次的汽车电器时代。从 20 世纪 60 年代中期开始,一些能够部分替代机械控制部件作用的电子控制装置,如汽车发电机晶体管电压调节器(见图 1-1)和晶体管点火装置等开始装备汽车,随着集成电路和大规模集成电路的出现,这些电子控制装置又逐步实现了由分立元件向集成化的过渡。

这一阶段,装备汽车的其他电子装置还有转向系统电子式闪光器(见图 1-2)、电子控制式喇叭、电子式间歇刮水控制器、数字时钟及高能点火(HEI)线圈(见图 1-3)和集成电路点火系统等。

上述汽车电子装置的大量使用,使得汽车总体性能有了一个较大程度的提高,其作用不可小觑。

2. 第二阶段——子系统层次的汽车单片机(汽车计算机)控制时代

1981—1995 年属于子系统层次的汽车单片机(汽车计算机)控制时代。在这一时期,单片机(微处理器)在汽车上得到广泛应用,以单片机为控制核心,以实现特定控制内容或功能为基本目的的各种电子控制系统得到了迅速发展。

图 1-1　晶体管电压调节器　　图 1-2　电子式闪光器　　图 1-3　高能点火线圈

在短短的几年中,电子控制汽油喷射系统、空燃比反馈控制系统、电子点火系统(见图 1-4)、制动防抱死系统、安全气囊系统、电子控制自动变速器、巡航控制系统、电控中央门锁系统、前照灯灯光自动控制系统、自动空调系统、GPS 汽车导航系统、座椅安全带预紧系统、汽车防盗系统、汽车故障自诊断系统等相继在不同车辆上得到应用。

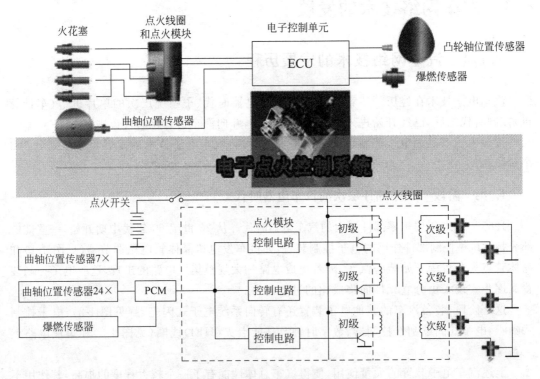

图 1-4　电子点火系统组成示意图

进入 20 世纪 90 年代,能够实现多种控制功能的计算机集中管理系统逐步取代以前各自独立的电子控制系统,初步实现了汽车控制技术从常规、单一的电子控制系统向全面、综合电子控制系统的过渡(见图 1-5)。

电子控制技术在汽车上的广泛应用,不仅拓展了电子控制的功能和控制内容,提高了控制精度和汽车性能,而且也为汽车网络技术的发展奠定了坚实的基础。

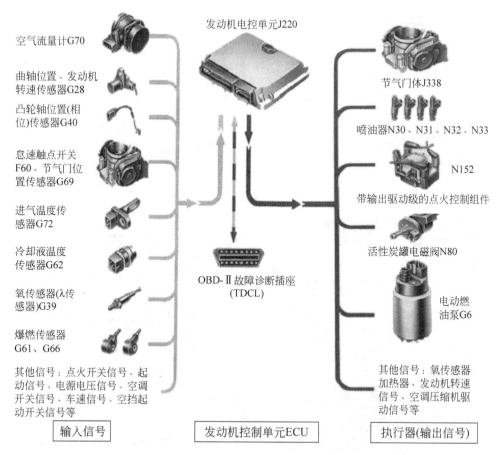

图 1-5　桑塔纳 2000 型乘用车综合电控系统的构成

3. 第三阶段——整车联网层次的汽车网络化时代

1995—2010 年属于整车联网层次的汽车网络化时代。采用先进的单片机技术和车载网络技术,形成了车上的分布式、网络化的电子控制系统。整车电气系统被连成一个多 ECU、多节点的有机的整体,使得其性能也更加完善。

目前,世界主要汽车制造商生产的多数汽车上均采用了以 CAN、LIN、MOST、DDB 等为代表的网络控制技术(见图 1-6 和图 1-7),将车辆控制系统简化为节点模块化。在基于现场总线的分布式控制中,任何传统意义上的传感器和执行器都可以与同一现场的节点相组合,构成节点模块。汽车网络技术进一步优化了汽车的控制系统,极大地提升了汽车的整体控制水平。

4. 第四阶段——以 Telematics 技术为代表的汽车信息化时代

以国际 Telematics 产业联盟(ITIF)正式成立为标志,2010 年成为汽车信息化时代的发轫之年。

汽车网络技术是现代汽车电子技术的重要组成部分,也是现代汽车通信与控制的基础。伴随着汽车网络技术的日益成熟,汽车电子技术开始向信息化时代迈进(见图 1-8)。

图 1-6　BMW E60 的汽车网络系统

图 1-7　Audi A4 的汽车网络系统

图 1-8　汽车电子技术开始向信息化时代迈进

网络化时代的汽车电子技术注重解决汽车内部各个系统之间的信息交换问题,而信息化时代的汽车电子技术则可以实现车内网络与车外网络之间的信息交换,全面解决人-车-外部环境之间的信息交流问题(见图 1-9)。

1.1.2　汽车网络技术的发展趋势——Telematics

汽车技术的发展脚步远未停止,在主要以动力传动、车身控制、行驶安全性、多媒体传输为主要控制目标的汽车网络技术逐步完善、日益成熟的同时,又开始向汽车信息化时代迈进。可以预见,在不远的将来,汽车将进入以 Telematics 技术为代表的信息化时代(见图 1-10)。

1. Telematics 简介

Telematics 是远程通信技术(Telecommunications)与信息科学技术(Informatics)的合成词,意指通过内置在汽车、航空器、船舶、火车等运输工具上的计算机网络技术,借助无线通信技术、GPS 卫星导航技术,实现文字、图像、语音信息交换的综合信息服务系统。

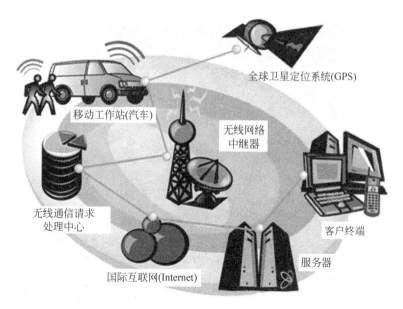

图 1-9 全面实现人-车-外部环境之间的信息交流

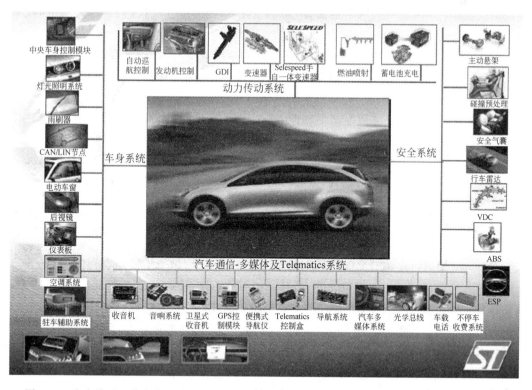

图 1-10 汽车将进入信息化时代(由动力传动、车身控制、行驶安全性、多媒体传输到 Telematics)

也就是说,Telematics 技术整合了汽车网络技术(也包括其他移动运输工具内部的网络技术)、无线通信技术、全球定位系统(global positioning system,GPS)卫星导航技术,通过无线网络,随时给行车中的人们提供驾驶、生活、娱乐所必需的各种信息。Telematics 的信息交换过程如图 1-11 所示。

图 1-11　Telematics 信息交换过程示意图

通常所说的 Telematics 就是指应用无线通信技术的车载计算机系统。Telematics 是无线通信技术、卫星导航系统、网络通信技术和车载计算机的综合产物,被认为是未来的汽车网络技术的发展趋势。

汽车行驶过程中出现故障时,通过无线通信连接服务中心,进行远程车辆诊断,内置在发动机上的计算机记录汽车主要部件的状态,并随时为维修人员提供准确的故障位置、故障原因和维修方法。

通过终端机接收信息并查看交通地图、路况介绍、交通信息、安全与治安服务以及娱乐信息服务等,在后座还可以玩电子游戏、网络应用(包括金融、新闻、E-mail 等)。

通过 Telematics 提供的服务,用户不仅可以了解交通信息、临近停车场的车位状况,确认当前位置,还可以与家中的网络服务器连接,及时了解家中的电器工作情况、安全情况以及客人来访情况。也就是说,综合上述所有功能的车载计算机系统叫作 Telematics。

2. Telematics 的功能

Telematics 的特点在于大部分的应用系统位于网络上(如通信网络、卫星与广播等)而非汽车内。驾驶员可运用无线传输的方式,联结网络传输,接收信息与服务,下载应用系统或更新软件等,其所耗的成本较低。其主要功能如图 1-12 所示,仍以行车安全与车辆保全为主。

(1) 卫星定位导航。通过 GPS 全球卫星定位系统(见图 1-13),结合行车路线,作电子地图与语音导航相结合的路况报道、路线指引(见图 1-14),并能提前预报前方路口的车速限制及交通违法摄像头的安装情况,以确保安全行车。

(2) 道路救援。行车过程中,如果发生车祸或车辆出现故障,驾驶员可通过 Telematics 系统的紧急呼叫按键(一般位于驾驶员触手可及之处,如车顶托架内前部车内照明灯附近,见图 1-15),自动联系紧急服务机构(119、120 等急救机构)或汽车服务站,以获得道路救援。

图 1-12　Telematics 的主要功能

图 1-13　GPS 全球卫星定位系统

图 1-14　电子地图与语音导航

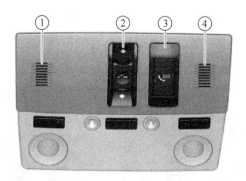

图 1-15　紧急呼叫按键

①—左侧免提话筒；②—活动天窗按键；③—紧急呼叫按键；④—右侧免提话筒

（3）汽车防盗及搜寻。通过 GPS 卫星定位技术确定失窃车辆的位置和行车路线，以便搜寻与追踪，追缴车辆并缉拿盗车贼。

（4）车辆调度管理。通过无线信息传输，实现运营车辆的调度管理（见图 1-16）。

（5）自动防撞系统。通过测距传感器或雷达，监测前、后车辆之间的车距，自动调用车

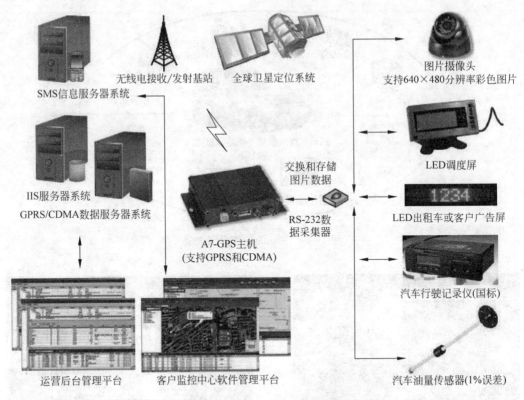

图 1-16 运营车辆的调度管理

载自适应巡航系统,使前、后车辆之间保持必要的安全距离(见图 1-17)。

(6) 车况掌握。车辆性能与车况的自动监测、传输,进行多地、远程"专家会诊",指导车辆维修等。

(7) 个人化信息接收与发布。收发电子邮件与个人化信息等。

(8) 多媒体影音娱乐信息接收。高画质与高音质的视听设备、游戏机、上网机、个人移动信息中心、随选视频资讯等(见图 1-18)。

图 1-17 自适应巡航系统监测前、后车辆之间的车距

图 1-18 后座多媒体影音娱乐系统

(9) 车辆应急预警系统。当行驶中的车辆遇到紧急情况时,可以借助 Telematics 系统向外界(其他车辆或道路交通管理部门)发出应急申请,亦可接收来自道路交通管理部门发布的紧急情况警告及应急响应预案,确保行车安全和道路畅通。

3. Telematics 系统的应用领域

Telematics 系统在汽车上的布置(见图 1-19)可分为前座系统、后座系统与发动机系统三大子系统。

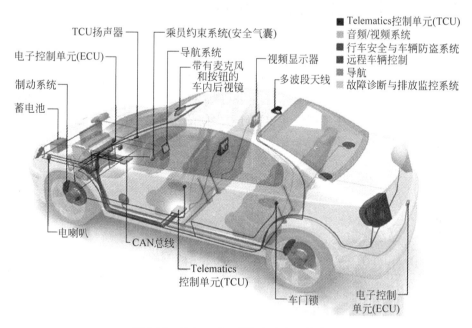

图 1-19　Telematics 系统在汽车上的布置

(1) 前座系统主要以行车安全、车辆保全、驾驶方便性与舒适性为主要目标。为了避免造成驾驶员分神,前座系统的信息输入方式主要采用语音输入或触摸屏(触控面板);信息输出方式则为中尺寸面板(LCD 或 OLED)、语音输出或投射在汽车前风挡玻璃的抬头显示(head-up display,HUD,见图 1-20)等。

(2) 后座系统则以多媒体娱乐为主,包括互动式游戏、高保真音响视听系统、随选视频资讯、数字广播与数字电视等。

(3) 发动机系统主要是根据汽车计算机所收集的车况信息,进行车况诊断、行车效率最佳化、远程发动机调整或零件预订等。

从上述分析不难看出,Telematics 技术基于全球定位系统技术(GPS)、地理信息系统(geographic information system,GIS)技术、智能

图 1-20　行车信息的抬头显示(HUD)

交通系统(intelligent transport system,ITS)技术和无线通信技术。Telematics 技术的发展,体现了一个国家的综合科技实力,已经成为世界各国竞相研发的技术热点之一。

目前,国内在 Telematics 技术研究领域起步较早且颇有进展的是同济大学汽车学院。2010 年 7 月,国际 Telematics 产业联盟(ITIF)成立大会暨 2010 首届国际 Telematics 产业发展高峰论坛在广东佛山市隆重举行,标志着 Telematics 研究进入一个新阶段。

1.2 汽车网络技术的应用

1.2.1 汽车网络技术的产生背景

1. 信息传输的瓶颈问题

在汽车技术发展处于子系统层次的汽车单片机(汽车计算机)控制时代,特别是早期生产的汽车,车上只有一个电子控制单元(electronic control unit,ECU),其信息传输量较少,电子控制系统的传感器、电子控制单元和执行器之间的连接电线(线束)的数量还不太多,尚可接受(见图1-21)。

图1-21 汽车内部的电线(线束)数量(装备1个电子控制单元)

随着汽车技术的进步和消费者需求的进一步提高,汽车上的电子控制系统越来越多(见图1-22),其内部的线束也会越来越复杂(见图1-23)。

图1-22 汽车上的电子控制系统越来越多

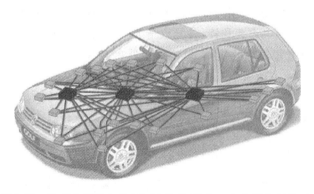

图 1-23　汽车内部的电线(线束)数量(装备 3 个电子控制单元)

进入 21 世纪以来,随着电子技术的迅猛发展和在汽车上的广泛应用,汽车电子化程度越来越高。从发动机控制到传动系控制,从行驶、制动、转向系统控制到安全保障系统及仪表报警系统,从电源管理到为提高舒适性而作出的各种努力,使汽车电子系统形成了一个复杂的大系统(见图 1-24)。

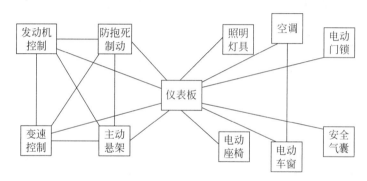

图 1-24　复杂的、多控制单元的汽车单片机控制系统

这些系统除了各自的电源、传感器和执行器外,还需要互相通信,且信息传输量急剧加大。如果在各个控制单元之间依然采用传统的布线方式(见图 1-25),那么,对于图 1-24 所示的复杂控制系统,其连接电线(线束)的数量将急剧增加,甚至达到难以承受的程度。

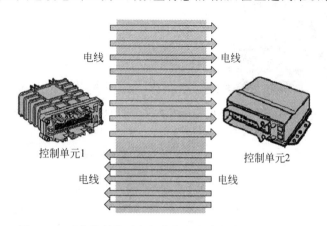

图 1-25　两个控制单元之间传统的布线方式(一对一布线)

对于复杂的控制系统,若采用传统布线方式(一对一布线),即电线一端与开关相接,另一端与控制单元及其他用电设备相连,将导致车上电线数目急剧增加,其质量将会占整车质量的4%左右。而且,数量庞大的线束、电线插接器也会降低车辆电气系统的可靠性,使故障率加大。

为解决这一制约汽车电子技术进一步发展的信息传输瓶颈问题,一种新的信息传输技术——汽车网络技术应运而生。

2. 采用汽车网络技术进行信息传输

就像汽车电子技术在20世纪70年代引入集成电路、80年代引入单片机(微处理器)一样,汽车网络技术的引入也是汽车电子技术发展的一个里程碑。

在采用网络技术的现代汽车上,信息的传输是基于数据总线(data bus,DB)原理进行的。所谓数据总线,简单地说,就是指一种能在一条(或几条)数据线上,同时(或分时)传输大量的按照一定规律进行编码的数据(信号)的技术,其所传输的数据(信号)可以被多个系统共享,从而最大限度地提高了系统的信息传输效率,以充分利用有限的资源。

作为一种优良的信息传输方式,总线技术在工业生产、科学研究和日常生活中的应用极为广泛,随处可见。例如,我们每天工作、学习中使用的键盘与计算机主机之间的信息传输,就是采用数据总线技术进行的(见图1-26)。

一般常见的计算机键盘有104个按键,可以发出100多条不同的指令,但键盘与计算机主机之间的数据连接线(数据总线)却只有7条电线。键盘正是靠这7条数据线通过不同的组合、编码来传递丰富的指令信息的。窥一斑而见全豹,由此可见数据总线技术的信息传输能力是非常强大的。

将计算机领域的数据总线技术引入汽车电气系统中,同样可以在大大简化汽车电路的同时传递丰富的信息。如图1-27所示,采用数据总线技术在两个控制单元之间进行信息传输,可以有效减少数据传输线的数量。

图1-26 键盘与计算机主机之间采用数据总线技术进行信息传输

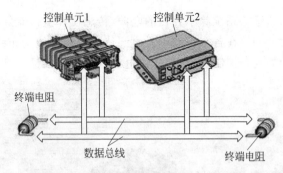

图1-27 采用数据总线技术在两个控制单元之间进行信息传输

图1-28为在具有3个控制单元的系统中采用CAN数据总线进行信息传输的示意图,相应地,汽车内部的线束连接也变得简洁、清晰(见图1-29),不再是一团乱麻。

下面,以宝来(BORA)汽车的驾驶员侧车门控制单元为例,进一步说明这一问题。在驾驶员侧车门控制单元中,由于集成了全车车窗玻璃升降器(车窗玻璃升降电机)控制、全车中

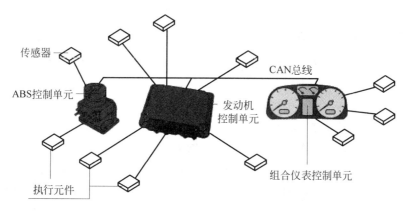

图 1-28　在具有 3 个控制单元的系统中采用 CAN 数据总线进行信息传输

图 1-29　汽车内部的电线(线束)数量(装备 3 个电子控制单元)

央门锁控制系统(门锁电机)、车外后视镜调整以及汽车音响系统的扬声器(喇叭)、门碰开关等电器部件,故电线数量较多,线束很粗。

　　如果采用传统的布线方式进行信息传输,需要 9 个线束插接器,共 45 根电线,才能完成其全部控制功能(见图 1-30)。而引入汽车网络技术,采用数据总线进行信息传输之后,则只需 2 个线束插接器,17 根电线即可(见图 1-31)。

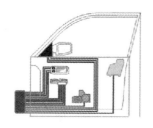 

图 1-30　采用传统的布线方式(9 个线束插接器,共 45 根电线)

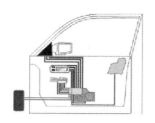 

图 1-31　采用数据总线进行信息传输(只需 2 个线束插接器,17 根电线)

3. 采用汽车网络技术的优点

(1) 减轻整车自重。减少电线用量，耗铜量下降，使整车自重得以降低。同时，全车线束变细，也为安装其他新的部件预留了空间。

(2) 降低生产成本。除了电线用量减少、耗铜量下降带来的成本降低之外，网络技术所秉持的"信息共享、一线多能"也充分发挥了每一条电线的作用，实现了"物尽其用"。

同时，减少了汽车电气系统的装配工时（例如，采用汽车网络技术之后，Audi A6 汽车的转向盘模块减少了 5 个，安装工步减少了 2 个），降低了生产成本。

(3) 提高工作可靠性。电线数量的减少，也使汽车电气系统的线束插接器数量大大减少，由线束和插接器引发的断路、短路、接触不良等故障的发生率也大大降低，整车电气系统的工作可靠性得以提高。

(4) 便于后续开发。采用开放式的汽车网络技术，为后续技术的开发留出了充分的余地。以后，随着技术的不断进步，新的电子控制系统可以很方便地融入已有的系统之中，而不必对现有系统作太大的改动。

同时，也便于实现控制器与执行器的就近安装，甚至采用控制器与执行器的一体化安装（见图 1-32），进一步节省了安装空间，提高了控制的实时性和控制精度，从而实现了良性循环。

图 1-32　大众开迪（Caddy）、迈腾（Magotan）汽车的整体式 ESP-ECU

1.2.2　现场总线与汽车网络

1. 现场总线

现场总线（field bus）是一种工业数据通信总线，主要用于过程自动化控制（如钢铁冶金、啤酒酿造）、制造自动化控制（如机械加工）、楼宇自动化控制等领域，以解决工业现场的智能化仪器仪表、控制器、执行机构等现场设备间的数字通信以及这些现场控制设备和高级控制系统之间的信息传输问题。

在 20 世纪 80 年代产生了用于这种功能的通信网络，即现场总线，并形成了一些现场总线技术标准。与传统的控制系统相比，使用现场总线可以节省硬件数量和投资，节省安装和维护费用，用户具有高度的系统集成主动权，提高了经济性和可靠性，易于标准化和模块化，使设计和重构更为容易。

目前汽车上广泛使用的控制器局域网（controller area network，CAN）就可以归为现场总线类网络，但同时又有其自身的一些特点。汽车网络系统不仅有 CAN 总线和 LIN（local interconnect network）总线这样的控制网络，还有多媒体影音娱乐信息网络，如 DDB、MOST 等。

目前，汽车电子系统控制中应用最广泛的是 CAN 总线。

2. 现场总线的组成

如图 1-33 所示,现场总线由两大部分组成,即数据传输线和节点。

在总线系统中,节点包括控制单元和总线辅助设备,控制单元由一个控制器、一个滤波器、一个收发器、两个数据传输终端组成(见图 1-34),与传统汽车单片机控制系统的控制器(ECU)相比,控制单元在硬件上多了专门的总线接口装置(如 CAN 总线接口),并有相应的软件即通信标准的支持。

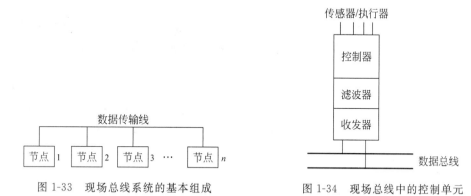

图 1-33 现场总线系统的基本组成　　图 1-34 现场总线中的控制单元

在现场总线系统中,传统意义上的传感器、执行器称为总线辅助装置。同一现场的一个或多个辅助装置与控制器(控制单元)组合,构成节点(也称为总线模块),如图 1-35 所示。

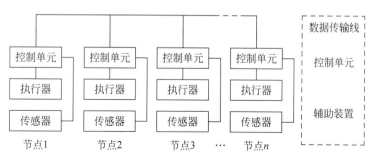

图 1-35 现场总线中的节点

3. 现场总线的工作原理

1) 节点和单片机控制系统的区别

节点和传统的单片机控制系统表面上看有一些类似,如都有传感器、控制器(控制单元)和执行器,但是二者在本质上是完全不同的系统。

节点和控制系统最大的区别是,一个节点的各传感器和执行器可以分属于不同的控制系统,即传感器信号对于本节点控制的执行器不一定是有用的信号,节点只负责把传感器的信息发送到总线上。而该执行器所需的传感器信号也不一定与该执行器在同一节点上,控制单元可以从总线上获得该控制系统所需的传感器信息。即在现场总线中,节点信息的发布和获取是自由的和开放的。

2) 节点的构成原则

传感器和执行器需要放在一个节点上,有两个最重要的原则。

(1) 要求构成一个节点的传感器和执行器要安装在一起或距离很近,称为同一现场原则。

如奔驰 W220 的左前转向灯和左大灯在一个节点(左前 SAM 控制单元)上,而右前转向灯和右大灯在一个节点(右前 SAM 控制单元)上。大众汽车的转向柱模块(节点)上包括转向柱附近的所有开关,这样可以使布线简单,因此汽车总线的应用使汽车线束大为减少。

(2) 要求传感器信号和执行单元的控制信号必须满足该控制系统实时控制的要求。如果实时时间很短,总线信息传输速度不能满足其要求,则传感器和执行器就必须与控制器放在同一个节点内。

例如,当汽车发动机工作在 5000r/min 时,实时控制周期约 33μs。如果用 125Kb/s 的 CAN 总线传输信息,传输每个传感器信息所需时间约为几十微秒,发动机控制至少需要传输 5~7 个传感器的信息,显然,如果使用 125Kb/s 总线传输速度是不能满足实时控制要求的。因此,目前发动机控制系统的传感器和执行器一般都与发动机控制单元在同一个节点上,以期满足实时控制的要求。

由于单片机技术和网络技术的高速发展,在现代汽车的 CAN 总线中,一个节点可以包括十几个传感器和执行器,即一个节点可以同时接收并发送十几个传感器信号,同时控制十几个执行器。

例如,在大众速腾(Sagitar)汽车的电源管理系统中,中央电器控制单元 J519 作为中央电器控制网络系统的一个节点(见图 1-36),可以实现电源管理、车外灯控制、车内灯控制、仪表照明及灯光亮度调节、转向信号控制、接线柱控制、前/后风挡玻璃的雨刷控制、燃油泵电源的接通与断开、发电机励磁、后风窗加热等十几种功能,控制功能十分丰富。

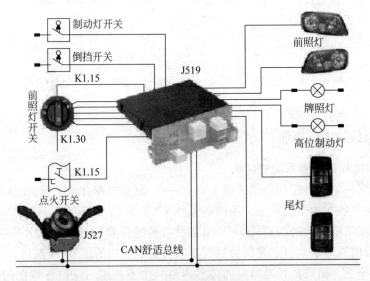

图 1-36 中央电器控制单元 J519 作为中央电器控制网络系统的一个节点存在

J519—中央电器控制单元;J527—转向柱控制单元

4. 节点工作原理

现场总线（见图 1-33）是一个网络系统，在本质上与 Internet 是一样的，每一个节点如同网络上的计算机一样，都可以向网络发送信息，同时也可以接收网络信息，节点可以根据这些信息决定控制策略，向执行器发送指令。各节点之间的关系是平等的，节点的信息（包括所有传感器信息和控制信息）是共享的。

如图 1-35 所示，现场总线的工作过程如下所述。

节点 1 是一个传感器节点，控制单元的任务是将传感器信号转为符合总线协议（如 CAN）的数据以串行通信的方式发送到网络上。每个信息称为一帧，以固定的周期（循环往复）发送到网络上。奔驰 S 级 221 的点火开关节点（点火开关控制单元 N73）就是一个这样的模块，节点（点火开关控制单元 N73）的主要作用就是将点火开关信息发送到网络上（见图 1-37）。

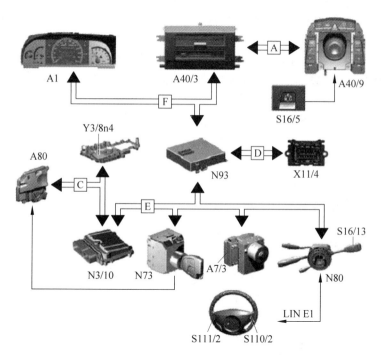

图 1-37　奔驰 S 级 221 网络中的传感器节点——点火开关节点（点火开关控制单元 N73）
A1—组合仪表；A40/3—COMMAND（驾驶室管理及数据系统）控制装置；A40/9—前部中央操作装置；S16/5—自动变速器换挡规律选择开关；A80—智能换挡控制单元；Y3/8n4—自动变速器控制装置；N93—中央网关控制单元；X11/4—数据链路插头；N3/10—发动机控制单元；N73—点火开关控制单元；A7/3—ABS 控制单元；S16/13—Direct Select 换挡开关；N80—转向柱控制单元；S111/2—右侧转向盘换挡按钮；S110/2—左侧转向盘换挡按钮；A—远程信息处理 CAN；C—动力系统 CAN；D—诊断系统 CAN；E—底盘系统 CAN；F—中央系统 CAN

总线模块 2 是一个执行器节点，控制单元从总线上获得控制系统的传感器信息，然后进行决策并给执行装置发送指令，同时还可以将控制信息发送到网络。

模块 1 和模块 2 这样的模块在现场总线控制系统中应用非常普遍，也非常适合标准化生产。在理论上现场总线中的每个传感器和执行器都可以单独与控制器结合构成节点，有时也称为智能传感器和智能执行装置。

基于成本等因素的考虑,通常把处于同一现场(field)的多个传感器和执行器与控制单元相结合组成节点(总线模块),并通过数据线将各节点连接起来构成现场总线。

模块 3 就是具有多个传感器和执行器的节点,这些传感器和执行器可以分属于不同的控制系统。控制单元接收总线上的信息和节点上传感器的信号,然后进行决策,并给执行器发送指令,同时可以将传感器信息和控制信号发送到网络上。

5. 现场总线的优点

(1) 经济性。一对 n 结构,一对数据传输线,连接 n 个总线模块双向传输多个信号,可节省大量电线,且布线简单,维护方便。

(2) 可靠性。信息传输精度高,系统稳定性好,抗干扰能力强。

(3) 可控性。现代汽车通过总线接入故障诊断仪,可以对所有控制单元进行编码和故障诊断,也可以方便地控制软件的在线升级。

(4) 综合性。现场总线模块具备智能和综合能力,既可检测、变换、补偿、传送信息又有接收信息、控制和运算功能,同时还可以兼作网关,实现总线模块多用化,既经济,又方便。

(5) 互换性。如 CAN 总线系统,按照同一标准生产的总线设备,可以实现不同厂家产品的互换。

(6) 开放性。现场总线为开放互联网络,所有的技术和标准都是公开的、开放的。对于制造商而言,只能在其体系结构、制造工艺等方面保留特色,促使其提高产品质量。同时,也为新的网络设备的扩展提供了空间。

1.2.3 汽车网络的分类

1. 按网络拓扑结构分类

网络的拓扑结构(topological structure)是指网上计算机或设备与信息传输介质形成的节点与数据传输线的物理构成模式。汽车网络的拓扑结构主要有线形结构、星形结构、环形结构等几种。

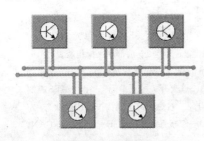

图 1-38 线形拓扑结构

1) 线形拓扑结构

线形拓扑结构(见图 1-38)是一种信道共享的物理结构。这种结构中总线具有信息的双向传输功能,普遍用于控制器局域网的连接,总线一般采用同轴电缆或双绞线。

线形拓扑结构的优点是:安装简单,扩充或删除一个节点很容易,不需停止网络的正常工作,节点的故障不会殃及系统。由于各个节点共用一个总线作为数据通路,信道的利用率高。

但线形拓扑结构也有其缺点:由于信道共享,连接的节点不宜过多,并且总线自身的故障可以导致整个系统的崩溃。

汽车网络多采用这种结构，应用在 CAN 总线系统上。动力 CAN 数据总线（高速）速率为 500Kb/s，用于动力系统和底盘系统数据总线；舒适 CAN 数据总线（低速）速率为 100Kb/s，用于将中央门锁系统、车窗玻璃升降等系统联网。

2) 星形拓扑结构

星形拓扑结构是一种以中央节点为中心，把若干外围节点连接起来的辐射式互联结构（见图 1-39）。这种结构适用于局域网。

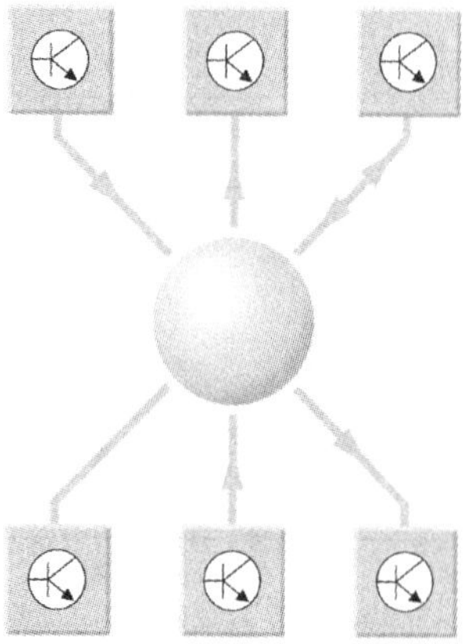

星形拓扑结构的优点是：结构简单、安装容易、费用低，通常以集线器作为中央节点，便于维护和管理。中央节点的正常运行对网络系统来说是至关重要的。中央节点的负载重，扩充困难，信道（线路）利用率较低。

由于汽车网络的应用目的之一就是简化线束，所以这种结构不可能成为整车网络的结构，只在某一总成或系统上使用。BMW 车系的安全气囊系统就采用星形拓扑结构。

图 1-39 星形拓扑结构

3) 环形拓扑结构

环形拓扑结构由各节点首尾相连形成一个闭合环形线路。环形网络中的信息传输是单向的，即沿一个方向从一个节点传到另一个节点；每个节点需安装中继器，以接收、放大、发送信号（见图 1-40）。

环形拓扑结构的优点是：结构简单，建网容易，便于管理。其缺点是：当节点过多时，将影响传输效率，不利于扩充；另外某一个节点发生故障时，整个网络将不能正常工作。

Audi 和 BMW 车系的影音娱乐系统采用的 MOST 总线即为环形拓扑结构（见图 1-41），通过光脉冲传输数据，且只能朝一个方向传输数据。光缆用作传输媒介可以传输各种数据（如控制信息、音频和图像数据），并提供各种数据服务。

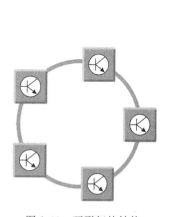

图 1-40 环形拓扑结构

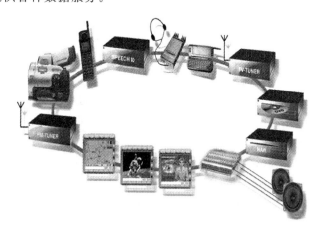

图 1-41 BMW 车系影音娱乐系统的 MOST 总线采用环形拓扑结构

2. 按联网范围和控制能力分类

总线按联网范围分为主总线系统、子总线系统。

(1) 主总线系统负责跨系统的数据交换,其相关参数见表 1-1。

表 1-1 主总线系统相关参数

主总线系统名称	数据传输速率/(Kb/s)	总线拓扑结构	传输介质
K 总线	9.6	线形,单线	铜质电线
D 总线	10.5~115	线形,单线	铜质电线
CAN	100	线形,双线	铜质电线
K-CAN	100	线形,双线	铜质电线
F-CAN	100	线形,双线	铜质电线
PT-CAN	500	线形,双线	铜质电线
byteflight	10 000	星形	光纤
MOST	22 500	环形	光纤

(2) 子总线系统负责系统内的数据交换,其相关参数见表 1-2。这些系统用于交换特定系统内数据量相对较少的数据。

表 1-2 子总线系统相关参数

子总线系统名称	数据传输速率/(Kb/s)	总线拓扑结构	传输介质
K 总线协议	9.6	线形,单线	铜质电线
BSD	9.6	线形,单线	铜质电线
DWA 总线	9.6	线形,单线	铜质电线
LIN 总线	9.6~19.2	线形,单线	铜质电线

3. 按信息传输速度分类

为方便研究和设计应用,美国汽车工程师学会(society of automotive engineers,SAE)的汽车网络委员会按照系统的复杂程度、传输流量、传输速度、传输可靠性、动作响应时间等参量,将汽车数据传输网络划分为 A、B、C、D、E 五类。

A 类网络是面向传感器/执行器控制的低速网络,数据传输位速率通常小于 10Kb/s,主要用于车外后视镜调整、电动车窗、灯光照明等控制。

B 类网络是面向独立模块间数据共享的中速网络,位速率在 10~125Kb/s 之间,主要应用于车身电子舒适性模块、仪表显示等系统。

C 类网络是面向高速、实时闭环控制的多路传输网络,位速率在 125Kb/s~1Mb/s 之间,主要用于牵引力控制、发动机控制、ABS、ESP 等系统。

D 类网络是智能数据总线 IDB(intelligent data bus)网络,主要面向影音娱乐信息、多媒体系统,其位速率在 250Kb/s~100Mb/s 之间。按照 SAE 的分类,IDB-C 为低速网络,IDB-M 为高速网络,IDB-Wireless 为无线通信网络。

E 类网络是面向汽车被动安全系统(安全气囊)的网络,其位速率为 10Mb/s。

就目前的技术水平而言,以上几种网络技术在汽车上多采用组合方式,即车身和舒适性控制单元都连接到低速 CAN 总线上,并借助于 LIN 总线进行外围设备控制。而汽车高速控制系统,通常会使用高速 CAN 总线将其连接在一起。

远程信息处理和多媒体连接需要高速互联,且数据传输量大,视频传输又需要同步数据流格式,因此,影音娱乐信息、多媒体系统多采用 DDB(domestic digital Bus)总线或 MOST(media oriented systems transport)总线。无线通信则通过蓝牙(Bluetooth)技术加以实现。

随着技术的不断进步,在未来的 5~10 年里,时间触发协议(time trigger protocol,TTP)和 FlexRay 将得到广泛使用,使汽车网络技术得到一次脱胎换骨的提升。

但是,时至今日,仍没有一个通信网络可以完全满足未来汽车的所有成本和性能要求。因此,在汽车网络系统中,多种总线、协议并存,各自发挥自身所长,彼此协同工作的局面还将继续存在下去。

1.2.4 汽车网络技术应用概况

1. 汽车网络系统的实际结构

在汽车电气系统内部采用基于总线的网络技术,可以达到信息共享、减少布线、降低成本、提高系统可靠性的目的。有鉴于此,各大汽车制造商在其生产的汽车上大量使用了汽车网络系统(见表 1-3)。受制造成本和技术水平的限制,不同品牌的汽车和同一品牌、不同时期生产的汽车,其网络结构各有不同。但从宏观上看,都有相同和相近之处。

表 1-3 主要汽车网络系统一览表

汽车网络系统名称	适用范围	传输速率/(Mb/s)	主要应用车系
CAN(controller area network)	车身控制系统、动力传动控制系统	1	欧、美、日、韩各大车系均有应用
VAN(vehicle area network)	车身控制系统	1	法国车系
J1850	车身控制系统	0.0104~416	美国车系
LIN(local interconnect network)	车身控制系统	0.020	德国车系
IDB-C (intelligent data bus on CAN)	汽车多媒体系统	0.250~100	
TTP/C(time trigger protocol by CAN)	被动安全系统	2~25	
TTCAN(time triggered CAN)	被动安全系统	1	
byteflight	被动安全系统	10	BMW 车系
FlexRay	被动安全系统、行驶动态管理系统	10	BMW F01/F02 车系
DDB/Optical (domestic digital bus/ Optical)	汽车多媒体系统	5.6	BENZ 车系
MOST (media oriented systems transport)	汽车多媒体系统	22.5	德国车系
IEEE 1394	汽车多媒体系统	100	美国车系
Bluetooth	无线通信、语音系统、个人娱乐	1	欧、美、日、韩各大车系均有应用
Ethernet	维修时的车辆编程、汽车多媒体系统	100	BMW F01/F02 车系

由于汽车上不同控制系统对信息传输的要求不尽相同,因此,在汽车上,针对不同的控制系统采用了各具特色的总线技术,然后,再利用网关把这些性能各异、各具特色的总线整合成一体,构成成本较低但功能完善的整车网络,以实现"人尽其才,物尽其用"。

遵循这一指导思想,汽车网络结构采用多条不同速率的总线分别连接不同类型的节点,并使用网关服务器来实现整车的信息共享和网络管理,如图1-42所示。

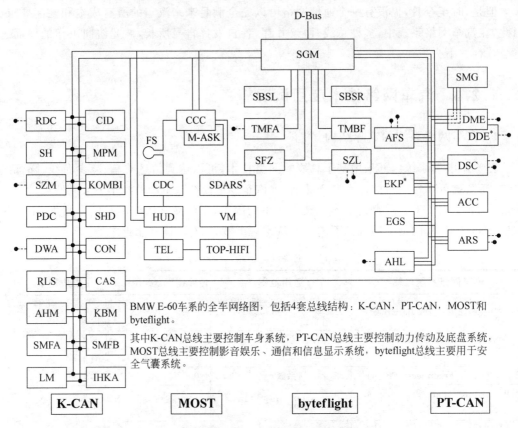

图1-42 BMW E60车系全车网络系统构成

D-Bus—诊断总线;SGM—安全和网关模块;RDC—轮胎压力监控系统;CID—中央信息显示器;SH—停车预热系统;MPM—电源管理系统;SZM—中央控制台开关中心;KOMBI—组合仪表;PDC—驻车距离报警系统;SHD—天窗系统;DWA—防盗报警系统;CON—iDriver控制器;RLS—雨量传感器/行车灯控制系统;CAS—便捷进车及起动系统;AHM—挂车电气连接模块;KBM—车身控制单元;SMFA—驾驶员座椅调整控制单元;SMFB—乘客座椅调整控制单元;LM—前照灯灯光控制单元;IHKA—自动恒温空调系统;CCC—整车通信系统控制单元;M-ASK—多音频控制系统;FS—系统检修用快速擦写插头;CDC—光盘自动换碟机构;SDARS*—卫星收音机;HUD—信息抬头显示系统;VM—车载电视系统;TEL—车载电话系统;TOP-HIFI—高保真音响系统;SBSL—位于左侧B柱处的卫星式安全气囊控制单元;SBSR—位于右侧B柱处的卫星式安全气囊控制单元;TMFA—位于驾驶员侧车门处的卫星式安全气囊控制单元;TMBF—位于乘客侧车门处的卫星式安全气囊控制单元;SFZ—位于车辆前部的中央卫星式安全气囊控制单元;SZL—位于转向柱开关处的卫星式安全气囊控制单元;SMG—顺序换挡变速器控制单元;DME—汽油发动机控制单元;DDE*—柴油发动机控制单元;AFS—主动转向系统;DSC—动态稳定控制系统;EKP*—燃油泵控制系统;ACC—自适应巡航控制系统;EGS—自动变速器控制单元;ARS—动态驾驶(主动式抗侧翻)系统;AHL—自适应转向前照灯系统

动力传动系统的受控对象(发动机、自动变速器、动态稳定控制系统等)直接关系到汽车的动力性能、经济性能和行驶状态,对数据通信(信息交换)的快速性、实时性要求较高。因此,在动力传动系统内部需要使用高速总线进行信息传输。

动力传动系统的传感器的各种状态信息可以广播的形式在高速总线上发布,各节点可以在同一时刻根据自己的需要获取信息。这种方式最大限度地提高了通信的实时性。

对于车身系统和舒适型控制系统,其受控器件多为低速电机和各种开关,如车门门锁电机、车窗玻璃升降电机、座椅调整电机以及各种按钮、开关等。这类器件对信息传输的实时性要求不高,但数量众多。因此,在车身系统和舒适型控制系统内部使用低速总线进行信息传输就可以满足要求。

汽车动力传动系统采用高速总线,车身系统和舒适型控制系采用低速总线,两者彼此分开,还有利于保证动力传动系统通信的快速性和实时性。此外,采用低速总线还可增加传输距离、提高抗干扰能力以及降低硬件成本。

汽车影音娱乐系统(亦称车载多媒体系统)需要传输的信息量大,而且对通信速率的要求也高(一般在 2Mb/s 以上),一般以铜质电线为传输介质的数据总线难以满足要求。因此,在汽车影音娱乐系统中,多采用以光导纤维(光纤)为传输介质的光学总线系统,如DDB、MOST 等。

采用基于光纤通信的光学总线系统,可以保证足够的带宽,确保车载多媒体系统的视频、音频信号连续流畅,不致出现停顿和卡滞。

作为汽车上最重要的被动安全措施,安全气囊系统的控制对信息传输速度要求很高。在汽车网络技术发展的早期,一般把安全气囊系统纳入到车身系统加以控制。随着技术的不断发展,目前已经开发出来专门用于气囊系统控制的安全总线系统,如 byteflight、X-by-Wire 等。

网关是汽车网络内部通信的核心器件,通过网关可以确保各条总线上信息的共享和协调工作,实现汽车内部的网络管理和故障诊断功能,营造"顺畅、和谐"的工作氛围。

2. 汽车网络技术的典型应用

1) A 类网络系统的应用

如图 1-43 所示的汽车防盗报警系统是典型的 A 类网络系统(LIN 总线系统)应用实例。

由于车门开关及行李厢开关等信号只在一定的情况下(窃贼试图撬开车门或行李厢)产生,正常时没有信号,所以对数据传输速率要求极低,低速 A 类网络就能充分满足系统要求,并且和传统的系统设计相比,车身线束大大减少,设计更为简单、方便。

2) B 类网络系统的应用

当大量共享数据需要在车内各个控制单元间进行交换时,A 类网络系统不再胜任,可采用 B 类网络系统。由控制局域网 CAN 组成的典型 B 类网络系统如图 1-44 所示。

采用基于 CAN 总线的 B 类网络系统之后,车辆信息中心和组合仪表单元无须单独连接液位、温度、车灯、车门及安全带等信号传感器,就能从总线上获取上述信息,大大地减少了传感器和其他电子部件的数量,有效地节约了安装空间和系统成本。

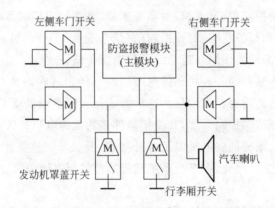

图1-43 汽车防盗报警A类网络系统(LIN总线系统)

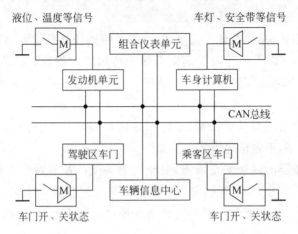

图1-44 基于CAN总线的B类网络系统

3) A、B两类网络系统的组合应用

通常A类网络系统不单独使用,而是和B类网络系统组合使用,如图1-45所示。在组合应用方案中,将A类网络通过车身计算机(网关)连接到CAN总线组成的B类网络中,使得该A类网络系统成为CAN总线的一个节点,这样无需在各传感器/执行器部件上安装CAN控制器件,就能使得信号在CAN总线上传输,有效地利用了A类网络低成本的优点。

4) C类网络系统的应用

在上述的应用中,都未充分发挥CAN总线高速、大容量的特点。为进一步减少车身线束,方便故障诊断,满足主要电子控制单元或系统间大量数据信息实时交换的需要,使汽车各方面性能趋于最佳状态,则需建立基于CAN总线的C类网络系统。

在C类网络系统方案(见图1-46)中,CAN总线有效地将发动机控制系统、驱动防滑系统及自动巡航系统等连接成为一个综合控制系统,整车性能得到大幅度提高。

CAN作为一种多主总线,支持分布式实时控制通信网络。其通信介质可以是双绞线、同轴电缆或光纤。在汽车发动机控制部件、传感器、驱动防滑系统等应用中,总线的数据传输速率最大可达1Mb/s。

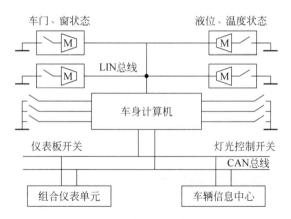

图1-45 A、B两类网络系统的组合应用

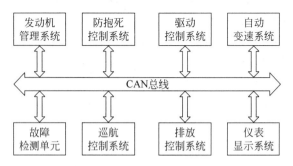

图1-46 基于CAN总线的C类网络系统

图1-47为奔驰车系的CAN网络结构图。奔驰车系的CAN网络分为CAN C与CAN B两条相对独立的总线,用网关联在一起,构成控制网络。控制和通信能力很强的节点N73、N80、A1均可兼做网关使用。

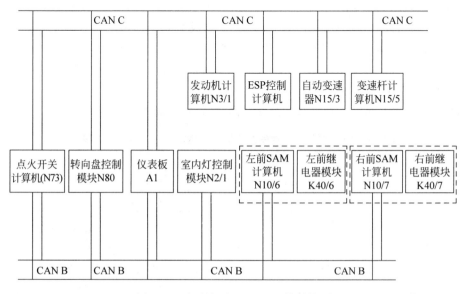

图1-47 奔驰车系的CAN网络结构图

1.3 汽车网络标准与协议

早在 20 世纪 80 年代,国际上众多知名汽车制造商和电子服务商就积极致力于汽车网络技术的研究及应用,迄今为止,已有多种网络标准问世。目前的多种汽车网络标准,其侧重的功能有所不同。

1.3.1 A 类网络标准与协议

A 类网络通信大部分采用通用异步接收/发送(universal asynchronous receiver/transmitter,UART)标准。UART 使用起来既简单又经济,但随着技术的发展,预计今后将会逐步在汽车通信系统中停止使用。

以前通用汽车(GM)公司使用的 E&C(entertainment and comfort)协议、克莱斯勒(Chrysler)公司使用的 CCD(chrysler collision detection)协议和福特(Ford)公司使用的 ACP(audio control protocol)协议现在已逐步停止使用,但丰田(Toyota)公司制定的 BEAN(body electronics area network)协议目前仍在其多种车型(如 Clesior、Aristo、Prius 和 Celica)中使用。

A 类网络通信目前首选的标准是局域互联网 LIN。LIN 是用于汽车分布式电控系统的一种低成本串行通信系统,它是一种基于 UART 数据格式、主从结构的单线 12V 的总线通信系统,主要用于智能传感器和执行器的串行通信,而这正是 CAN 总线的带宽和功能所不要求的部分。

由于目前尚未建立低端多路通信的汽车行业标准,因此,LIN 的快速发展和大量使用,使其有望成为汽车领域的低成本串行通信的行业标准。

LIN 总线采用低成本的单线连接,传输速度最高可达 20Kb/s,对于低端的大多数应用对象(如中央门锁控制、空调系统控制等)来说,这个速度是完全可以满足要求的。

LIN 总线的媒体访问采用单主/多从的机制,不需要进行仲裁,在从节点中不需要晶体振荡器而能进行自同步,这极大地减少了硬件平台的成本,大大降低了汽车电子装置的开发、生产和服务费用。

LIN 总线以及其他各类典型汽车总线标准、协议特性和参数见表 1-4。

表 1-4 LIN 总线以及其他各类典型汽车总线标准、协议特性和参数

类别	A 类	B 类	C 类	诊断	多媒体	X-by-Wire	安全
名称	LIN	ISO 11519-2	ISO 11898(SAE J1939)	ISO 15765	DDB(MOST)	FlexRay	Safety bus
所属机构	Motorola	ISO/SAE	ISO/TMC-ATA	ISO	PHILIPS	BMW&DC	Delphi
用途	智能传感器	控制、诊断	控制、诊断	诊断	数据流控制	电传控制	气囊
介质	单根线	双绞线	双绞线	双绞线	光纤	双线	双线

续表

类别	A类	B类	C类	诊断	多媒体	X-by-Wire	安全
位编码	NRZ	NRZ-5	NRZ-5	NRZ	Biphase	NRZ	RTZ
媒体访问	主/从	竞争	竞争	TESTER/SLAVE	TOKEN RING	FTDMA	主/从
错误检测	8位CS	CRC	CRC	CRC	CRC	CRC	CRC
数据长度/字节	8	0～8	8	0～8		12	24～39
位速率/(Kb/s)	20	10～1250	1000(250)	250	12 000 (25 000)	5000	500
总线最大长度/m	40	40(典型)	40	40	无限制	无限制	未定
最大节点数	16	32	30(STP) 10(UTP)	32	24	64	64
制造成本	低	中等	中等	中等	高	中等	中等

1.3.2 B类网络标准与协议

B类网络通信中使用最广泛的标准是CAN总线。CAN总线是德国BOSCH公司在20世纪80年代初为解决现代汽车中众多的控制与测试仪器之间的数据交换问题而开发的一种串行数据通信协议,它是一种多主总线,通信介质可以是双绞线、同轴电缆或光导纤维。通信速率可达1Mb/s。

CAN总线通信接口中集成了CAN协议的物理层和数据链路层功能,可完成对通信数据的成帧处理,包括位填充、数据块编码、循环冗余检验、优先级判别等项工作。

CAN协议的一个最大特点是废除了传统的站地址编码,而代之以对通信数据块进行编码,最多可标识2048个(2.0A)或5亿多个(2.0B)数据块。采用这种方法的优点可使网络内的节点个数在理论上不受限制。数据段长度最多为8个字节,不会过长地占用总线时间,从而保证了通信的实时性。CAN协议采用CRC检验并可提供相应的错误处理功能,保证了数据通信的可靠性。

B类网络通信的国际标准是ISO 11898,其传输速率在100Kb/s左右。欧洲的各大汽车制造商从1992年起,一直采用ISO 11898,所使用的传输速率范围从47.6Kb/s到500Kb/s不等。

近年来,基于ISO 11519的容错CAN总线标准在欧洲的各种车型中也开始得到广泛的应用,ISO 11519-2的容错低速双线CAN总线接口标准在乘用车中正在得到普遍的应用,其物理层比ISO 11898要慢一些,同时成本也高一些,但是它的故障检测能力却非常突出。与此同时,以往广泛应用于美国车型的J1850正逐步被基于CAN总线的标准和协议所取代。

1.3.3 C类网络标准与协议

根据SAE的分类,高速总线系统属于C类网络标准。

由于高速总线系统主要用于与汽车安全相关以及实时性要求比较高的领域,如动力系统等,所以其传输速率比较高,通常在 125Kb/s~1Mb/s 之间,且必须支持实时的周期性的数据传输。

随着汽车网络技术的发展,未来将会使用到具有高速实时传输特性的一些总线标准和协议,包括采用时间触发通信的 X-by-Wire 系统总线标准和用于安全气囊控制和通信的总线标准、协议。

1. C 类总线标准与协议

在 C 类标准中,欧洲的汽车制造商大多采用的是高速通信的 CAN 总线标准 ISO 11898。ISO 11898 主要面向汽车(乘用车)电子控制单元(ECU)之间的通信,信息传输速率大于 125Kb/s,最高可达 1Mb/s。ISO 11898 对使用控制器局域网(CAN)构建数字信息交换的相关特性进行了详细的规定。

J1939 也使用了控制器局域网(CAN)协议,任何 ECU 在总线空闲时都可以发送信息,它利用协议中定义的扩展帧 29 位标识符实现一个完整的网络定义。29 位标识符中的前 3 位被用来在仲裁过程中决定信息的优先级。对每类信息而言,优先级是可编程的。这样原始设备制造商在需要时可以对网络进行调整。J1939 通过将所有 11 位标识符信息定义为专用,允许使用 11 位标识符的 CAN 标准帧的设备在同一个网络中使用。这样,11 位标识符的定义并不是直接属于 J1939 的一个组成部分,但是也被包含进来。这是为了保证其使用者可以在同一网络中并存而不出现冲突。

J1939 供货车及其拖车、大客车、建筑机械及农业机械使用,是用来支持分布在车辆各个不同位置的电控单元之间实现实时闭环控制功能的高速通信标准,其数据传输速率为 250Kb/s。

在美国,GM 公司已开始在所有的车型上使用其专属的所谓 GM LAN 总线标准,它是一种基于 CAN 的传输速率在 500Kb/s 的通信标准。

2. 安全总线标准与协议

安全总线主要是用于安全气囊系统,以连接碰撞强度传感器(减速度传感器)、碰撞安全传感器等装置,为汽车的被动安全提供保障。目前已有一些公司研制出了相关的总线和协议,如德尔福(Delphi)公司的 Safety Bus 和宝马(BMW)公司的 byteflight 等。

byteflight 主要以 BMW 公司为中心制订,数据传输速率为 10Mb/s,光纤可长达 43m。byteflight 不仅可以用于安全气囊系统的网络通信,还可用于 X-by-Wire 系统的通信和控制。

BMW 公司在 2001 年 9 月推出的 BMW 7 系列车型中,采用了一套名为集成化智能安全系统(intelligent safety integrated system,ISIS)的安全气囊控制系统,它是由 14 个传感器构成的网络,利用 byteflight 来连接和收集前座安全气囊、后座安全气囊以及膝部安全气囊等安全装置的信号。在紧急情况下,中央控制单元能够更快、更准确地决定不同位置的安全气囊是否动作以及动作时机和膨出强度,以期发挥最佳的保护效果。

3. X-by-Wire 总线标准与协议

X-by-Wire 是目前在工业生产、机电产品控制等领域中应用日益广泛的一种控制技术。

其中，Wire 是电线的意思，X 就像数学方程中的未知数，代表着受控对象。X-by-Wire 意指通过电线传递控制信号，控制受控对象 X，有别于传统的靠机械方式或液压方式传递控制信号。因此，X-by-Wire 技术又称线传控制技术或电传控制技术。

X-by-Wire 技术最初用在飞机的飞行控制系统中，称为 Fly-by-Wire，现在已经在飞机控制中得到广泛应用，并向包括汽车在内的其他机电产品控制领域渗透。如果受控对象是转向系统，则称之为 Steering-by-Wire；如果受控对象是制动系统，则称之为 Braking-by-Wire；如果受控对象是发动机节气门，则称之为 Throttle-by-Wire，故将这种控制技术统称为 X-by-Wire。

由于目前对汽车容错能力和通信系统的高可靠性的需求日益增长，X-by-Wire 开始应用于汽车电子控制领域。在未来，X-by-Wire 技术将使传统的汽车机械系统（如制动和驾驶系统）变成通过高速容错通信总线与高性能 CPU 相连的电气系统。在一辆装备了综合驾驶辅助系统的汽车上，诸如 Steering-by-Wire、Braking-by-Wire 和 Throttle-by-Wire 等特性将为驾驶员带来全新驾驶体验。

为了提供这些系统之间的安全通信，就需要一个高速、容错和时间触发的通信协议。目前，这一类总线标准主要有 TTP、byteflight 和 FlexRay。

TTP（时间触发协议）是由维也纳理工大学的 H. Kopetz 教授提出的。时间触发系统和事件触发系统的工作原理大不相同。对时间触发系统来说，控制信号起源于时间进程；而在事件触发系统中，控制信号起源于事件的发生（如一次中断）。这项开发工作后来作为一个被欧洲委员会资助的项目，进一步发展成为一种汽车自动驾驶控制系统。

TTP 开发了大量的汽车 X-by-Wire 控制系统，如驾驶控制和制动控制等。TTP 是一个应用于分布式实时控制系统的完整的通信协议，能够支持多种的容错策略，提供了容错的时间同步以及广泛的错误检测机制，同时还提供了节点的恢复和再整合功能。TTP 采用光纤作为传输介质，传输速率可达 25Mb/s。

BMW 公司的 byteflight 可用于 X-by-Wire 系统的网络通信。byteflight 的特点是既能满足某些高优先级信息需要时间触发，以保证确定延迟的要求；又能满足某些信息需要事件触发，需要中断处理的要求。但其他汽车制造商目前并无意使用 byteflight，而计划采用另一种标准——FlexRay。

FlexRay 是一种新的特别适合下一代汽车应用的网络通信系统，它采用 FTDM（flexible time division multiple access）的确定性访问方式，具有容错功能和确定的信息传输时间，能够满足汽车控制系统的高速率通信要求。CAN 网络最高性能极限为 1Mb/s，而 FlexRay 两个信道上的数据传输速率最大可达到 10Mb/s，总数据传输速率可高达 20Mb/s。因此，在车载网络中，FlexRay 的网络带宽可达到 CAN 的 20 倍。

BMW、Daimler-Chrysler、Motorola 和 Philips 联合开发和建立了 FlexRay 标准，GM 公司也加入了 FlexRay 联盟，成为其核心成员，共同致力于开发汽车分布式控制系统中高速总线系统的标准。该标准不仅提高了一致性、可靠性、竞争力和系统效率，而且还简化了开发过程和使用，并降低了成本。

4. 诊断系统总线标准与协议

故障自诊断是现代汽车的一项重要功能，给复杂汽车电子控制系统的故障诊断、检修带来了极大的方便。同时，随着环境保护意识的普遍增强，汽车故障的自诊断系统又增加了汽车尾气排放系统的监测功能。

现今，在汽车上使用的故障自诊断系统主要有 OBD-Ⅱ(on-board diagnostics-Ⅱ)、OBD-Ⅲ 和 E-OBD(European on-board diagnostics)标准。

目前，许多汽车制造商都采用 ISO 14230(Keyword Protocol 2000)作为诊断系统的通信标准，它满足 OBD-Ⅱ 和 OBD-Ⅲ 的要求。在欧洲，以往诊断系统中使用的是 ISO 9141，它是一种基于 UART 的诊断标准，满足 OBD-Ⅱ 的要求。美国的 GM、Ford、DC 公司广泛使用 J1850 作为满足 OBD-Ⅱ 的诊断系统的通信标准。

但随着 CAN 总线的广泛应用，美国三大汽车公司对乘用车采用了基于 CAN 的 J2480 诊断系统通信标准，J2480 满足 OBD-Ⅲ 的通信要求。从 2000 年开始，欧洲汽车制造商已经开始使用一种基于 CAN 总线的诊断系统通信标准 ISO 15765，它满足 E-OBD 的系统要求。

目前，汽车的故障诊断主要是通过一种专用的诊断通信系统来形成一套较为独立的诊断网络，ISO 9141 和 ISO 14230 就是这类技术上较为成熟的诊断标准。

ISO 15765 适用于将车用诊断系统在 CAN 总线上加以实现的场合，从而适应了现代汽车网络总线系统的发展趋势。ISO 15765 的网络服务符合基于 CAN 的车用网络系统的要求，是按照 ISO 14230-3 及 ISO 15031-5 中有关诊断服务的内容和要求来制订的。

因此，ISO 15765 对于 ISO 14230 应用层的服务和参数完全兼容，但并不限于只用在这些国际标准所规定的场合，因而有广泛的应用前景。

1.3.4　D 类网络标准与协议

汽车多媒体网络和协议属于 D 类总线系统，分为 3 种类型，分别是低速、高速和无线，对应 SAE 的分类相应为 IDB-C(intelligent data bus-CAN)、IDB-M(Multimedia)和 IDB-Wireless，其传输速率在 250～100Mb/s 之间。

低速网络用于远程通信、诊断及通用信息传输，IDB-C 按 CAN 总线的格式以 250Kb/s 的位速率进行信息传输。由于其低成本的特性，IDB-C 作为汽车类产品的标准之一，已经在汽车网络中得到应用。

GM 公司等美国汽车制造商计划使用 POF(plastic optical fiber)在汽车中安装以 IEEE 1394 为基础的 IDB-1394，预计 Toyota 等日本汽车制造商也将跟进采用 POF。由于消费者手中已经有许多 1394 标准下的个人电子设备，并与 IDB-1394 互相兼容，因此，IDB-1394 将随着 IDB 产品进入汽车网络系统的同时而成为普遍的标准。

高速网络主要用于实时的音频和视频通信，如 MP4、DVD 和 CD 等的播放，所使用的传输介质是光纤，这一类标准、协议里主要有 DDB、MOST 和 IEEE 1394。

DDB 是用于汽车多媒体和通信的分布式网络，通常使用光纤作为传输介质，可连接 CD 播放器、语音控制单元、电话和国际互联网。DDB 技术已使用于 BENZ 公司的高端车型。

Daimler-Chrysler 等公司计划与 BMW 公司一样使用 MOST。MOST 是车辆内 LAN 的接口规格，用于连接车载导航仪和无线设备等，数据传输速率为 24Mb/s。其规格主要由德国 Oasis Silicon System 公司制订。

在无线通信方面,目前广泛采用蓝牙(Bluetooth)技术。Bluetooth 主要是面向下一代汽车应用,如语音系统、无线信息通信、个人娱乐或 PC 外设等方面。

复习思考题

1. 简述汽车网络技术的发展历程。
2. 简述汽车网络技术的发展趋势。
3. 简述汽车网络的分类。
4. 目前已经广泛应用的汽车网络技术有哪些?

第 2 章 CAN 总线

> **教学提示**：得益于数据传输的快速性和高可靠性，CAN 总线技术在汽车网络系统中的应用最为广泛。
>
> **教学要求**：本章主要介绍 CAN 总线原理及其在汽车网络系统中的应用情况。要求学生了解 CAN 总线数据信号的传输原理，熟悉 CAN 总线的结构组成和应用情况。

2.1 数据信号及其传输

2.1.1 数制

在计算机和数据传输技术中有 3 种重要数制，即十进制、二进制、十六进制。

1. 十进制

十进制是常用的阿拉伯数制。这种数制的基数是 10。与此相适应，每个单个数位有 10 个不同的符号。

由此表示一个一位数会有 10 种不同的可能：即 0、1、2、3、4、5、6、7、8、9。表示一个两位数，存在 100 种可能，即数字 0～99。可以用如下方法进行计算：表示第一位的 10 种可能乘以表示第二位的 10 种可能，即：$10^2=10\times10=100$ 种可能。

表示三位数（0～999），类似地有：$10^3=10\times10\times10=1000$ 种可能。从中可以看出，将位值逐位乘以 10 即可以得到所要表达的数字。

图 2-1 为十进制三位数 365 的结构。

2. 二进制

二进制是数据处理中最常用的数制之一。在二进制中只有两个数字值：0 和 1，或接通或关闭，或高电压或低电压，即所谓的二进制符号或位。在通信领域，也把这两个值称为逻辑 0 和逻辑 1。

每个数据信号都由一个二进制符号（位）的排列构成，如 1001 0110。

二进制有两种状态 0 和 1，因此基数为 2。十进制记

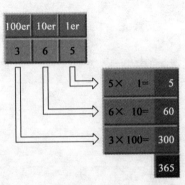

图 2-1 十进制三位数 365 的结构

数法中的数字 5 在二进制中可转换为 0101,转换
方法如下:

$(0 \times 2^3) + (1 \times 2^2) + (0 \times 2^1) + (1 \times 2^0)$
$= (0 \times 8) + (1 \times 4) + (0 \times 2) + (1 \times 1)$
$= 0 + 4 + 0 + 1$
$= 5$

可以看出,将二进制中位值逐位加倍再相加,即可以得到十进制。图 2-2 为二进制两位数 10 的结构。

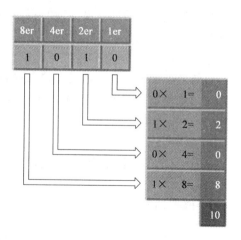

图 2-2 二进制数 10 的结构

3. 十六进制

十六进制用作二进制数的简化表示。这种数制包括 16 个符号,即 0、1、2、3、4、5、6、7、8、9、A、B、C、D、E、F。

十六进制的基数是 16。字母 A~F 对应十进制中的数字值 10~15。用一个一位的十六进制数字可以表示一个四位的二进制数(四位组),具体对应关系见表 2-1。

表 2-1 十六进制数与二进制数(四位组)的对应关系

位 3	位 2	位 1	位 0	十六进制值	十进制值
0	0	0	0	0	0
0	0	0	1	1	1
0	0	1	0	2	2
0	0	1	1	3	3
0	1	0	0	4	4
0	1	0	1	5	5
0	1	1	0	6	6
0	1	1	1	7	7
1	0	0	0	8	8
1	0	0	1	9	9
1	0	1	0	A	10
1	0	1	1	B	11
1	1	0	0	C	12
1	1	0	1	D	13
1	1	1	0	E	14
1	1	1	1	F	15

从二进制数值转换成十六进制数值时,把二进制数值的各个四位组转换成十六进制数值,然后连在一起书写即可。例如,将二进制数值 1101 0111 转换成十六进制数值时,第 1 个四位组(1101)对应于十六进制数值 D;第 2 个四位组(0111)对应于十六进制数值 7。把这两个结果合并在一起,就可以得到十六进制数字 D7,也就是说,1101 0111 对应于 D7。

不难看出,大的二进制数值以十六进制写法表示时由于位数较少而更加简明。

在汽车网络系统中,存在着大量信息和测量值,必须对它们进行比一个位所允许的精度

更加准确的探测。例如,"很热"和"很冷"这样模糊的表述是不能用于车内温度的调节的。必须将温度信号进行更为精确的表述才行,此时,可将车内的温度信号转换为二进制数进行表述。

可能的数字值的数字随组合的二进制位数的增多而增大。从表 2-1 中可以看出,用一个四位二进制数能够表示 16 个不同的值,而用一个八位二进制数已经可以表示 256 个可能的值。

2.1.2 数据信号的类别

1. 模拟信号

"模拟"这个概念来源于希腊语(analogos),表示"类似于"。模拟显示数据(信息)是指通过直接与数据成比例的连续变化物理量进行表示。

模拟信号(见图 2-3)的特点是,它可以采用 0 ~100% 之间的任意值。因此模拟信号的变化方式是连续的,如指针式测量仪表、水银温度计、指针式时钟等。

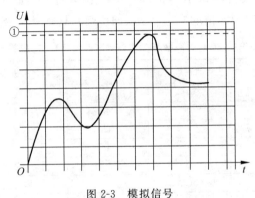

图 2-3 模拟信号
①—最大电压值;U—电压;t—时间

在听音乐时,人的耳朵就会接收到模拟信号(声波连续变化)。汽车电气设备(音响系统、收音机、电话等)以同样的方式通过连续变化的电压表示出声音。

但当这种电信号由某一设备向另一设备传输时,接收装置接收到的信息与发射装置发送的信息并不完全相同,这是由于下列干扰因素造成的:

(1) 导线(电缆)长度;

(2) 导线的线性电阻;

(3) 无线电波;

(4) 移动无线电信号。

出于安全技术的原因,在车辆应用方面不会通过模拟方式传输信息。此外,电压变化太小则无法显示出可靠值(ABS、安全气囊、发动机管理系统等)。

2. 数字信号

"数字"这个概念来源于拉丁语"digitus",表示手指或脚趾,其本意是指可以用几根手指算清的所有事务,或者更确切地说,"数字"就是可以分解为各自独立的事务。

数字表示方式就是以数字形式表示不断变化的物理量。尤其在计算机内,所有数据都以"0"和"1"的序列形式表示出来(二进制)。因此,"数字"是"模拟"的对立形式。

数字信号的变化规律如图 2-4 所示。

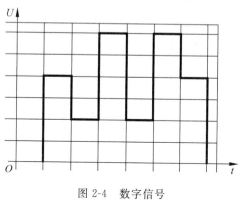

图 2-4　数字信号
U—电压;t—时间

3. 二进制信号

"Bi"一词来源于希腊语,表示"2"。因此,一个二进制信号(见图 2-5)只能识别两种状态,即 0 和 1,或高和低。如车灯点亮或车灯未亮;继电器触点断开或继电器触点闭合;供电或未供电;车门打开或车门关闭,等等。

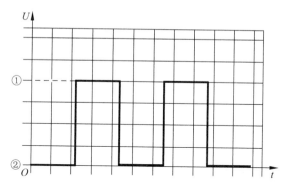

图 2-5　二进制信号
①—高;②—低;U—电压;t—时间

每个符号、图片甚至声音都可由特定顺序的二进制字符来表述,如 1001 0110。通过这些二进制编码,计算机或控制单元可以处理信息或将信息发送给其他控制单元。

4. 信号电压

为了能够清楚地区分高电压和低电压这两种状态,在汽车网络技术中对信号电压(见图 2-6)作了明确的规定,高电压为 6～12V,低电压为 0～2V,2～6V 之间属于禁止范围,只用于识别故障。

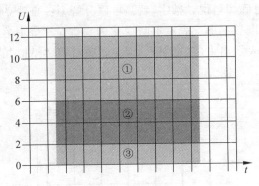

图 2-6 信号电压

①—高电压范围；②—禁止使用的范围；③—低电压范围；U—电压；t—时间

5. 代码表示

代码就是一组由字符、符号或信号码元以离散形式表示信息的明确的规则体系。例如，早年间在无线电通信中广泛使用的发报机（见图 2-7），其发出的莫尔斯电码就是信息代码。莫尔斯电码的每个字母和数字都是通过不同长度的信号序列进行加密的。

我们熟悉的求救信号 SOS（save our souls，拯救我们的生命）用莫尔斯电码表示为：

短短短——S；

长长长——O；

短短短——S。

6. 比特和字节

计算机中的所有信息都以位（bit，亦称比特，是二进制数字的最小信息单位）为单位进行存储和处理的。因此，必须将所有数据（字母、数字、声音、图片等）转换成二进制代码，以便在计算机中进行处理。

图 2-7 莫尔斯发报机

最常用的系统和代码用 8 个位构成一个字节。因此，可以对 256 个字节进行编码。

1 千字节（KB）= 2^{10} 字节，即 1024 字节

1 兆字节（MB）= 2^{20} 字节，即 1024KB（1 048 576 字节）

1 千兆字节（GB）= 2^{30} 字节，即 1024MB（1 073 741 824 字节）

注意：换算系数不是 1000，而是 1024。

2.1.3 总线与接口

1. 总线

总线技术最早应用在计算机内部。电信号在计算机系统组件、微处理器、存储器与输入输出器件之间以并行方式传输，为此目的而使用的线路称为总线（bus）。

在计算机系统内部总线分为地址总线、数据总线和控制总线 3 种。计算机系统内部的

总线示意图如图 2-8 所示,电路板的实物照片如图 2-9 所示。

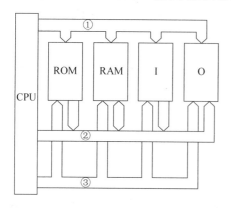 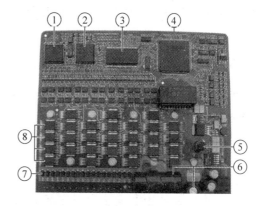

图 2-8　计算机系统内部总线线路的示意图
①—地址总线；②—数据总线；③—控制总线；
CPU—中央处理器；ROM—只读存储器；RAM—随机存储器；I—输入；O—输出

图 2-9　车用计算机(电子控制单元)电路板
①—输出模块；②—输入模块；③—存储器模块；④—微处理器；⑤—线圈；⑥—电容器；⑦—二极管；⑧—特殊模块（特定应用）

信息并行传输需要带宽较大的线路系统,数据传输速率(速度)较高。信息通过计算机系统外的串行总线线路传输,即在控制单元之间传输。

2. 接口

接口(见图 2-10)负责建立计算机与周围环境(其他设备)之间的连接。为了通过接口正确传输数据,所有设备必须使用相同的硬件和软件。如果无法满足这些前提条件,则由一个网关(控制单元)来完成协调工作。

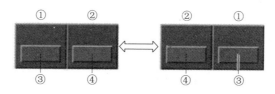

图 2-10　接口
①—计算机；②—接口；③—软件；④—硬件

通过接口连接不同设备时有点对点连接和多点连接两种连接方式。

(1) 点对点连接。点对点连接仅适用于在一条传输路径上连接两个设备。图 2-11 所示为两个控制单元通过 K 总线相互连接的点对点连接方式。

(2) 多点连接。采用多点连接(见图 2-12)方式时可在同一传输路径上连接两个以上的设备。为此,必须为各设备分配明确的代码(地址),以便设备能够有针对性地作出响应。

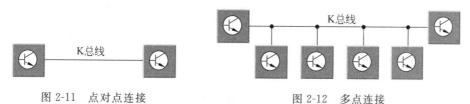

图 2-11　点对点连接　　　　图 2-12　多点连接

如果将传输路径的控制功能主要分配给其中一个设备,则该设备就变为主控控制单元,而其他设备仅具有副控功能,因而,具有副控功能的这些设备亦称从属控制单元。

2.1.4 数据传输方式

根据发送装置向接收装置传输信息时各字节的传输方式不同,数据传输方式分为并行传输和串行传输两种形式。

1. 并行传输

进行并行数据传输(见图2-13)时,发送装置向接收装置同时(并行)传输7~8位数据。以并行形式传输数据时,两个设备之间的电缆必须包括7或8根平行排列的导线(加接地导线)。

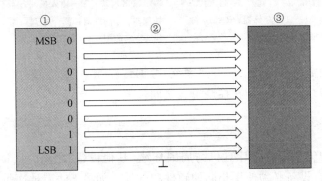

图2-13 并行传输

①—发送装置;②—数据;③—接收装置;MSB—最高值数位;LSB—最低值数位

由图2-13可以看出,采用并行传输方式时,其数据传输犹如在具有8条车道(车道相当于数据导线)的公路上行车(每辆车的载运量相当于一位数据,8辆车的载运量之和相当于一个字节),在同一时间内,可以通过8辆车。其通行效率高,但要构筑8条车道,建设成本高昂。

需要较高的传输速度时,通常使用这种传输方式。但是由于插接装置和电缆方面的费用较高,因此只能在传输路径较短时采用并行传输方式。

2. 串行传输

串行传输(见图2-14)主要用于在数据处理设备之间进行数据通信。在一根导线上以位为单位依次(连续形式)传输所需数据。

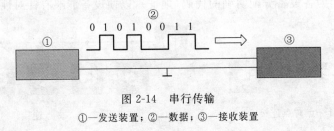

图2-14 串行传输

①—发送装置;②—数据;③—接收装置

由图 2-14 可以看出,采用串行传输方式时,其数据传输犹如在具有 1 条车道(车道相当于数据导线)的公路上行车(每辆车的载运量相当于一位数据,8 辆车的载运量之和相当于一个字节),在同一时间内,只能通过 1 辆车。其通行效率低,但只需构筑 1 条车道,建设成本低廉。

串行传输方式的优点是降低了布线成本,缺点是延长了数据传输时间。一个 8 位并行接口可在一个时间单位内传输一个数据字节,而一个串行接口至少需要 8 个单位时间才能传输相同字节的数据。不过,传输距离越长就越能体现出串行传输的优势。

满足下列某个或多个条件时大多使用串行传输方式:

(1) 传输距离较长(如在两个或多个距离较远的控制单元之间传输数据);
(2) 出于大量节约电线的考虑;
(3) 对抗干扰能力(屏蔽导线)要求较高;
(4) 系统需要传输的数据量较小。

数据的传输速率(速度)一般使用位传输速率(亦称比特率)表示,其定义为每秒传输的数据位数(bit),单位为 bit/s,常写作 b/s。

目前汽车上并行数据传输方式多在控制单元内部线路中使用,而在控制单元外部传输信息则大都以串行传输方式进行。

串行数据传输既可以采用同步传输方式,也可以采用异步传输方式。

3. 同步数据传输

使用一个共同的时钟脉冲发生器可保持发送装置和接收装置时间管理的同步性,这种方式就是同步传输方式(见图 2-15)。采用同步数据传输时,只需使用发送装置的时钟脉冲发生器即可,但必须通过一根单独的导线将其节拍频率传送给接收装置。

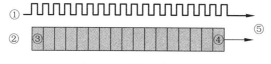

图 2-15 同步传输方式
①—同步脉冲;②—数据;③—停止;④—起始;⑤—接收装置

进行同步传输时,通常以信息组形式发送数据,且必须使接收装置与信息组传输同步化。因此,在信息组起始处发送一个起始符号,在停止处发送一个停止识别符号。

4. 异步数据传输

发送和接收装置之间最常用的时间管理方式是异步传输方式。进行异步数据传输时,发送和接收装置之间没有共同的系统节拍。系统通过起始位和停止位识别数据组的开始和结束。只有当接收装置确认已接收到之前的数据后,发送装置才会传输后续的数据。异步传输方式的数据传输速率相对较慢,数据传输速率还取决于总线长度。

进行异步数据传输时,仅针对字符的持续时间建立并保持发送和接收装置之间的同步性,这种方式又称为起止方式。

进行异步传输时，每个字符起始处都有一个起始位。接收装置可通过该起始位与发送装置的节拍保持同步。随后发送 5~8 位数据位，并可能发送一个检查位（校验位）。

在导线上发送数据位时首先发送最低值数位，最后发送最高值数位。此后，还有一个或两个停止位。停止位用于在传输两个字符之间形成一个最小的时间间隔，以便为接收装置接收后续字符留出必要的准备时间。

这种由起始位、数据位和停止位构成的单位称为数据帧。进行异步数据传输时数据帧的结构如图 2-16 所示。

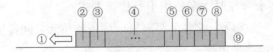

图 2-16　异步数据传输时数据帧的结构
①—接收装置；②—起始位；③—最低值数位；④—5~8 位数据位；
⑤—最高值数位；⑥—检查位；⑦、⑧—停止位；⑨—发送装置

发送和接收装置的传输形式必须一致。也就是说，两个设备内的下列参数需调节一致：
(1) 传输速率；
(2) 奇偶校验检查；
(3) 数据位的数量；
(4) 停止位的数量。

5. 数据总线上的信息流方向

(1) 单工通信。如图 2-17 所示，如果在数据总线上，信息流（数据流）只能由一个控制单元传向另一个控制单元，而不能反向传输，则称为单工通信。

(2) 双工通信。如图 2-18 所示，如果在数据总线上，信息流（数据流）可以由一个控制单元传向另一个控制单元，而且可以进行反向传输，则称为双工通信。

　　图 2-17　单工通信　　　　　　　　　图 2-18　双工通信

2.2　CAN 总线的工作原理

2.2.1　CAN 总线简介

CAN 是 controller area network（控制器局域网）的缩写，是国际标准化的串行通信协议。目前，CAN 总线是汽车网络系统中应用最多、也最为普遍的一种总线技术。

1. CAN 总线的优点

对于汽车上的整个系统来说,CAN 总线有如下优点:

(1) 控制单元间的数据交换都在同一平台上进行(见图 2-19)。这个平台称为协议,CAN 总线起到数据交换"高速公路"的作用(见图 2-20)。

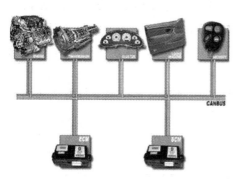

图 2-19　控制单元间的数据交换都在同一平台上进行

图 2-20　CAN 总线相当于数据交换的"高速公路"

(2) 可以很方便地实现用控制单元来对系统进行控制,如发动机控制、变速器控制、ESP 控制等。

(3) 可以很方便地加装选装装置,为技术进步创造了条件,为新装备的使用埋下了伏笔。

(4) CAN 总线是一个开放系统,可以与各种传输介质进行适配,如铜线和光导纤维(光纤)。

(5) 对控制单元的诊断可通过 K 线来进行,车内的诊断有时通过 CAN 总线来完成(如安全气囊和车门控制单元),称为"虚拟 K 线"。随着技术的进步,今后有逐步取消 K 线的趋势。

(6) 可同时通过多个控制单元进行系统诊断。

2. CAN 总线的结构特点

CAN 总线系统上并联有多个控制单元,具有以下特点:

(1) 可靠性高。系统能将数据传输故障(不论是由内部还是外部引起的)准确地识别出来。

(2) 使用方便。如果某一控制单元出现故障,其他控制单元还可以保持原有功能,以便进行信息交换。

(3) 数据密度大。所有控制单元在任一瞬时的信息状态均相同,这样就使得两控制单元之间不会有数据偏差。如果系统的某一处有故障,那么总线上所有连接的元件都会得到通知。

(4) 数据传输快。连成网络的各控制单元之间的数据交换速率必须很快,这样才能满足实时要求。

(5) 采用双线传输,抗干扰能力强,数据传输的可靠性高。

3. CAN 总线的传输速率

目前,CAN 总线系统中的信号是采用数字方式经铜导线传输的,其最大稳定传输速率可达 1Mb/s。大众和奥迪公司将最大标准传输速率规定为 500Kb/s。

考虑到信号的重复率及产生出的数据量,CAN 总线系统分为 3 个专门的系统:

(1) 驱动 CAN 总线(高速),亦称动力 CAN 总线,其标准传输速率为 500Kb/s,可基本满足实时要求,主要用于发动机、变速器、ABS、转向助力等汽车动力系统的数据传输。

(2) 舒适 CAN 总线(低速),其标准传输速率为 100Kb/s,主要用于空调系统、中央门锁(车门)系统、座椅调节系统的数据传输。

(3) 信息 CAN 总线(低速),其标准传输速率为 100Kb/s,主要用于对响应速度要求不高的领域,如导航系统、组合音响系统、CD 转换控制等。

4. CAN 总线的自诊断功能

CAN 总线是车内电子装置中的一个独立系统,从本质上讲,CAN 总线就是数据传输线路,用于在控制单元之间进行信息交换。

由于自身的布置和结构特点,CAN 总线工作时的可靠性很高。如果 CAN 总线系统出现故障,故障就会存入相应的控制单元故障存储器内,可以用诊断仪读出这些故障。

(1) 控制单元具有自诊断功能,通过自诊断功能还可识别出与 CAN 总线相关的故障。

(2) 用诊断仪(如 VAS5051、VAS5052、GT1 等)读出 CAN 总线故障记录之后,即可按这些提示信息按图索骥、顺藤摸瓜,快速、准确地查寻并排除故障。

(3) 控制单元内的故障记录用于初步确定故障,还可用于读出排除故障后的无故障说明,即确认故障已经被排除。如果想要更新故障显示内容,必须重新起动发动机。

(4) CAN 总线正常工作的前提条件是车辆在任何工况均不应有 CAN 总线故障记录。

2.2.2 CAN 总线的组成

1. CAN 总线的基本系统

CAN 总线的基本系统由多个控制单元和两条数据线组成,这些控制单元通过所谓收发器(发射-接收放大器)并联在总线导线上。如图 2-21 所示,数据总线犹如高速公路,总线机制犹如公交车,载运着乘客(数据)在各个车站(控制单元)之间穿梭,完成乘客(数据)的运输工作。这也是总线在英文中被称为 bus 的原因所在。

CAN 总线上各个控制单元的条件是相同的,也就是说,所有控制单元的地位均相同,没有哪个控制单元有特权。从这个意义上讲,CAN 总线也称多主机结构。

数据传输是按顺序连续完成的。原则上 CAN 总线用一条导线就可以满足功能要求,但 CAN 总线系统上还是配备了第二条导线,且两根导线互相缠绕在一起,称为双绞线。这两根导线中,一根导线称为 CAN-High 导线,另一根导线称为 CAN-Low 导线(见图 2-22)。在双绞线上,信号是按相反相位传输的,这样可有效抑制外部干扰。

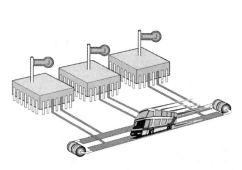

图 2-21　CAN 总线的数据传输与公交车载运乘客相似

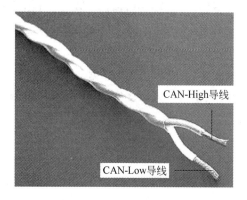

图 2-22　CAN 总线的双绞线

2. CAN 总线的数据结构

如图 2-23 所示，CAN 总线所传输的每条完整信息由 7 个区构成，信息最大长度为 108bit。在两条 CAN 导线上，所传输的数据内容是相同的，但是两条导线的电压状态相反。

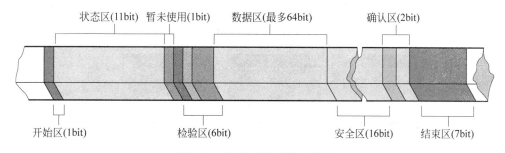

图 2-23　CAN 总线的信息结构

（1）开始区。开始区（长度为 1bit）标志数据开始，CAN-High 导线的电压大约为 5V（具体数值视系统而定），CAN-Low 导线的电压大约为 0V。

（2）状态区。状态区（长度为 11bit）用于确定所传数据的优先级。如果在同一时刻有两个控制单元都想发送数据，则优先级高的数据先行发出。

（3）检验区。检验区（长度为 6bit）用于显示数据区中的数据数量，以便让接收器（接收数据的控制单元）检验自己接收到的、来自发送器（发送数据的控制单元）的数据是否完整。

（4）数据区。数据区（长度不确定，视具体情况而定，最大长度为 64bit）是信息的实质内容。

（5）安全区。安全区（长度为 16bit）用于检验数据在传输中是否出现错误。

（6）确认区。确认区（长度为 2bit）是数据接收器发送给数据发送器的确认信号，表示接收器已经正确、完整地收到了发送器发送的数据。如果检测到在数据传输中出现错误，则接收器会迅速通知发送器，以便发送器重新发送该数据。

（7）结束区。结束区（长度为 7bit）标志着数据的结束。

3. 信息的发送与接收

CAN 数据总线在发送信息时，每个控制单元均可接收其他控制单元发送出的信息。在通信技术领域,也把该原理称为广播(见图 2-24),就像一个广播电台发送广播节目一样,每个广播网范围内的用户(收音机)均可接收。这种广播方式可以使得连接的所有控制单元总是处于相同的信息状态。

如图 2-25 所示,CAN 数据总线的数据传输又类似于"电话会议",一个电话用户(控制单元)将数据"讲"入网络中,其他用户通过网络"接听"这个数据。对这个数据感兴趣的用户就会记录并使用该数据,而其他用户则选择忽略,可以不予理睬。

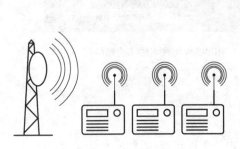

图 2-24 广播原理

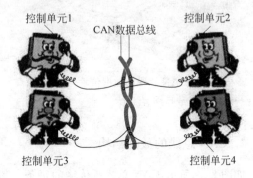

图 2-25 CAN 数据总线的数据传输类似于"电话会议"

为了易于说明数据传输的基本原理,下面以只有一条 CAN 总线导线的情况来进行阐述(见图 2-26)。

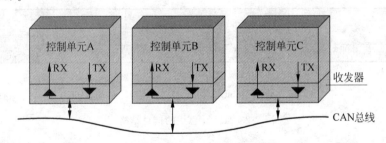

图 2-26 单线 CAN 总线数据传输示意图

想要传输的数据称为信息,每个控制单元均可发送和接收信息。信息包含重要的物理量,如发动机转速、冷却液温度等。在进行数据传输时,首先要把物理数据转变成一系列二进制数,如发动机转速为 1800r/min 可表示成 11100001000。

如图 2-27 所示,在发送过程中,二进制数先被转换成连续的比特流(信息流),该比特流通过 TX 线(发送线)到达收发器(放大器),收发器将比特流转化成相应的电压值,最后这些电压值按时间顺序依次被传送到 CAN 总线的导线上(见图 2-28)。

在接收过程中,这些电压值经收发器又转换成比特流,再经 RX 线(接收线)传至控制单元,控制单元将这些二进制连续值转换成信息,如 11100001000 这个值又被转换成 1800r/min 这个发动机转速。

2.2.3 CAN 总线系统元件的功能

如图 2-29 所示,CAN 总线系统元件主要由 K 线、控制单元、CAN 构件、收发器等组成。

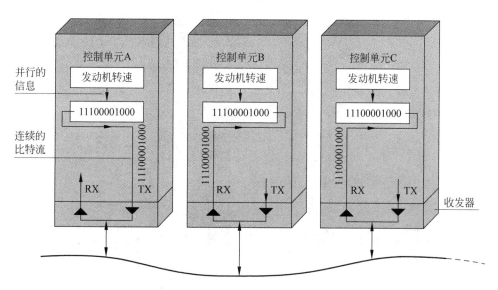

图 2-27　CAN 总线上的信息交换（广播原理）

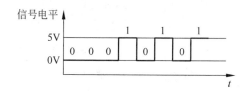

图 2-28　按时间顺序的电信号传输

1. K 线

K 线用于在 CAN 总线系统自诊断时连接汽车故障检测仪（如 VAS5051），属于诊断用的通信线。

2. 控制单元

控制单元接收来自传感器的信号，将其处理后再发送到执行元件上。控制单元中的微控制器上带有输入输出存储器和程序存储器。

定期查询控制单元接收到的传感器值（如发动机转速或冷却液温度）并按顺序存入输入存储器。微控制器按事先编制好的程序来处理输入值，处理后的结果存入相应的输出存储器内，然后到达各个执行元件。为了能够处理 CAN 信息，各控制单元内还有一个 CAN 存储区，用于容纳接收到的和要发送的信息。

3. CAN 构件

CAN 构件用于数据交换，它分为两个区，一个是接收区，一个是发送区。CAN 构件通过接收邮箱或发送邮箱与控制单元相连，其工作过程与邮局收发邮件（见图 2-30）的过程非常相似。CAN 构件一般集成在控制单元的微控制器芯片内。

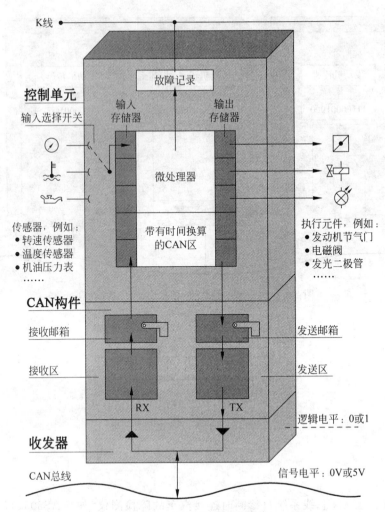

图 2-29 CAN 总线系统元件

图 2-30 邮局收发邮件

4. 收发器

收发器就是一个发送-接收放大器,在发送数据时,收发器把 CAN 构件连续的比特流(亦称逻辑电平)转换成电压值(线路传输电平);当接收数据时,收发器把电压值(线路传输电平)转换成连续的比特流。线路传输电平非常适合在铜质导线上进行数据传输。

收发器通过 TX 线(发送线)或 RX 线(接收线)与 CAN 构件相连。RX 线通过一个放大器直接与 CAN 总线相连,并总是在监听总线信号。

1) 收发器的特点

如图 2-31 所示,收发器的 TX 线始终与总线耦合,两者的耦合过程是通过一个开关电路来实现的。收发器内晶体三极管的状态与总线电平之间的对应关系见表 2-2。

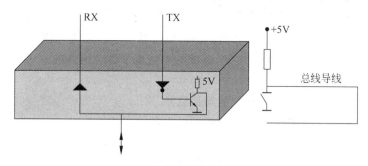

图 2-31　收发器的 TX 线与总线的耦合

表 2-2　收发器内晶体三极管的状态与总线电平之间的对应关系

状态	晶体三极管状态	电阻状态		总线电平
1	截止(相当于开关断开)	无源	高阻抗	1
0	导通(相当于开关闭合)	有源	低阻抗	0

2) 多个收发器与总线导线的耦合

当有多个收发器与总线导线耦合时,总线的电平状态将取决于各个收发器开关状态的逻辑组合。下面以 3 个收发器接到一根总线导线上(见图 2-32)的情况为例加以说明。

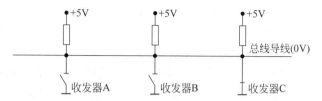

图 2-32　3 个收发器接到一根总线导线上

在图 2-32 中,收发器 A 和收发器 B 的开关呈断开状态,收发器 C 的开关呈闭合状态。开关断开表示 1(无源),开关闭合表示 0(有源)。

由图 2-32 不难看出,如果某一开关已闭合,电阻上就有电流流过,于是总线导线上的电压就为 0V;如果所有开关均未闭合,那么电阻上就没有电流流过,电阻上就没有压降,于是总线导线上的电压就为 5V。

3个收发器开关的状态与总线电平的逻辑关系见表2-3。

表2-3 收发器开关的状态与总线电平的逻辑关系

收发器A	收发器B	收发器C	总线电平
1	1	1	1(5V)
1	1	0	0(0V)
1	0	1	0(0V)
1	0	0	0(0V)
0	1	1	0(0V)
0	1	0	0(0V)
0	0	1	0(0V)
0	0	0	0(0V)

如果总线处于状态1(无源),那么该状态可以由某一个控制单元使用状态0(有源)来改写。一般将无源的总线电平称为隐性的,有源的总线电平称为显性的。

其意义体现在:

(1) 发送传输错误信号时(错误帧故障信息);

(2) 冲突识别时(如果几个控制单元想同时发送信息)。

2.2.4 CAN总线的数据传输过程

本节以发动机转速信息的传输过程为例,介绍CAN总线上的数据传输过程。从发动机转速信号获取、接收、传输,直到在发动机转速表上显示出来,从这一完整的数据传输过程中,可以清楚地看出数据传输的时间顺序以及CAN构件与控制单元之间的配合关系。

1. 信息格式的转换

首先是发动机控制单元的传感器接收到发动机转速信息(转速值)。该值以固定的周期(循环往复地)到达微控制器的输入存储器内。

由于瞬时转速值不仅用于发动机运转控制、变速器换挡控制,还用于其他控制单元(如组合仪表),故该值通过CAN总线来传输,以实现信息共享。于是转速值就被复制到发动机控制单元的发送存储器内。该信息从发送存储器进入CAN构件的发送邮箱内。

如果发送邮箱内有一个发动机转速实时值,那么该值会由发送特征位(举起的小旗)显示出来。将发送任务委托给CAN构件,发动机控制单元就完成数据传输任务。

如图2-33所示,发动机转速值按协议被转换成标准的CAN信息格式。

在本例中,状态区(标识符)=发动机_1,数据区(信息内容)=发动机转速(即发动机转速为XXX r/min)。当然,CAN总线上传输的数据也可以是其他信息(如节气门开度、冷却液温度、发动机转矩等),具体内容取决于系统软件的设定。

2. 请求发送信息——总线状态查询

如果发送邮箱内有一个发动机转速实时值,那么该值会由发送特征位(举起的小旗)显示出来——请求发送信息,相当于学生举手向老师示意,申请发言。

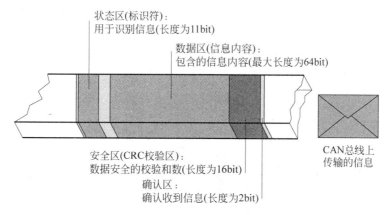

图 2-33 发动机转速值按协议被转换成标准的 CAN 信息格式

只有总线处于空闲状态时,控制单元才能向总线上发送信息。如图 2-34 所示,CAN 构件通过 RX 线来检查总线是否有源(是否正在交换其他信息),必要时会等待,直至总线空闲下来为止。

如果在某一时间段内,总线电平一直为 1(总线一直处于无源状态),则说明总线处于空闲状态。

3. 发送信息

如图 2-35 所示,如果总线空闲下来,发动机信息就会被发送出去。

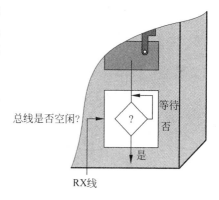

图 2-34 总线状态查询

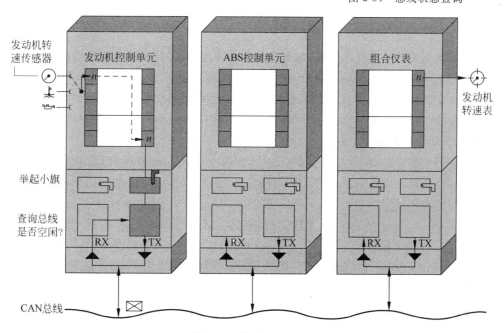

图 2-35 信息发送过程

4. 接收过程

如图 2-36 所示，连接在 CAN 总线上的所有控制单元都接收发动机控制单元发送的信息，该信息通过 RX 线到达 CAN 构件各自的接收区。

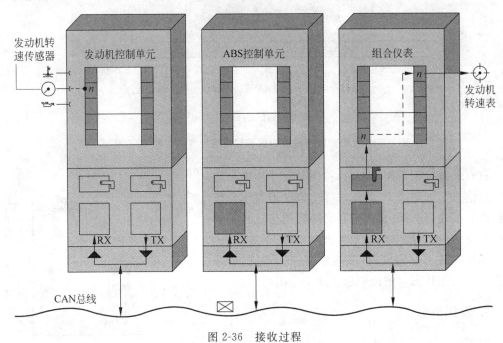

图 2-36　接收过程

接收过程分两步，首先检查信息是否正确（在监控层），然后检查信息是否可用（在接收层）。

1) 检查信息是否正确（在监控层）

接收器接收发动机的所有信息，并且在相应的监控层检查这些信息是否正确。这样就可以识别出在某种情况下某一控制单元上出现的局部故障。

按照 CAN 总线的信息广播原理，连接在 CAN 总线上的所有控制单元都接收发动机控制单元发送的信息。数据传输是否正确，可以通过监控层内的 CRC 校验和数来进行校验。CRC 校验即为循环冗余码校验（cycling redundancy check，CRC）。

在发送每个信息时，所有数据位会产生并传递一个 16 位的校验和数，接收器按同样的规则从所有已经接收到的数据位中计算出校验和数，随后系统将接收到的校验和数与计算出的实际校验和数进行比较。

如果两个校验和数相等，确认无数据传输错误，那么连接在 CAN 总线上的所有控制单元都会给发射器一个确认回答（亦称应答，见图 2-37），这个回答就是所谓的"信息收到符号"（acknowledge，Ack），它位于校验和数之后。

如图 2-38 所示，经监控层监控、确认无误后，已接收到的正确信息会到达相关 CAN 构件的接收区。

2) 检查信息是否可用（在接收层）

CAN 构件的接收层判断该信息是否可用。如果该信息对本控制单元来说是有用的，则

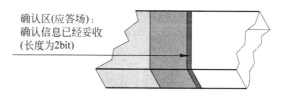

图 2-37　确认信息已经接收

举起接收旗,予以放行(见图 2-39),该信息就会进入相应的接收邮箱;如果该信息对本控制单元来说是无用的,则可以拒绝接收。

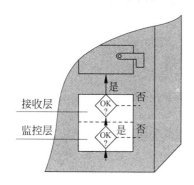
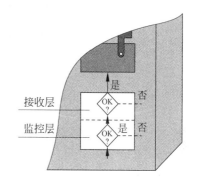

图 2-38　监控层对信息进行监控　　　　图 2-39　接收层判断信息是否可用

在图 2-39 中,连接在 CAN 总线上的组合仪表根据升起的"接收旗"就会知道,现在有一个信息(发动机转速)在排队等待处理。组合仪表调出该信息并将相应的值复制到它的输入存储器内。通过 CAN 总线进行的数据传输(发送和接收信息)过程至此结束。

在组合仪表内部,发动机转速信息经微控制器处理后到达执行元件并最后到达发动机转速表,显示出发动机转速的具体数值。

上述数据传输过程按设定好的循环时间(如 10ms)在 CAN 总线上周而复始地重复进行。

5. 冲突仲裁

如果多个控制单元同时发送信息,那么数据总线上就必然会发生数据冲突。为了避免发生这种情况,CAN 总线具有冲突仲裁机制。按照信息的重要程度分配优先权,十万火急的信息(如事关汽车被动安全、汽车稳定性控制的信息)优先权高,不是特别紧急的信息(如车窗玻璃升降、车门锁止等)优先权低,确保优先权高的信息能够优先发送。

(1) 每个控制单元在发送信息时通过发送标识符来标识信息类别,信息优先权包含在标识符中。

(2) 所有控制单元都通过各自的 RX 线来跟踪总线上的一举一动并获知总线状态。

(3) 每个控制单元的发射器都将 TX 线和 RX 线的状态一位一位地进行比较(它们可以不一致)。

CAN 是这样来进行仲裁的:TX 线上加有一个"0"的控制单元必须退出总线。用标识符中位于前部的"0"的个数来调整信息的重要程度,从而就可保证按重要程度的顺序来发送信息。标识符中的数字越小,表示该信息越重要,需要予以优先发送。

如图 2-40 所示，当发动机控制单元、变速器控制单元、组合仪表控制单元三者在同一时刻都想向 CAN 总线发送数据，则按照优先权的高低来进行仲裁。

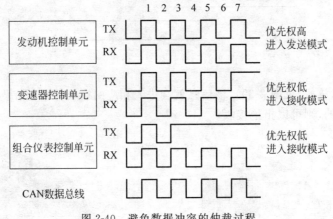

图 2-40　避免数据冲突的仲裁过程

由表 2-4 可见，转向角传感器的信息标识符中的数字最小，说明该信息最为重要，CAN 总线予以优先发送。

表 2-4　信息标识符中的数字

信息标识符	二 进 制 数	十六进制数
发动机_1	010 1000 0000	280H
制动系统	010 1010 0000	2A0H
组合仪表	011 0010 0000	320H
转向角传感器_1	000 1100 0000	0C0H
自动变速器_1	100 0100 0000	440H

2.3　CAN 总线的应用

2.3.1　CAN 总线的分类

由于 CAN 总线在汽车上的具体应用领域（系统）和数据传输速率不同，CAN 总线有不同的类别。另外，对于功能相同或相近的 CAN 总线，不同的汽车公司，对其称谓也不尽相同。如大众集团的 CAN 总线分为驱动 CAN 总线、舒适 CAN 总线、信息 CAN 总线三类；而宝马汽车集团的 CAN 总线分为 PT-CAN 总线（动力传输 CAN 总线）、F-CAN 总线（底盘 CAN 总线）、K-CAN 总线（车身 CAN 总线）三类；奔驰汽车公司的 CAN 总线分为 CAN B 总线、CAN C 总线两大类，等等。

1. 大众集团的 CAN 总线

目前，德国大众汽车集团公司生产的汽车中使用多种 CAN 数据总线。根据信号的重

复率、产生的数据量和可用性(准备状态),CAN 数据总线系统分为如下 3 类:

(1) 驱动 CAN 数据总线。驱动 CAN 数据总线属于高速 CAN 总线,数据传输速率为 500Kb/s,用于将驱动系统中的控制单元联成网络。

(2) 舒适 CAN 数据总线。舒适 CAN 数据总线属于低速 CAN 总线,数据传输速率为 100Kb/s,用于将舒适系统中的控制单元联成网络。

(3) 信息 CAN 数据总线。信息 CAN 数据总线属于低速 CAN 总线,数据传输速率为 100Kb/s,用于将收音机、电话和导航系统联成网络。

舒适 CAN 数据总线和信息 CAN 数据总线可以通过带网关的组合仪表与驱动 CAN 数据总线进行数据交换。

2. 不同 CAN 总线的共性

(1) 不同类别的 CAN 总线在数据高速公路上采用同样的交通规则(数据传输协议)进行数据传输。

(2) 为了保证信息传输的高抗干扰性(如来自发动机舱的强烈的电磁波),所有 CAN 数据总线都采用双线(CAN-High 导线和 CAN-Low 导线)系统,个别公司还采用三线系统(如宝马车系,其 PT-CAN 总线中,除了 CAN-High 导线和 CAN-Low 导线之外,还有一根唤醒导线)。

(3) 将要发送的信号在发送控制单元的收发器内转换成不同的信号电平,并输送到两条 CAN 导线上,只有在接收控制单元的差动信号放大器内才能建立两个信号电平的差值,并将其作为唯一经过校正的信号继续传至控制单元的 CAN 接收区。

(4) 信息 CAN 数据总线与舒适 CAN 数据总线的特性是一致的。在 Polo(自 2002 年起)和 Golf Ⅳ 汽车上,信息 CAN 数据总线和舒适 CAN 数据总线采用同一组数据导线。

3. 不同 CAN 总线的区别

(1) 驱动 CAN 数据总线通过 15 号接线柱(亦称总线端子 15)切断,或经过短时无载运行后自行切断。

(2) 舒适 CAN 数据总线由 30 号接线柱(亦称总线端子 30)供电且必须保持随时可用状态。为了尽可能降低汽车电网的负荷,在"15 号接线柱关闭"后,若汽车网络系统不再需要舒适 CAN 数据总线工作,那么舒适 CAN 数据总线就进入"休眠模式"。

(3) 舒适 CAN 数据总线和信息 CAN 数据总线在一根导线短路或一根导线断路时,可以使用另外一根导线继续工作,这时系统会自动切换到"单线工作模式"。也就是说,舒适 CAN 数据总线和信息 CAN 数据总线可以单线工作(俗称"瘸腿"工作)。

(4) 驱动 CAN 数据总线的电信号与舒适 CAN 数据总线、信息 CAN 数据总线的电信号是不同的。

驱动 CAN 数据总线无法与舒适/信息 CAN 数据总线直接进行电气连接,但可以通过网关连接在一起,构成一个更大的网络。网关可以设置在某一个控制单元(如组合仪表控制单元或供电控制单元)内,也可以独立设置,形成网关模块。

4. CAN 导线

CAN 数据总线是一种双线式数据总线,各个 CAN 系统的所有控制单元都并联在 CAN

数据总线上。CAN 数据总线的两条导线分别叫作 CAN-High 导线和 CAN-Low 导线。在实际使用中,CAN-High 导线和 CAN-Low 导线是扭结在一起的,称为双绞线,如图 2-41 所示。

控制单元之间的数据交换就是通过这两条导线完成的,这些数据可以是发动机转速、冷却液温度、油箱油面高度、节气门开度、加速踏板开度、车速等,也可以是车轮转速、转向盘转角、发动机输出转矩、爆燃(爆震)倾向等。

图 2-41 双绞线实物照片

在大众车系中,CAN 导线的基色为橙色。对于驱动数据总线来说,CAN-High 导线上还多加了黑色作为标志色;对于舒适 CAN 数据总线来说,CAN-High 导线上的标志色为绿色;对于信息 CAN 数据总线来说,CAN-High 导线上的标志色为紫色,而 CAN-Low 导线的标志色都是棕色。

为易于识别,并与大众车系维修手册及 VAS5051 检测仪相适应,在本书中,CAN 导线分别用黄色和绿色来表示,CAN-High 导线为黄色(在黑白图中为灰色),CAN-Low 导线为绿色(在黑白图中为黑色)(见图 2-42)。

图 2-42 双绞线(CAN-High 导线和 CAN-Low 导线)

5. CAN 导线布线图

大众集团使用的 CAN 数据总线有一个特点,控制单元之间呈树形连接,这在 CAN 标准中是没有的,这个特点使得控制单元布线更为完美。

汽车上 CAN 导线的实际布置状态称为拓扑结构图,车型不同,其拓扑结构也不尽相同。在大众辉腾(Phaeton)汽车驱动线束的 CAN 数据总线拓扑结构图(见图 2-43)中,可以清楚地看到树形的网络结构。

2.3.2 驱动 CAN 总线

1. CAN 导线上的电压

如图 2-44 所示,驱动 CAN 总线处于静止状态(即没有数据传输)时,CAN-High 导线和 CAN-Low 导线两条导线上作用有预先设定的电压,其电压值约为 2.5V。

CAN 总线的静止状态亦称隐性状态,静止状态下 CAN-High 导线和 CAN-Low 导线的对地电压称为静止电平(亦称隐性电平),简称静电平。

当有数据传输时,驱动 CAN 总线处于显性状态。此时,CAN-High 导线上的电压值会升高一个预定值(至少为 1V),而 CAN-Low 导线上的电压值会降低一个同样值(至少为 1V)。

于是,在驱动 CAN 总线上,CAN-High 导线就处于激活状态(显性状态),其电压不低于 3.5V(2.5V+1V=3.5V),而 CAN-Low 导线上的电压值最多可降至 1.5V(2.5V−1V=1.5V)。

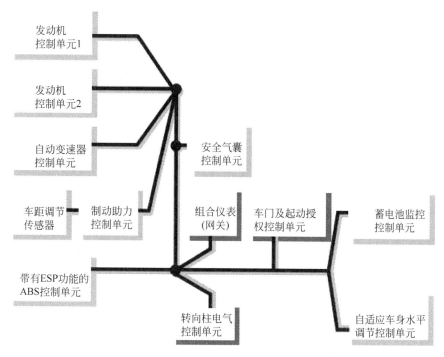

图 2-43 Phaeton 汽车驱动 CAN 数据总线的拓扑结构图

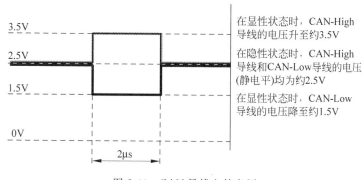

图 2-44 CAN 导线上的电压

因此,在隐性状态时,CAN-High 导线与 CAN-Low 导线上的电压差为 0V,在显性状态时该差值最低为 2V。

2. CAN 收发器

控制单元是通过收发器连接到驱动 CAN 总线上的。在收发器内部的接收器一侧设有差动信号放大器(differential signal amplifier,亦称差分信号放大器)。差动信号放大器用于处理来自 CAN-High 导线和 CAN-Low 导线的信号,除此以外,还负责将转换后的信号传至控制单元的 CAN 接收区。这个转换后的信号称为差动信号放大器的输出电压。

如图 2-45 所示,差动信号放大器用 CAN-High 导线上的电压($U_{\text{CAN-High}}$)减去 CAN-Low

导线上的电压（$U_{CAN\text{-}Low}$），就得出了输出电压，用这种方法可以消除静电平或其他任何重叠的电压（如外来的电磁干扰）。

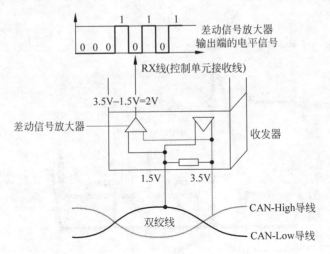

图 2-45 驱动 CAN 数据总线的差动信号放大器

收发器的差动信号放大器在处理信号时，会用 CAN-High 导线上作用的电压减去 CAN-Low 导线上作用的电压，具体的处理过程如图 2-46 所示。

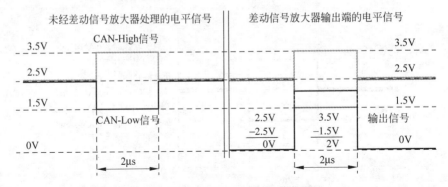

图 2-46 差动信号放大器内的信号处理

3. 干扰信号的消除

由于 CAN 总线线束要布置在发动机舱内，所以 CAN 总线难免会遭受各种电磁干扰（见图 2-47）。在对车辆进行维修、保养时要充分考虑线束对地短路（搭铁）和蓄电池电压、点火装置的火花放电和静态放电等因素对 CAN 总线的干扰。

CAN-High 信号和 CAN-Low 信号经过差动信号放大器处理后（就是所谓的差动传输技术），可最大限度地消除干扰的影响。即使车上的供电电压有波动（如起动发动机时），也不会影响各个控制单元的数据传输，这就大大提高了数据传输的可靠性。

在图 2-48 上可清楚地看到这种传输的效果。由于 CAN-High 导线和 CAN-Low 导线是扭绞在一起的双绞线，所以干扰脉冲信号 X 对 CAN-High 导线和 CAN-Low 导线的作用是等幅值、等相位、同频率的。

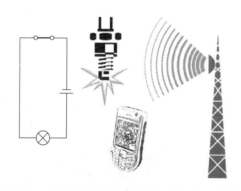

图 2-47 通过导线进行数据传输时的典型干扰源

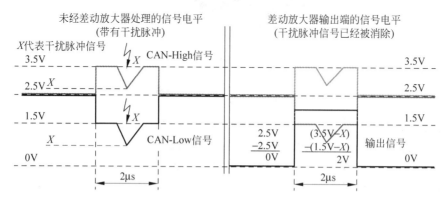

图 2-48 CAN 总线对外界干扰信号的消除过程

由于差动信号放大器总是用 CAN-High 导线上的电压(3.5V－X)减去 CAN-Low 导线上的电压(1.5V－X),因此在经过处理后,差动信号中就不再有干扰脉冲了。

用数学关系式表示时就是:(3.5V－X)－(1.5V－X)＝2V。

4. 终端电阻(负载电阻)

收发器发送区的任务是将控制单元内的 CAN 控制器的较弱信号放大,使之达到 CAN 导线上的信号电平和控制单元输入端的信号电平。

从信号传输的角度看,连接在 CAN 数据总线上的控制单元相当于 CAN 导线上的一个负载电阻(只是控制单元内部装有电子元件),其阻抗取决于连接的控制单元数量及电阻阻值。

发动机控制单元会在驱动 CAN 总线的 CAN-High 导线和 CAN-Low 导线之间形成 66Ω 的电阻,而组合仪表和 ABS 控制单元则可在 CAN 总线上产生 2.6kΩ 的电阻(见图 2-49)。根据连接的控制单元数量,所有控制单元形成的总电阻为 53~66Ω。如果 15 号接线柱(点火开关)已切断,就可以用欧姆表测量 CAN-High 导线和 CAN-Low 导线之间的电阻。

收发器将 CAN 信号输送到 CAN 总线的两条导线上,相应地在 CAN-High 导线上的电压就升高,而在 CAN-Low 导线上的电压就降低一个同样大小的值。对于驱动 CAN 总线来说,一条导线上的电压改变值不低于 1V,对于舒适/信息 CAN 总线来说,这个值不低于 3.6V。

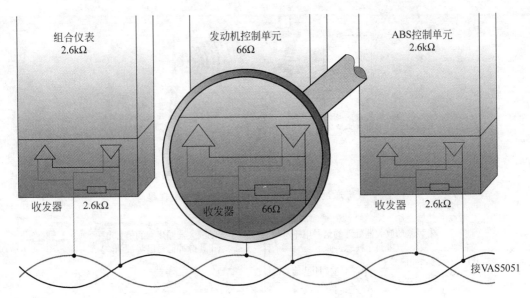

图 2-49 CAN 数据总线上的负载电阻

与其他工业领域的 CAN 数据总线装在两根 CAN 导线末端的终端电阻不同,大众汽车集团的 CAN 总线系统采用分配方式配置终端电阻。即将终端电阻"散布"于各个控制单元内部,且阻值不等。如发动机控制单元内部的终端电阻阻值为 66Ω,组合仪表和 ABS 控制单元内部的终端电阻阻值为 2.6kΩ。由于汽车内部的驱动 CAN 总线导线长度有限(不超过 5m),所以不会有什么负面作用。因此,CAN 标准中有关数据总线长度的规定就不适用于大众集团的 CAN 驱动数据总线。

大众汽车集团的驱动 CAN 总线所连接的控制单元有发动机控制单元、ABS 控制单元、ESP 控制单元、变速器控制单元、安全气囊控制单元、组合仪表等,参见图 2-43。

5. 驱动 CAN 总线的电压波形

驱动 CAN 总线的实测电压波形如图 2-50 所示。该总线信号由一个收发器产生并发送到 CAN 总线上,连接汽车诊断检测仪 VAS5051 之后,利用 VAS5051 的数字存储式示波器(DSO)接收下来并进行图像冻结,就得到了驱动 CAN 总线的实测电压波形。

由图 2-50 可见,CAN-High 导线的电压和 CAN-Low 导线的电压是对称变化的,且变化方向相反。CAN-High 导线上的显性电压约为 3.5V,CAN-Low 导线的显性电压约为 1.5V。两个电平之间的叠加信号变化表示 2.5V 的隐性电平。

2.3.3 舒适/信息 CAN 总线

1. 舒适/信息 CAN 总线的应用

舒适/信息 CAN 总线用于将舒适 CAN 总线和信息 CAN 总线所控制的控制单元(如全自动空调/空调控制单元、车门控制单元、舒适控制单元、收音机和导航显示单元控制单元等)连成网络。

第 2 章　CAN 总线

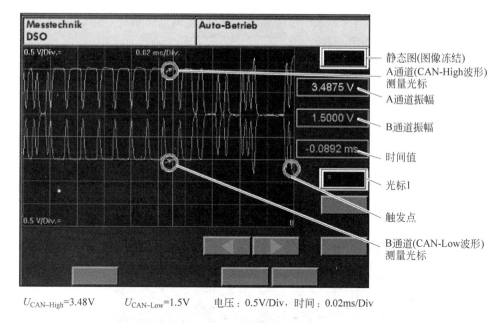

$U_{CAN-High}=3.48V$　　$U_{CAN-Low}=1.5V$　　电压：0.5V/Div，时间：0.02ms/Div

图 2-50　驱动 CAN 总线的实测电压波形

与所有 CAN 总线系统一样，舒适/信息 CAN 总线也是双线式数据总线，其数据传输速率为 100Kb/s，所以也称为低速 CAN 总线。

控制单元通过舒适/信息 CAN 总线的 CAN-High 导线和 CAN-Low 导线来进行数据交换，如车门打开/关闭、车内灯点亮/熄灭、车辆导航系统（GPS）等。

由于使用同样的脉冲频率，所以舒适 CAN 总线和信息 CAN 总线可以共同使用同一组导线，当然前提条件是相应的汽车上装备了这两种数据总线（如 Golf Ⅳ 和 Polo MJ 2002）。

舒适/信息 CAN 总线的特点是：控制单元内的负载电阻不是作用于 CAN-High 导线和 CAN-Low 导线之间，而是连接在每根导线对地或对 +5V 电源之间。如果蓄电池电压被切断，那么电阻也就没有了，这时用欧姆表无法测出电阻。

2. 舒适/信息 CAN 导线上的电压

舒适/信息 CAN 总线的电压变化如图 2-51 所示。CAN-High 信号的隐性电压约为 0V，显性电压约为 3.6V。CAN-Low 信号的隐性电压约为 5V，显性电压约为 1.4V。

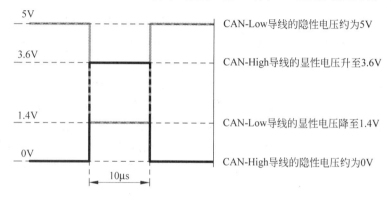

图 2-51　舒适/信息 CAN 总线的理论电压

为了提高舒适/信息 CAN 总线的抗干扰能力，同时降低电流消耗，与驱动 CAN 总线相比，舒适/信息 CAN 总线作了一些改动。

首先，舒适/信息 CAN 总线的 CAN-High 信号和 CAN-Low 信号使用了彼此独立的驱动器(功率放大器)，这两个 CAN 信号就不再有彼此依赖的关系了。与 CAN 驱动数据总线不同，舒适/信息 CAN 总线的 CAN-High 导线和 CAN-Low 导线不是通过电阻相连的。也就是说，CAN-High 导线和 CAN-Low 导线不再相互影响，而是彼此独立地作为电压源来工作。

其次，还放弃了 CAN-High 导线和 CAN-Low 导线共同的基准电压，如图 2-51 和图 2-52 所示，在隐性状态(静电平)时，CAN-High 信号为 0V，在显性状态时≥3.6V。对于 CAN-Low 信号来说，隐性电平为 5V，显性电平≤1.4V。

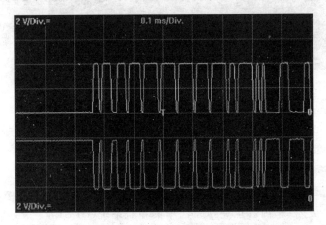

图 2-52　舒适/信息 CAN 总线的实测电压波形

于是，在差动信号放大器内相减后，隐性电平为 -5V，显性电平为 2.2V，隐性电平和显性电平之间的电压变化(电压提升)就提高到≥7.2V。

为清楚起见，CAN-High 信号和 CAN-Low 信号彼此分开了，从图 2-52 中所示的不同的零点即可看出这一点。

从图 2-52 中可清楚地看出，CAN-High 信号和 CAN-Low 信号的静电平是不同的。还可看出，与驱动 CAN 总线相比，舒适/信息 CAN 总线的电压提升增大了(达到 7.2V)。

3. 舒适/信息 CAN 总线的收发器

舒适/信息 CAN 总线收发器(见图 2-53)的工作原理与驱动 CAN 总线收发器基本是一样的，只是输出电压和出现故障时切换到 CAN-High 导线或 CAN-Low 导线(单线工作模式)的方法不同。

另外，CAN-High 导线和 CAN-Low 导线之间的短路会被识别出来，并且在出现故障时会关闭 CAN-Low 驱动器，在这种情况下，CAN-High 信号和 CAN-Low 信号是相同的。

CAN-High 导线和 CAN-Low 导线上的数据传输由安装在收发器内的故障逻辑电路监控，故障逻辑电路检验两条 CAN 导线上的信号，如果出现故障(如某条 CAN 导线断路)，那么故障逻辑电路会识别出该故障，从而使用完好的那一根导线进行数据传输，即舒适/信息 CAN 总线进入单线工作模式。

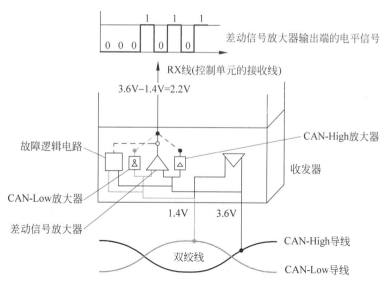

图 2-53 舒适/信息 CAN 总线的收发器

与驱动 CAN 总线一样,在正常的工作模式下,舒适/信息 CAN 总线使用的是 CAN-High 信号减去 CAN-Low 信号所得的信号(即差动数据传输),从而使外界干扰对 CAN 总线的影响降至最低。

4. 舒适/信息 CAN 总线的单线工作模式

舒适/信息 CAN 总线具有单线工作能力。如果因断路、短路或与蓄电池电压相连而导致两条 CAN 导线中的一条不工作了,那么舒适/信息 CAN 总线就会切换到单线工作模式。

在单线工作模式下,舒适/信息 CAN 总线只使用完好的 CAN 导线中的信号,这样就使得舒适/信息 CAN 总线仍可工作。连接在舒适/信息 CAN 总线上的各个控制单元不受单线工作模式的影响,仍然可以正常工作。此时,系统会发送一个故障信息,以通知各个控制单元——目前,CAN 总线处于单线工作模式。

舒适/信息 CAN 总线处于单线工作模式下的实测电压波形如图 2-54 所示。

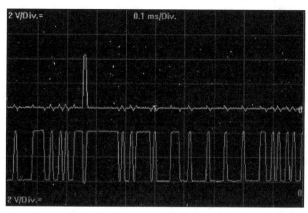

图 2-54 舒适/信息 CAN 总线处于单线工作模式下的电压波形图

2.4 CAN总线的检测

2.4.1 CAN总线检测插座

1. 检测插座的作用

为方便对CAN总线系统进行检测和故障诊断，CAN总线系统设计有检测接口——驱动CAN总线和舒适CAN总线检测插座。利用检测接口并借助CAN总线检测盒1598/38和数字存储式示波器(DSO)就可以很方便地检测和分析CAN总线的电压波形，而无须扒开CAN总线线束，既方便、快捷又不会引发新的故障。

Audi A8 2003年型汽车的驱动CAN总线和舒适CAN总线检测插座如图2-55所示。检测插座构成了舒适CAN总线和驱动CAN总线的节点，将各个总线系统的控制单元CAN总线导线汇集到一起。

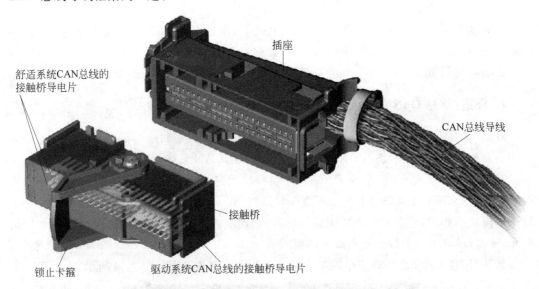

图2-55　Audi A8 2003年型汽车的驱动CAN总线和舒适CAN总线检测插座

2. 检测插座的安装位置

总线检测插座有两种，分别安装在仪表台左、右两侧的侧面，靠近车门处（见图2-56），平时用装饰板盖着。如果要抽出触桥，首先得松开锁止卡箍。

对于左置和右置转向盘的汽车来说，这两种检测插座的针脚布置是不同的。在相应的维修手册或故障导航中可找到针脚的布置方案。

3. 左右检测插座的连接

驱动CAN总线和舒适CAN总线上的所有控制单元在检测插座上呈星形连接。总线

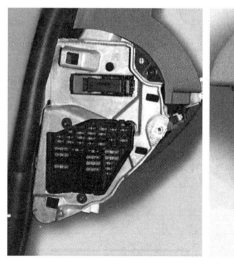
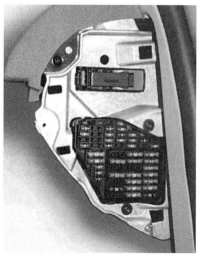

图 2-56 总线检测插座安装在仪表台左、右两侧的侧面(靠近车门处)

系统的一部分控制单元接到右侧检测插座上,另一部分控制单元接到左侧检测插座上。

左侧和右侧检测插座通过一组 CAN 导线(驱动系统 CAN 总线导线和舒适系统 CAN 总线导线)彼此相连,使得舒适 CAN 总线上的所有控制单元与驱动 CAN 总线上的控制单元连接起来(见图 2-57)。

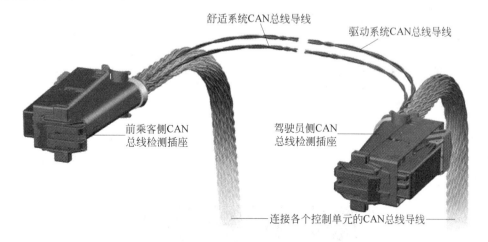

图 2-57 左、右两侧的检测插座通过一组 CAN 导线相连

左、右两侧 CAN 总线检测插座的电路连接关系如图 2-58 所示。

2.4.2 CAN 总线系统检测盒

1. 检测盒的作用

对 CAN 总线系统进行检测和故障诊断时,需要使用适配器——CAN 总线系统检测盒 VAS(VAG)1598/38(见图 2-59)。使用检测盒 VAS(VAG)1598/38,就可以通过大众汽车

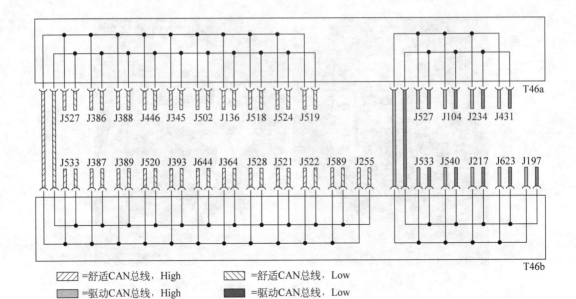

图 2-58　CAN 总线系统检测盒 VAS(VAG)1598/38 的功能线路图

J104—带 EDS 的 ABS 控制单元；J136—带记忆的座椅调节控制单元；J197—车身水平调节控制单元；J217—自动变速器控制单元；J234—安全气囊控制单元；J255—全自动空调控制单元；J345—挂车识别控制单元；J364—驻车加热控制单元；J386—驾驶员侧车门控制单元；J387—前乘客侧车门控制单元；J388—左后车门控制单元；J389—右后车门控制单元；J393—舒适系统中央控制单元；J431—大灯照程调节控制单元；J446—停车辅助控制单元 1；J502—轮胎压力监控控制单元；J518—便捷登车及起动授权控制单元；J519—供电控制单元 1；J520—供电控制单元 2；J521—带记忆的座椅调节控制单元(前乘客侧)；J522—带记忆的座椅调节控制单元(后座)；J524—信息显示和操纵控制单元(后座)；J527—转向柱电器控制单元；J528—车顶电器控制单元 1；J533—网关(数据总线诊断接口)；J540—电动驻车和手动驻车控制单元；J589—驾驶员身份识别控制单元；J623—发动机控制单元；J644—电能(电源)管理控制单元；T46a—左侧 CAN 总线检测插座(黑色、46 脚)；T46b—右侧 CAN 总线检测插座(黑色、46 脚)

检测仪 VAS5051 上的数字存储式示波器(DSO)来检查 CAN 总线导线的工作情况(断路、短路、搭铁)，检测各个总线系统的电压波形，同时还可以在进行总线系统故障查寻时区分出各个控制单元。

图 2-59　CAN 总线系统检测盒 VAS(VAG)1598/38

该检测盒在确定 CAN 总线上的短路点时也是必需的,将各个控制单元连接起来的接触桥也可以插到检测盒上来检查。

2. 检测盒与总线检测插座的连接

在进行总线系统检测时,首先要把检测盒 VAS(VAG)1598/38 连接到仪表台侧面的总线检测插座上(见图 2-60)。然后根据电路图确定引脚布置,正确连接测量仪器(如 DSO),如图 2-61 所示。

图 2-60　把检测盒连接到总线检测插座上　　　图 2-61　正确连接测量仪器(如 DSO)

关于汽车检测仪 VAS5051、数字存储式示波器(DSO)的使用方法以及 CAN 总线故障波形分析与排除方法详见本书第 8 章,在此不再赘述。

复习思考题

1. 简述 CAN 总线的数据传输原理。
2. CAN 总线采用何种技术措施来消除外界干扰?
3. 大众汽车集团的 CAN 总线分为哪几类,各适用于哪些系统?
4. 哪种 CAN 总线具有单线工作模式?

第 3 章 光学总线

> **教学提示**：光学总线具有传输数据流量大、数据传输速率高且抗电磁干扰能力强的突出特点,在汽车影音娱乐和信息显示系统中得以广泛应用。

> **教学要求**：本章主要介绍光学总线在汽车网络系统中的应用情况。要求学生了解光学总线在汽车上的应用概况,熟悉光学总线基本组成和信息传输原理。

在汽车影音娱乐和信息显示系统中,为保证音质清晰、画面流畅,需要传输的数据量很大,对传输速率要求也很高。CAN 总线的信息传输能力在这方面显得捉襟见肘,无能为力。为满足上述要求,特别开发了光学总线系统。

目前,应用较多的汽车光学总线系统主要有 DDB、MOST 和 byteflight 三类。

其中,早期的 BENZ 车系的影音娱乐系统多采用 DDB 技术,而 BMW 和 Audi 车系的影音娱乐系统则采用 MOST。byteflight 技术是 BMW 车系独有的,应用于 BMW 车系集成化智能安全系统(intelligent safety integrated system,ISIS)的安全气囊控制系统。在三类光学总线中,以 MOST 的应用最为广泛。

3.1 光学总线的信息传输

3.1.1 光学传输简介

1. 信号的光学传输

与传统的电传输信号不同,光学传输是利用光来传输信号的,两者的区别如图 3-1 所示。

进行光学信息传输时,数字信号借助发光二极管被转换成光信号。光信号通过光导纤维(光缆)传输到下一个控制单元(见图 3-2)。在该控制单元上,光电二极管把光信号重新转换成数字信号。

2. 光学传输的优点

在光学总线中,相关部件之间的数据交换是以数字方式进行的。通过光波进行数据传输有导线少且重量轻的优点,另外传输速度也快得多。

与无线电波相比,光波的波长更短,因此它不会产生电磁干扰,同时对电磁干扰也不敏感。这些特点就决定了其传输速率很高且抗干扰能力也很强。

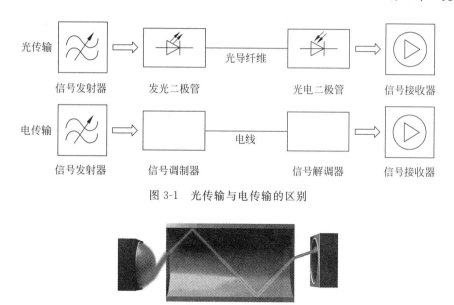

图 3-1　光传输与电传输的区别

图 3-2　光信号通过光导纤维（光缆）传输

3.1.2　光学传输的系统结构

1. 光学传输的控制单元

在光学总线中，每一个总线用户（收音机、CD 唱机、视频导航仪等）都有一个光学传输控制单元，用于实现光学传输的信号调制、解调和控制。

光学传输控制单元（见图 3-3）由内部供电装置、收发单元——光导发射器（FOT）、光波收发器、标准微控制器（CPU）、专用部件等组成。

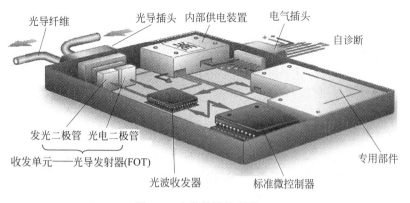

图 3-3　光学传输控制单元

（1）光导插头。光导插头用于实现光导纤维与光学传输控制单元之间的连接。

光信号通过光导插头进入光学传输控制单元，或将本控制单元产生的光信号通过光导插头、光导纤维传往下一个光学传输控制单元（总线用户）。

（2）电气插头。电气插头用于系统供电、系统故障自诊断以及输入/输出信号的传输。

(3) 内部供电装置。由电气插头送入的电能再由内部供电装置分送到各个部件,这样就可以有选择地单独关闭控制单元内某一部件,从而降低了静态电流。

(4) 收发单元——光导发射器。收发单元——光导发射器由一个光电二极管和一个发光二极管构成(见图 3-4),到达的光信号由光电二极管转换成电压信号(实现由光到电的转变)后传至光波收发器。发光二极管的作用是把来自光波收发器的电压信号再转换成光信号(实现由电到光的转变)。

如图 3-5 所示,光学传输中使用的光波波长为 650nm,是可见红光。数据经光波调制后传送,调制后的光经由光导纤维传到下一个控制单元。

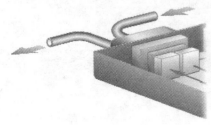

图 3-4 光导发射器　　　　图 3-5 波长 650nm 的可见红光

(5) 光波收发器。光波收发器由发射器和接收器两个部件组成。发射器将要发送的信息作为电压信号传至光导发射器。接收器接收来自光导发射器的电压信号并将所需的数据传至控制单元内的"标准微控制器"(CPU)。其他控制单元不需要的信息由收发器来传送,而不是将数据传到 CPU 上,这些信息原封不动地发至下一个控制单元。

(6) 标准微控制器。标准微控制器是控制单元的核心元件,它的内部有一个微处理器,用于操纵控制单元的所有基本功能。

(7) 专用部件。专用部件用于控制某些专用功能,例如 CD 播放机的选曲和收音机调谐器的控制(选择广播电台频率)等。

2. 光电二极管

光电二极管是利用光电效应原理将光波转换成电压信号的。如图 3-6 所示,光电二极管内有一个 P-N 结,入射光可以照射到这个 P-N 结上。在 P 型层上有一个正极触点(滑环),N 型层与金属底板(负极)相连。

如果入射光或红外线照射到 P-N 结上,P-N 结内就会产生自由电子和空穴,从而形成穿越 P-N 结的电流。照射到光电二极管上的入射光越强,流过光电二极管的电流就越大,这个现象称为光电效应。

在实际应用中,光电二极管一般与一个电阻串联连接,如图 3-7 所示。如果入射光强度很高(入射光强烈),流过光电二极管和电阻 R 的电流就会增大,电阻 R 上的电压降也会增大,P 点呈现高电平状态。反之,如果入射光比较微弱,则

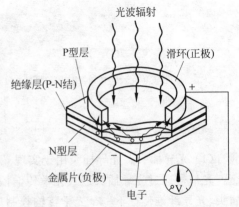

图 3-6 光电二极管的结构示意图

流过光电二极管和电阻 R 的电流就会减小,电阻 R 上的电压降也会减小,P 点呈现低电平状态。这样,利用光电效应原理,就可以将照射到光电二极管的光波信号转换成电压信号了。

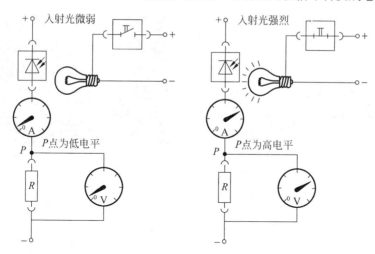

图 3-7 光电效应原理

3. 光导纤维

1) 光导纤维的作用和相关要求

作为光波的传输介质,光导纤维(亦称光缆)的作用是将在某一控制单元发射器内产生的光波传送到另一控制单元的接收器(见图 3-8)。为确保光波的正常传输,对光导纤维有如下要求:

(1) 在光导纤维中传输时,光波的衰减应尽可能小,以防止信号失真;

(2) 光波应能通过弯曲的光导纤维来传输,以适应在车内安装的需要;

(3) 光导纤维应是柔性的,以适应车辆的颠簸和振动;

(4) 在 $-40 \sim 85\,^{\circ}\mathrm{C}$ 的温度范围内,光导纤维应能保证可靠传输光波,以适应汽车内部的剧烈的温度变化。

2) 光导纤维的结构

如图 3-9 和图 3-10 所示,光导纤维由几层构成。纤芯是光导纤维的核心部分,是光波的传输介质,也可以称之为光波导线。纤芯一般用有机玻璃或塑料制成,纤芯内的光波根据全反射原理几乎无损失地传输。透光的涂层是由氟聚合物制成的,它包在纤芯周围,对全反射起关键作用。黑色遮光包层是由尼龙制成的,用来防止外部光源照射,避免产生干扰。彩色包层起到识别、保护及隔热作用。

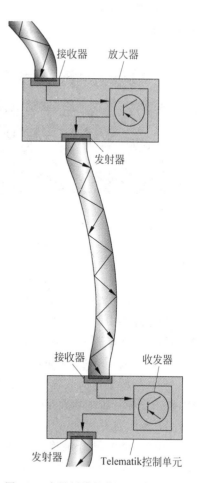

图 3-8 光导纤维的作用是传输光波

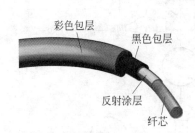
图 3-9 光导纤维的结构

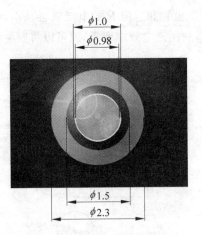
图 3-10 光导纤维各部分的尺寸

3）光波在光导纤维中的传输

（1）直的光导纤维。如图 3-11 所示，在直的光导纤维中，光波是按全反射原理在纤芯表面以 Z 字形曲线传输的。

（2）弯曲的光导纤维。如图 3-12 所示，在弯曲的光导纤维中，通过全反射在纤芯的涂层界面上反射，可以实现光波的正常传输，但光导纤维的曲率不宜过大。

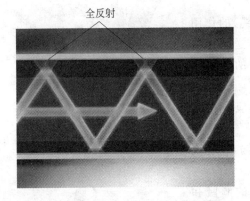
图 3-11 光波在直的光导纤维中的传输

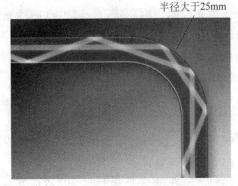
图 3-12 光波在弯曲的光导纤维中的传输

（3）全反射。当一束光波以小角度照射到折射率高的材料与折射率低的材料之间的界面时，光束就会被完全反射，这种现象称为光波的全反射。

光导纤维中的纤芯是折射率高的材料，涂层是折射率低的材料，所以全反射发生在纤芯的内部。光波能否发生全反射，取决于从内部照射到界面的光波角度，如果该角度过陡，那么光波就会离开纤芯，从而造成较大损失。

当光导纤维弯曲或弯折过度时就会出现这种情况，造成光波传输的衰减，甚至失真。为此，要求光导纤维的弯曲半径不可小于 25mm，如图 3-13 所示。

4）专用插头

为了能将光导纤维连接到控制单元上，在光学传输系统中使用了一种专用插头（见图 3-14）。插座本体上有一个信号方向箭头，表示光波传输方向（通向接收器）。插头壳体就是光导纤维与控制单元的连接处。

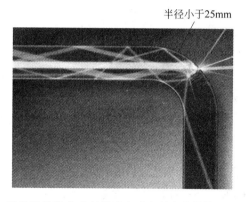

图 3-13 光导纤维弯曲或弯折过度时出现光波传输的大幅度衰减

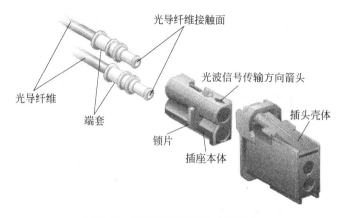

图 3-14 光学传输系统的专用插头

光波通过纤芯的端面传送至控制单元的发射器/接收器。在生产光导纤维时,为了将光导纤维固定在插头壳体内,使用了激光焊接的塑料端套或黄铜端套。

5) 光纤端面

为了能使光波传输过程中的损失尽可能小,光导纤维的端面应光滑、垂直、洁净(见图 3-15),因此,使用了一种专用的切削工具。切削面上的污垢和刮痕会加大光波的传输损失(衰减)。

图 3-15 光导纤维的端面

3.2 MOST 总线

3.2.1 MOST 的定义与应用

1. MOST 的定义

MOST 是 media-oriented systems transport 的缩写。顾名思义,MOST 是一种用于多媒体数据传输的网络系统(见图 3-16)。也就是说,该系统将符合地址的信息传送到某一接收器上,在这一点上,与 CAN 数据总线是不同的。

2. MOST 的应用

MOST 系统可连接汽车音响系统、视频导航系统、车载电视、高保真音频放大器、车载电话、多碟 CD 播放器等模块。MOST 系统的最大节点数为 64 个,两个节点之间的光纤长度不能超过 20m。

图 3-16 MOST 系统的标志

MOST 系统具有 MOST25、MOST50、MOST150 等多个版本。MOST25 系统的理论数据传输速率为 25Mb/s,实际速率为 22.5Mb/s,而且没有电磁干扰。因此,目前高端汽车上大多采用 MOST 系统连接其车载影音娱乐系统(见图 3-17 和图 3-18)。

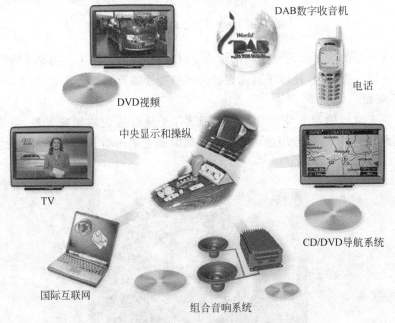

图 3-17 Audi A8 汽车的信息及娱乐多媒体系统

3. MOST 的传输速率

车载多媒体影音娱乐系统工作时,为保证音质清晰、画面流畅,需要传输的数据量很大

第 3 章 光学总线

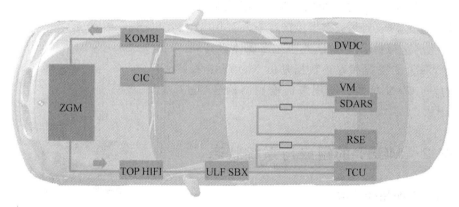

图 3-18 BMW 车系 F01/F02 车型的 MOST 多媒体影音娱乐系统
TOP HIFI—顶级高保真音响放大器；CIC—车辆信息计算机；DVDC—DVD 换碟机；KOMBI—组合仪表；RSE—后座娱乐系统；SDARS—卫星收音机调谐器；TCU—远程通信系统控制单元；ULF-SBX—接口盒；VM—视频模块；ZGM—中央网关模块

（海量数据），对数据传输速率要求也很高（见图 3-19）。例如，仅仅是带有立体声的数字式电视系统（见图 3-20），就需要约 6Mb/s 的传输速率。

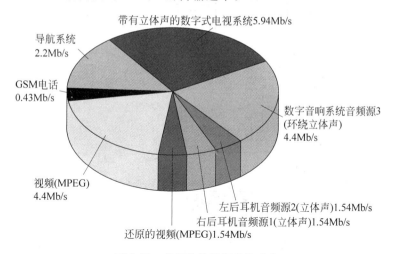

图 3-19 多媒体的数据传输速率

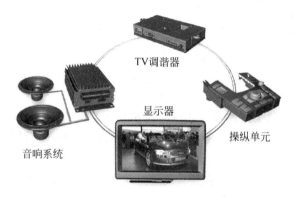

图 3-20 带有立体声的数字式电视系统

广泛应用于汽车动力系统的 CAN 总线系统,由于其数据传输速率较低(最高数据传输速率为 1Mb/s),已经无法满足这一要求。因此,在车载多媒体影音娱乐系统中,海量的视频和音频数据是由 MOST 总线来传输的,而 CAN 总线只能用来传输控制信号(见图 3-21)。

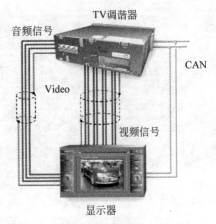

3.2.2 MOST 的组成与系统状态

1. MOST 的拓扑结构

如图 3-22 和图 1-42 所示,MOST 总线系统采用环形拓扑结构。控制单元通过光导纤维沿环形方向将数据发送到下一个控制单元。这个过程一直在持续进行,直至首先发出数据的控制单元又接收到这些数据为止。可以通过数据总线自诊断接口和诊断 CAN 总线来对 MOST 系统进行故障诊断。

图 3-21 CAN 总线在车载数字电视系统中用来传输控制信号

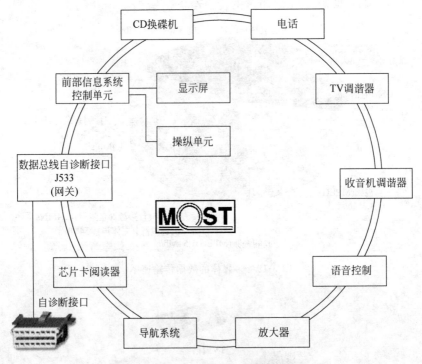

图 3-22 MOST 系统采用环形拓扑结构

在 MOST 总线中,每个终端设备(节点、控制单元)在一个具有环形结构的网络中通过光导纤维环相互连接。如图 3-23 所示,音频、视频数据信息在环上循环,该信息将由每个节点(控制单元)读取和转发。

当一个节点要发送数据时,该节点生成发射就绪信息,并把它改成"占用"信息,被作为

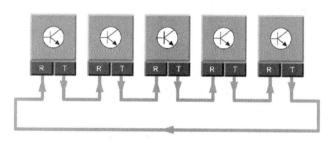

图 3-23 音频、视频数据信息在 MOST 环形总线上循环
R—接收器;T—发射器

接收器地址的节点复制数据,并在环形总线中继续发送。如果数据重新到达发射器,发射器就把数据从环上删除并重新生成发射就绪信息。

各个控制单元之间的连接通过一个数据只沿一个方向传输的环形总线实现。也就是说,一个控制单元拥有两根光导纤维,一根光导纤维用于发射器,一根光导纤维用于接收器。

在 MOST 控制单元中进行纯粹的光导纤维连接。对于所有 MOST 插头而言,2 芯光导纤维插头(见图 3-24)的结构是一样的。光导纤维线脚 Pin 1 始终用于输入,光导纤维线脚 Pin 2 始终用于转发,其上有箭头符号。

2. MOST 系统管理器

MOST 系统管理器与诊断管理器共同负责 MOST 总线内的系统管理。在 2003 年型的 Audi A8 上,数据总线诊断接口 J533(网关)起诊断管理器的作用。前部信息系统控制单元 J523 执行系统管理器的功能。

系统管理器的作用如下:
(1)控制系统状态;
(2)发送 MOST 总线信息;
(3)管理传输容量。

3. MOST 总线系统状态

1)休眠模式

处于休眠模式时,MOST 总线内没有数据交换,静态电流降至最小值,系统处于休眠状态(见图 3-25),只能由系统管理器发出的光波启动脉冲来激活。

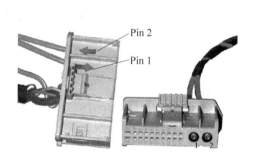

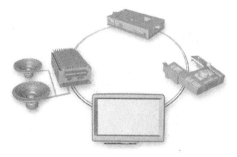

图 3-24 2 芯光导纤维插头   图 3-25 处于休眠模式下的 MOST 总线系统

进入休眠模式的条件是：
(1) MOST总线系统上的所有控制单元都已准备好要切换到休眠状态；
(2) 其他总线系统没有通过网关提出任何要求；
(3) 故障自诊断系统没有处于工作状态。
在上述条件下，MOST总线可通过下述方法切换到休眠状态：
(1) 在蓄电池放电时，由蓄电池管理器经网关切换到休眠状态；
(2) 通过自诊断仪器(如VAS5051)激活"传输模式"，使MOST总线系统切换到休眠状态。

2) 备用模式

如图3-26所示，MOST总线系统处于备用模式时，无法为用户提供任何服务，给人的感觉就像系统已经关闭一样。但这时MOST总线系统仍在后台运行，所有的输出介质(如显示屏、收音机放大器等)都不工作或不发声(即处于待命状态)。

备用模式在发动机起动及系统持续运行时被激活。备用模式的激活条件为：
(1) 由其他数据总线通过网关激活，如驾驶员侧车门门锁打开、车钥匙插入点火开关、点火开关ON挡接通等；
(2) 由MOST总线上的某个控制单元来激活，如外界打入的电话等。

3) 通电工作模式

如图3-27所示，MOST总线系统处于通电工作模式时，控制单元完全接通，MOST总线上有数据交换，用户可使用影音娱乐、通信、导航等所有功能。

图3-26 处于备用模式下的MOST总线系统　　图3-27 处于通电工作模式下的MOST总线系统

进入通电工作模式的前提条件是：
(1) MOST总线处于备用状态；
(2) 其他数据总线通过网关激活MOST总线系统(如将汽车钥匙插入使用和起动授权开关内，S触点闭合)；
(3) 通过用户操作影音娱乐设备来激活MOST总线系统(如操作多媒体操纵单元E380的功能选择按钮)。

3.2.3　MOST的数据传输

1. 信息帧

1) 脉冲频率

MOST系统管理器以44.1kHz的脉冲频率向环形总线上的下一个控制单元发送信

息帧(frames)。由于使用了固定的时间光栅和脉冲频率,MOST 系统允许传输同步数据。

在 MOST 系统中,音频和视频信息必须以同步数据形式,用相同的时间间隔来发送。MOST 系统采用的 44.1kHz 这个固定的脉冲频率与数字式音频、视频装置(如 CD 机、DVD 机、DAB 收音机)的传输频率是相同的,可以实现整个系统的脉冲频率同步。

2) 信息帧的结构

在 MOST 系统中,一个信息帧的大小为 64 字节(1 字节为 8bit),可分成以下几部分(见图 3-28)。

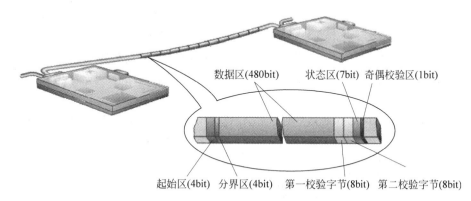

图 3-28　MOST 信息帧的结构

(1) 起始区。起始区(见图 3-29)表示一个信息帧的开始,每段信息帧都有自己的起始区。

(2) 分界区。分界区(见图 3-30)用于区分起始区和数据区。

图 3-29　起始区　　　　　　　　图 3-30　分界区

(3) 数据区。MOST 总线在数据区最多可将 60 字节的有效数据发送到控制单元。数据分为两种类型:一是同步数据,如音频和视频信息;二是异步数据,如图片、用于计算的信息及文字信息等。

数据区的分配(见图 3-31)是可变的,数据区的异步数据在 0～36 字节之间,同步数据在 24～60 字节之间,同步数据的传输具有优先权。

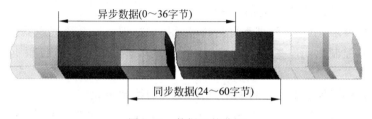

图 3-31　数据区的分配

异步数据根据发射器/接收器的地址(标识符)和可用异步总容量,以 4 个字节为一个数据包被记录并发送到接收器上。

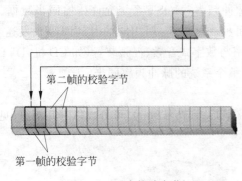

图 3-32 两个校验字节

（4）校验字节。两个校验字节（见图 3-32）传送发射器/接收器地址（标识符）和接收器的控制指令（如放大器音量增大或音量减小）信息。

一个信息组中的校验字节在控制单元内汇成一个校验信息帧。一个信息组中有 16 个信息帧。校验信息帧内包含控制和诊断数据，这些数据由发射器传送到接收器，称之为根据地址进行的数据传输。

这些信息包括：发射器与前部信息控制单元之间的通信、接收器与音频放大器之间的通信以及控制信号（音量增大或音量减小）等。

（5）状态区。信息帧的状态区（见图 3-33）包含用于给接收器发送信息帧的信息。

（6）奇偶校验区。奇偶校验区（见图 3-34）用于最后检查数据的完整性，该区的内容将决定是否需要重复一次发送过程。

图 3-33 信息帧的状态区　　　　　　　图 3-34 奇偶校验区

2. MOST 总线的工作过程

1）系统启动（唤醒）

如果 MOST 总线处于休眠模式，那么首先必须通过唤醒过程将系统切换到备用模式。如果某一控制单元（系统管理器除外）唤醒了 MOST 总线，那么该控制单元就会向下一个控制单元发射一种专门调制的光波（称为伺服光波）。

环形总线上的下一个控制单元通过在休眠模式下工作的光电二极管来接收这个伺服光波并将该光波继续下传，该过程一直进行到系统管理器为止（见图 3-35）。

系统管理器根据传来的伺服光波来识别是否有系统启动的请求，然后系统管理器向下一个控制单元发送一种专门调制的光波（称为主光波）。这个主光波由所有的控制单元继续传输，光导发射器（FOT）接收到主光波后，系统管理器就可识别出环形总线现在已经封闭（闭合），可以开始发送信息帧了（见图 3-36）。

首批信息帧要求 MOST 总线上的控制单元提供标识符。系统管理器根据标识符向环形总线上的所有控制单元发送实时顺序（实际配置），于是就可以进行根据地址的数据传输了。

诊断管理器将报告上来的控制单元（实际配置的控制单元）与控制单元存储表（规定配置）进行对比、确认。如果实际配置与规定配置不相符，诊断管理器就会存储相应的故障。这时唤醒过程就结束了，可以开始数据传输了（见图 3-37）。

2）同步数据的传输

在 MOST 系统中，音频和视频信息是作为同步数据传输的。为便于理解，下面以 Audi

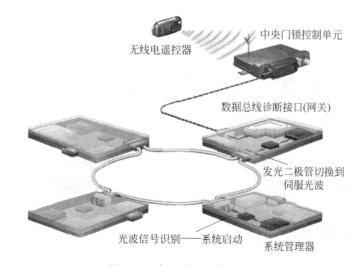

图 3-35 伺服光波的传输过程

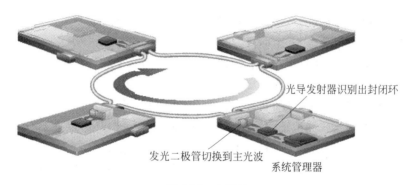

图 3-36 主光波

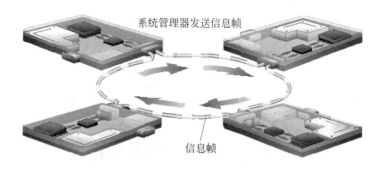

图 3-37 唤醒过程结束(开始数据传输)

A8 2003 年型汽车播放音乐 CD(见图 3-38)为例来进行说明。

首先,用户通过多媒体操纵单元 E380 和信息显示单元 J685(图 3-38 中未示出)来选择 CD 上的曲目。操纵单元 E380 通过一根数据导线将控制信号传给前部信息控制单元 J523 (系统管理器),然后系统管理器在不断发送的信息帧内加入一个带有以下校验数据的信息 组(16 帧)。

① 发射器地址——前部信息控制单元 J523,环形位置 3。

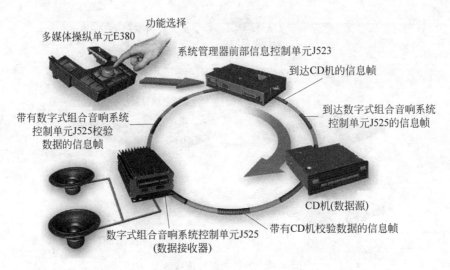

图 3-38 同步数据(音频和视频信息)的传输过程

② 数据源的接收器地址——CD 机,环形位置 3(取决于装备情况)。

③ 控制指令——播放第 10 个曲目。

④ 分配传送通道——CD 机(数据源)确定数据区中有哪些字节可以用于传送数据,然后加入带有以下校验数据的信息组。

⑤ 信息源发射器地址——CD 机环形位置(取决于装备情况)。

⑥ 系统管理器的接收器地址——前部信息控制单元 J523,环形位置 1。

⑦ 控制指令——CD 的数据传送到通道 01、02、03、04(立体声)。

如图 3-39 所示,前部信息控制单元 J523 用带有以下校验数据的信息组,对同步传输的数据进行管理。

① 发射器地址——前部信息控制单元 J523,环形位置 1。

② 接收器地址——数字式组合音响系统控制单元 J525,环形位置(取决于装备情况)。

③ 控制指令——向数字式组合音响系统控制单元 J525(数据接收器)发出播放音乐的指令。

- 指令 1——读出通道 01、02、03、04,并通过扬声器播出。

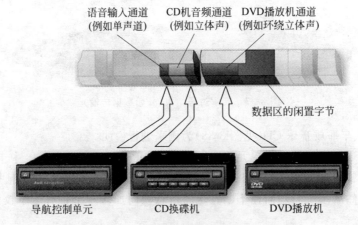

图 3-39 同步传输的数据管理

- 指令 2——当前的音响效果设定,如音量、前后音量平衡、左右音量平衡、低音、高音、中音。
- 指令 3——关闭静音切换。

CD 机上的数据先被保存在数据区,直至信息帧经环形总线又到达 CD 机(数据源)为止。这时这些数据就被新的数据所取代,该循环又重新开始。

这样可使得 MOST 总线上的所有输出装置(组合音响系统、耳机)都可使用同步数据。系统管理器通过发送相应的校验数据来确定哪个装置使用数据。

音频和视频信息的传输需使用每个数据区的数个字节。数据源会根据信号类型预定一些字节,这些已被预定的字节就称为通道(信道)。一个通道包含一个字节的数据。

传输通道的数量见表 3-1。通过这种预定通道的方式,多个数据源的同步数据就可以同时传输。

3) 异步数据的传输

在 MOST 系统中,导航系统的电子地图显示、导航计算、互联网网页和 E-mail 等图片、文本信息是作为异步数据传输的(见图 3-40)。异步数据源是以不规则的时间间隔来发送这些数据的。为此,每个数据源将其异步数据存储到缓冲寄存器内。然后数据源开始等待,直至接收到带有接收器地址的信息组。

表 3-1 传输通道的数量

信　　号	通道/字节
单声道	2
立体声	4
环绕立体声	12

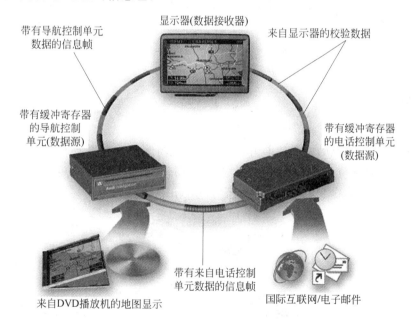

图 3-40 异步数据的传输

数据源将数据记录到该信息组数据区的空闲字节内。记录是以每 4 个字节为一个数据包的形式进行的。接收器读取数据区中的数据包并处理这些信息。异步数据停留在数据区,直至信息组又到达数据源。数据源从数据区提取数据,在适当的时候用新数据取代这些数据。

3.2.4 MOST 的诊断

1. 诊断管理器

除系统管理器外,MOST 总线还有一个诊断管理器(见图 3-41)。

诊断管理器执行环路断开诊断,并将 MOST 总线上的控制单元诊断数据传给诊断控制单元。在 Audi A8 2003 年型汽车上,数据总线诊断接口 J533 就是执行自诊断功能的。

2. 系统故障

如果在数据传输过程中,MOST 总线上的某一位置处发生数据传输中断,就无法完成正常的

图 3-41 诊断管理器

数据传输任务。由于 MOST 总线是环形结构,因此将这种数据传输中断称为环路断开,亦即总线断路。

发生环路断开后,音频和视频播放会终止,通过多媒体操纵单元无法控制和调节影音娱乐系统。同时,诊断管理器的故障存储器中存有故障信息——"光纤数据总线断路"。

光导纤维断路、发射器或接收器控制单元的供电电路故障以及发射器或接收器控制单元本身损坏等原因均可能导致 MOST 总线系统出现环路断开。要想确定出现环路断开的具体位置,就必须进行环路断开诊断。环路断开诊断是诊断管理器执行元件诊断内容的一部分。

3. 环路断开诊断

1) 诊断导线与询问脉冲

如果 MOST 总线上出现环路断开,MOST 总线将无法进行数据传输。为准确判断出发生环路断开的具体位置,需要使用诊断导线来进行环路断开诊断。诊断导线通过中央导线连接器与 MOST 总线上的各个控制单元相连(见图 3-42)。

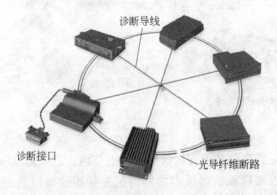

图 3-42 诊断导线与 MOST 总线上的各个控制单元相连

环路断开诊断开始后,诊断管理器通过诊断导线向各控制单元发送一个询问脉冲。这个询问脉冲使得所有控制单元用光导发射器(FOT)内的发射单元发出光波信号。

在此过程中,所有控制单元检查自身的供电及其内部的电控功能是否正常,同时,接收环形总线上的前一个控制单元发出的光波信号。

MOST 总线上的各个控制单元会在一定时间内对诊断管理器发出的光波脉冲信号作出应答,其应答时间的长短取决于控制单元的软件。

从环路断开诊断开始,到控制单元作出应答有一段时间间隔,诊断管理器根据这段时间的长短就可判断出哪一个控制单元已经作出了应答。

2) 应答的内容

环路断开诊断开始后,MOST 总线上的各个控制单元发送以下两种信息:

(1) 控制单元电气方面是否正常——本控制单元电气功能是否正常(如电源供电是否正常);

(2) 控制单元光学方面是否正常——本控制单元的光电二极管是否能够接收到环形总线上位于其前面的控制单元发出的光波信号。

诊断管理器通过这些信息就可识别出:

(1) MOST 总线系统是否有电气故障(供电故障)以及是哪个控制单元出现了电气故障;

(2) MOST 总线系统中哪两个控制单元之间的数据传输中断了,亦即是哪两个控制单元之间的光导纤维发生了断路。

这样,就可以准确地判断出环路断开的具体故障性质和故障位置,给 MOST 总线系统的诊断和维修带来极大的方便。

3) 故障的确认

诚然,诊断管理器给出的诊断信息有助于判断故障的性质和故障位置,但要最终确认故障并实施维修,还需要审慎处理:

(1) 根据检测结果,先检测可疑控制单元的供电情况是否正常、搭铁情况是否正常;

(2) 如果可疑控制单元的供电情况、搭铁情况均正常,再检查光导纤维插头是否有歪斜、松动,确保光导纤维插头连接正常;

(3) 检查光导纤维是否出现断路情况,如光导纤维被压坏、破损、断裂等;

(4) 最后再判断控制单元是否存在故障。如图 3-43 所示,可利用备用的控制单元 VAS6186 来替换可疑控制单元,然后观察 MOST 系统是否恢复正常。若替换后,系统恢复正常,则可确认,故障确系可疑控制单元损坏所致。

注意:替换时,除了连接光导纤维之外,还需将备用控制单元 VAS6186(见图 3-44)的电源线插头插入车上的点烟器插座,以使其获得电源。

4. 信号衰减幅度增大的诊断

MOST 系统环路断开诊断只能用于判定数据传输是否中断。诊断管理器还有信号衰减幅度增大的诊断功能(见图 3-45),即通过监测 MOST 系统传输光波功率的降低来判断光学系统在信号传输过程中是否存在信号衰减幅度过大的故障。

信号衰减幅度增大的诊断与环路断开诊断的方法和过程是类似的,也要使用诊断管理

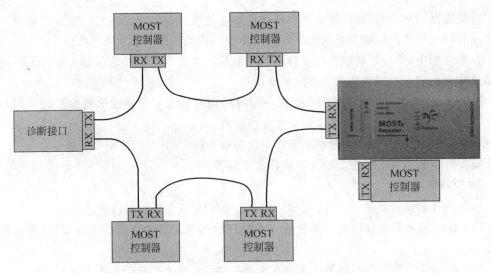

图 3-43 用备用的控制单元 VAS6186 替换可疑控制单元

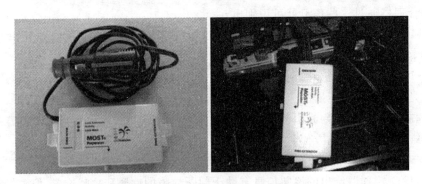

图 3-44 备用的控制单元 VAS6186

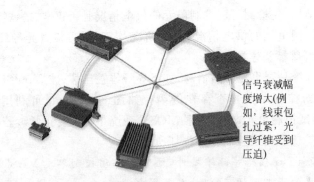

图 3-45 信号衰减幅度增大的诊断

器和诊断导线。其判别标准是：如果控制单元接收到的光波功率较前一个控制单元发出的光波功率有 3dB 及 3dB 以上的衰减,则接收器就会向诊断管理器报告发生了"光学故障"。借此,诊断管理器就可识别出故障点,并且在用检测仪查寻故障时会给出相应的帮助信息。

关于导致 MOST 系统出现信号衰减幅度增大故障的可能原因及处理方法,请读者参阅 3.4 节的相关内容。

元不具有访问控制功能,而仅承担纯粹的分配功能,因此各控制单元必须通过一个协议进行通信。该协议规定了哪个控制单元何时可以发送数据。

星形拓扑结构的优点是易于联网、易于扩展,且具有较高的抗干扰能力。同时,即使某个副控单元失灵,系统也能正常工作。但缺点也是显而易见的,即布线成本较高、主控单元有故障或过载时会造成整个网络崩溃。

在 byteflight 网络的每个控制单元内都通过发送和接收模块将电信号转变为光信号。在早期的 BMW 车型中,SIM(安全和信息模块)是 byteflight 的主控制单元,而在新款 BMW 车型中,SGM(安全和网关模块)是 byteflight 的主控制单元。

3.3.2 byteflight 系统的数据传输

1. byteflight 的数据结构

byteflight 有多个集成了碰撞传感器的控制单元安装在车辆内的关键位置处。它们通过总线系统与 SIM 或 SGM 连接。系统不断查询所有碰撞传感器信息并将数据分配给所有卫星式控制单元。

同 CAN 总线一样,数据也通过数据电码传输,除数据字节的数量外数据电码结构完全相同。byteflight 可传输最长为 12 个字节的数据。

byteflight 数据电码的结构如图 3-51 所示。

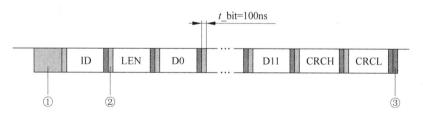

图 3-51 byteflight 数据电码的结构

①—起始顺序;②—起始位;③—停止位;ID—标识符(决定电码的优先级和数据内容);LEN—长度(包括数据字节的数量);D0—数字字节 0(起始数据字节);D11—数据字节 11(最大的结束数据字节);CRCH—高位循环冗余码校验;CRCL—低位循环冗余码校验

byteflight 结合了同步和异步数据传输的优点。因此能够确保重要信息的快速访问时间和次要信息的灵活使用。SIM 或 SGM 发出一个同步脉冲,其他控制单元必须遵守该脉冲。

byteflight 数据电码分为优先级较高的电码和优先级较低的电码两类,其优先级的划分如图 3-52 所示。数据优先级通过标识符进行识别。标识符允许范围位于 1~255 之间,其中 1 表示最高优先级。优先级较高的信息是碰撞传感器发来的数据,而优先级较低的信息一般是系统状态信息和系统故障诊断信息。

2. 卫星式控制单元

ISIS 有多个集成了碰撞传感器的控制单元安装在车内的关键位置处。因为这些控制单元在星形拓扑结构的 byteflight 系统中是环绕主控制单元存在的,类似于太阳系中的卫

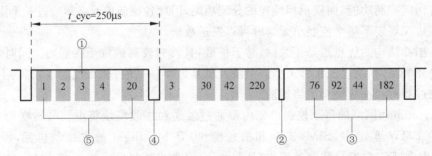

图 3-52 电码优先级

①—标识符(决定电码优先级);②—报警同步脉冲(报警状态下的同步脉冲);③—低优先级信息(优先级较低的电码);④—正常同步脉冲(正常状态下的同步脉冲);⑤—高优先级信息(优先级较高的电码);t_cyc—循环时间(一个同步脉冲的循环时间)

星环绕于太阳(恒星),故 BMW 称这些集成了碰撞传感器的控制单元为卫星式控制单元。

卫星式控制单元与主控制单元之间的电码始终以起始顺序为开始,接下来是一个标识符。数据电码的优先级通过该标识符确定。系统不断查询所有碰撞传感器信息并将数据分配给 byteflight 系统所有控制单元。

每个字节之前都有一个起始位。每个字节之后都有一个停止位。下一个字节是长度字节,表示数据字节的数量(不超过 12 个字节)。接下来是校验码,电码最后是一个双停止位。一个电码的长度范围为 $4.6 \sim 16 \mu s$。

安装在车内的关键位置处的多个卫星式控制单元记录数据并通过 byteflight 传输至主控制单元(SIM)的过程如图 3-53 所示。

主控制单元(SIM)再将卫星式控制单元提供的数据电码向系统内的所有卫星式控制单元发布,其过程如图 3-54 所示。卫星式控制单元视碰撞的剧烈程度决定由其控制的气囊是否触发以及触发强度。

如图 3-54 所示,控制侧向安全气帘的卫星式控制单元已经发出触发安全气帘的指令,且该安全气帘已经触发(即引爆器引爆,安全气帘膨开)。

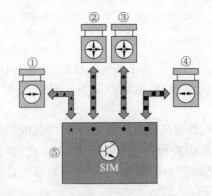

图 3-53 各个卫星式控制单元与 SIM 之间的数据流

①~④—安装于车内不同位置的卫星式控制单元;⑤—SIM(安全和信息模块)

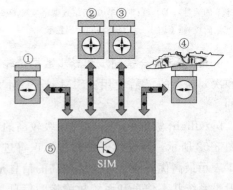

图 3-54 主控制单元(SIM)发送至卫星式控制单元的数据电码

①~③—安装于车内不同位置的卫星式控制单元;④—控制侧向安全气帘的卫星式控制单元(该安全气帘已触发);⑤—SIM(安全和信息模块)

3. 总线访问程序

byteflight 系统根据规定的时间间隔分配来控制总线访问情况。执行这个控制程序时，只能在规定时间内发送特定信息，该信息通过其标识符进行识别。

当然，这个程序要求所有总线设备都保持相当准确的时间同步性。byteflight 通过循环（反复）发送一个脉冲（即所谓的同步脉冲），使该系统同步化。该同步脉冲由中央控制单元——SIM 或 SGM 发送。

信息可在两个同步脉冲之间的时间间隔内发送。在每个循环周期内都同步发送非常重要的信息。在其他时间间隔内可异步发送只需偶尔发送的次要信息。

例如，控制单元 A 发送标识符 4，控制单元 B 发送标识符 1。标识符 1 和 4 的时间长度取决于信息传输要求。首先发送带有标识符 1 的信息。只有当该信息完全传输成功后，才执行标识符 2 和 3 的发送请求。由于未规定发送标识符 2 和 3 的时间，因此它们的等待时间显得很短。此时可发送带有标识符 4 的信息。

4. 发送和接收模块

发送和接收模块能够将电信号转变为光信号并通过光导纤维传输。每个卫星式控制单元都有一个电子光学发送和接收模块（SE）。

这些 SE 模块分别通过光导纤维连接在 SIM 内的智能型星形连接器上。SIM 内也有用于与各个卫星式控制单元交换数据的发送和接收模块 SE，其数据交换过程如图 3-55 所示。

byteflight 上传输的所有信息都是以光脉冲形式发送的数据电码。SIM 内的 SE 模块接收所连卫星式控制单元发送的光脉冲。在智能型星形连接器内，数据电码发送给所有卫星式控制单元。数据交换可朝两个方向进行。SE 模块的光电转换与电光转换原理和 MOST 系统完全一致，在此不再赘述。

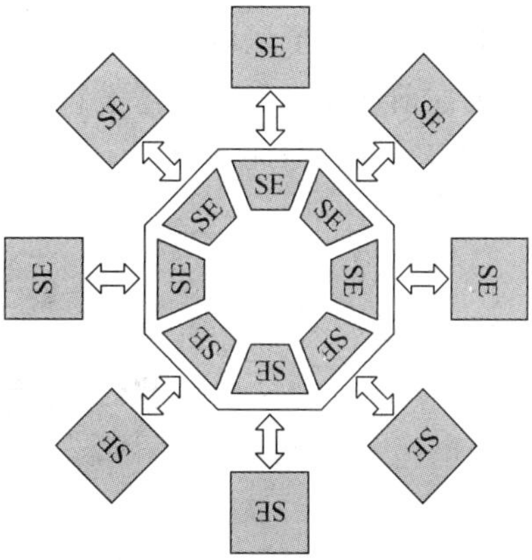

图 3-55 星形连接器与卫星式控制单元通过 SE 进行数据交换

5. byteflight 主控单元

byteflight 主控单元执行两个任务：一是产生同步脉冲（sync pulse）；二是使卫星式控制单元进入报警模式。

在 ISIS 内将 SIM（安全和信息模块）设定为 byteflight 系统的主控单元（总线主控单元），而在 ASE 内，SGM 则承担 byteflight 系统主控单元的功能。

原则上来说，每个卫星式控制单元都可以通过软件设定为总线主控单元。但系统内只能有一个总线主控单元，所有其他总线设备（总线副控单元）都通过同步脉冲进行内部同步化。每个总线设备都可以在同步脉冲之间将电码发送到 byteflight 总线上。

6. 同步脉冲

如图 3-56 所示，SIM 内的 byteflight 总线主控单元以 $250\mu s$ 为时间间隔发送同步脉冲。

报警模式通过同步脉冲宽度发送。处于报警状态时,一个同步脉冲的持续时间约为 $2\mu s$。同步脉冲时间通常约为 $3\mu s$。

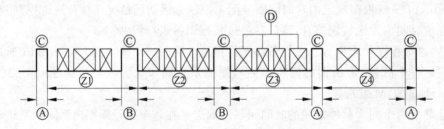

图 3-56　byteflight 总线上的信息循环
Ⓐ—报警同步脉冲；Ⓑ—正常同步脉冲；Ⓒ—同步脉冲；Ⓓ—电码；
㉑—循环 1；㉒—循环 2；㉓—循环 3；㉔—循环 4

总线主控单元必须根据所有碰撞传感器发送的信息决定是否将卫星式控制单元设为报警模式。由总线主控单元设置报警模式后,安全系统的所有引爆电路都将设为准备触发状态。

需要触发一个引爆输出级时,必须始终将两个独立的信号传输到 byteflight 总线上。

卫星式控制单元内引爆电路的高压侧开关通过 byteflight 总线的报警模式来控制。低压侧开关由卫星式控制单元内的微处理器控制。触发算法通过所传输的传感器信号电码识别出是否需要使低压侧开关闭合。

使左前侧安全气帘引爆电路触发的信号流程如图 3-57 所示,其他部位的气囊引爆电路触发的信号流程与此类似。

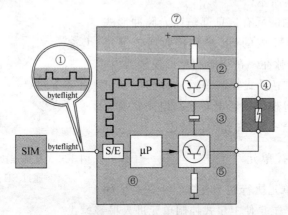

图 3-57　使左前侧安全气帘引爆电路触发的信号流程
①—报警模式脉冲；②—高压侧开关；③—引爆电容器；④—左前侧安全气帘引爆器；⑤—低压侧开关；
⑥—微处理器；⑦—用于控制左前侧安全气帘的卫星式控制单元

3.3.3　byteflight 总线的应用

下面以宝马 BMW E60 车系的新一代被动安全系统——高级安全电子系统 ASE 为例,介绍 byteflight 总线的具体应用。

1. 宝马 BMW 高级安全电子系统的特点

高级安全电子系统 ASE 由一个主控制单元 SGM(安全和网关模块)和多个卫星式控制单元组成。这些卫星式控制单元及其传感器散布于车辆上的各个重要位置,并与 SGM 交换信息。

高级安全电子系统 ASE 具有以下优点:快速获取并传输数据(传输速率为 10Mb/s);准确识别碰撞;安全气囊控制系统联网;选择性触发;精确控制智能型安全气囊;触发安全性高;抗电磁干扰能力强;需要时可断开安全蓄电池接线柱,进行蓄电池线路诊断等。

通过分布于车辆上重要位置的多个加速传感器,能够比多重乘员保护系统(MRS)更准确地识别出碰撞情况。由车内加速传感器探测到的车辆减速信息都被传送到安全和网关模块(SGM)。SGM 与所有卫星式控制单元交换减速数据,据此描绘出准确的碰撞情况。然后根据碰撞情况及时地、有选择地触发执行器(气囊)。发生碰撞时,仅仅触发那些必要的执行器(气囊),以便对车内乘员提供最佳的保护,并降低维修费用。

2. 宝马 BMW 高级安全电子系统的组成

ASE 高级安全电子系统由传感器、控制单元、执行器、总线系统组成。byteflight 总线系统如图 3-47 所示,系统组成如图 3-58 所示,系统电路如图 3-59 所示。

3. 宝马 BMW 高级安全电子系统的工作原理

1) 触发规则

针对 E60 车型专门开发的高级安全电子系统 ASE 是在 E65/66 的智能型安全系统 ISIS 的基础上演变而来的,其触发逻辑是相同的,只是各种碰撞严重程度和触发阈值有所不同。

(1) 碰撞严重程度

通过大量的在极端条件下的碰撞和行驶试验,确定所有可能的事故类型的 BMW 触发阈值。触发阈值取决于碰撞严重程度,碰撞严重程度分为 4 组:CS0,不必触发乘员保护系统;CS1,轻度碰撞;CS2,中度碰撞;CS3,重度碰撞。

(2) 触发阈值

触发阈值的确定主要取决于碰撞严重程度以及对其他因素的考虑,如撞击方向、碰撞时接触面积和车内乘员是否系好安全带。由此得出控制各个乘员保护系统的不同阈值。由于触发阈值的不同,前部安全气囊第 2 级的引爆根据碰撞的严重程度而变化。

如果安全带锁扣识别错误,系统会由此推断出乘员未系安全带。此时触发阈值降低,尽管是识别错误,还是会试图激活安全带拉紧装置。

如果座椅占用识别出现错误,系统将确认座椅被占用(即座椅上坐有乘员)。此时,乘员保护系统会被激活(相应的安全气囊会引爆)。

2) 碰撞时的触发

(1) 正面碰撞

发生正面碰撞时,可将碰撞严重程度分为轻度至中度碰撞(CS1/CS2)和严重碰撞(CS3)三级。

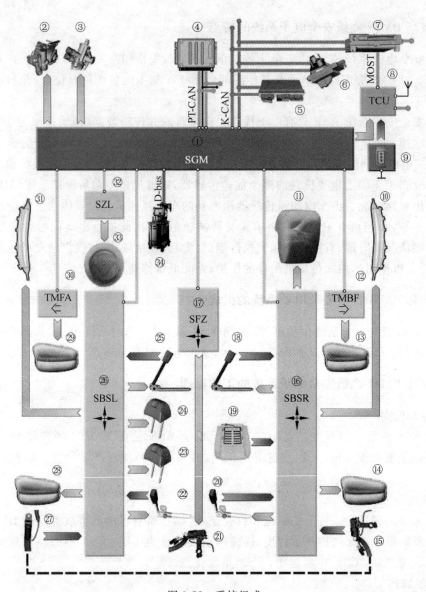

图 3-58 系统组成

①—安全和网关模块；②—伺服转向助力系统阀(SA)；③—ECO 阀(仅针对 AFS)；④—数字式发动机控制单元；⑤—车身标准模块；⑥—灯光模块；⑦—多音频系统控制器；⑧—电子信息系统控制单元；⑨—紧急呼叫按钮；⑩—右侧头部安全气囊 AITS II；⑪—前乘客前部安全气囊；⑫—前乘客侧车门模块；⑬—前乘客侧面安全气囊；⑭—后座右侧侧面安全气囊(SA)；⑮—行李厢内监控屏蔽接头；⑯—右侧 B 柱卫星式控制单元；⑰—车辆中央卫星式控制单元；⑱—前乘客安全带锁扣开关及拉紧装置；⑲—座椅占用识别装置；⑳—后座右侧安全带锁扣开关及拉紧装置(SA)；㉑—安全蓄电池接线柱；㉒—后座左侧安全带锁扣开关及拉紧装置(SA)；㉓—主动式前乘客头枕；㉔—主动式驾驶员头枕；㉕—驾驶员安全带锁扣开关及拉紧装置；㉖—左侧 B 柱卫星式控制单元；㉗—发动机室内监控屏蔽接头；㉘—后座左侧侧面安全气囊(SA)；㉙—驾驶员侧面安全气囊；㉚—驾驶员侧车门模块；㉛—左侧头部安全气囊 AITS II；㉜—转向柱开关中心；㉝—驾驶员前部安全气囊；㉞—诊断接口

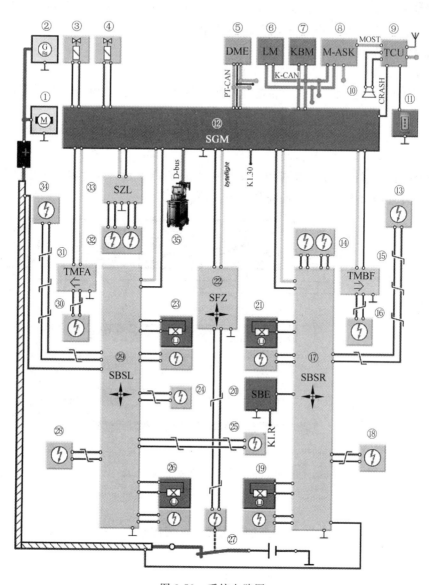

图 3-59 系统电路图

①—起动机；②—发电机；③—ECO 阀（仅针对 AFS）；④—伺服转向助力系统阀（SA）；⑤—数字式发动机控制系统；⑥—灯光模块；⑦—车身标准模块；⑧—多音频系统控制器；⑨—电子信息系统控制单元；⑩—紧急情况扬声器；⑪—紧急呼叫按钮；⑫—安全和网关模块；⑬—右侧头部安全气囊 AITS Ⅱ；⑭—前乘客前部安全气囊；⑮—前乘客侧车门模块；⑯—前乘客侧面安全气囊；⑰—右侧 B 柱卫星式控制单元；⑱—后座右侧侧面安全气囊（SA）；⑲—后座右侧安全带锁扣开关及拉紧装置（SA）；⑳—座椅占用识别装置；㉑—前乘客安全带锁扣开关及拉紧装置；㉒—车辆中央卫星式控制单元；㉓—驾驶员安全带锁扣开关及拉紧装置；㉔—主动式驾驶员头枕；㉕—主动式前乘客头枕；㉖—后座左侧安全带锁扣开关及拉紧装置（SA）；㉗—安全蓄电池接线柱；㉘—后座左侧侧面安全气囊（SA）；㉙—左侧 B 柱卫星式控制单元；㉚—驾驶员侧面安全气囊；㉛—驾驶员侧车门模块；㉜—驾驶员前部安全气囊；㉝—转向柱开关中心；㉞—左侧头部安全气囊 AITS Ⅱ；㉟—诊断接口

① 碰撞严重程度 CS1。碰撞严重程度 CS1（轻度碰撞）会触发安全带拉紧装置，在识别到车内乘员系好安全带时，不会触发驾驶员/前乘客安全气囊；如果车内乘员没有系好安全带，则会触发驾驶员/前乘客安全气囊。

② 碰撞严重程度 CS2。从碰撞严重程度 CS2（中度碰撞）起，驾驶员/前乘客安全气囊和安全带拉紧装置都会触发。安全蓄电池接线柱断开，关闭电动燃油泵，如车内装有具备报警功能的电话，还将进行紧急呼叫。

③ 碰撞严重程度 CS3。碰撞严重程度 CS3（严重碰撞）时，驾驶员/前乘客安全气囊和安全带拉紧装置都会触发，但时间延迟不同。

车辆发生正面碰撞时安全气囊的触发过程如图 3-60 所示。通过安全带锁扣开关和座椅占用识别装置可以确定前乘客座椅是否被占用。

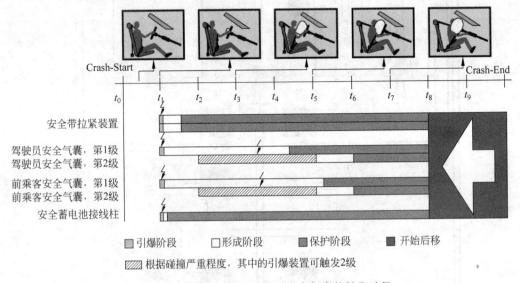

图 3-60　车辆发生正面碰撞时安全气囊的触发过程

在 t_0 时刻，车辆发生碰撞，安全带的机械锁止装置阻止安全带伸长，传感器采集车辆减速度数据。

在 t_1 时刻，卫星式控制单元触发执行器（引爆阶段），燃爆式执行器被引爆。驾驶员/前乘客安全带拉紧装置以及驾驶员/前乘客安全气囊第 1 级被引爆。

碰撞严重程度达到 2 级时，在引爆气囊的同时，断开安全蓄电池接线柱，以避免发动机舱中蓄电池导线短路，引发火灾。

然后开始形成阶段，即安全气囊充气。安全带拉紧装置中的活塞被拉紧管中的气体推动，活塞上固定的拉索将安全带锁向下拉并将安全带的松弛部分拉住。

在 t_2 时刻拉紧安全带的过程结束，安全带开始提供保护。此时，两个安全气囊还在充气。

在 t_4 时刻已经开始对驾驶员提供保护。根据碰撞严重程度，从 t_2 时刻起可能两个安全气囊就已经开始第 2 级引爆。由于各级别引爆时间错开，所以安全气囊对于车内乘员来说攻击性更小。

从 t_8 时刻起，车内乘员开始后移，车内乘员不再有前冲运动而是跌回到座椅中。

(2) 侧面碰撞

发生侧面碰撞时,碰撞严重程度分为轻度和中度碰撞两种。

从碰撞严重程度 CS1(轻度碰撞)起,受撞击侧的头部保护系统 AITS Ⅱ 和侧面安全气囊即会被触发。从碰撞严重程度 CS2(中度碰撞)起,气囊触发的同时,还会断开安全蓄电池接线柱,关闭电动燃油泵。如车内装有具备报警功能的电话,还将进行紧急呼叫。

(3) 尾部碰撞

从碰撞严重程度 CS1(轻度碰撞)起,触发主动式头枕和安全带拉紧装置。

如碰撞严重程度为 CS2(中度碰撞),还将断开安全蓄电池接线柱,关闭电动燃油泵。如果车内装有具备报警功能的电话,还将进行紧急呼叫。

3) 紧急呼叫

如果装有车载电话,BMW 高级安全电子系统可向客户提供两种紧急呼叫功能,即手动和自动紧急呼叫功能。如果车内还装有导航系统,发出紧急呼叫的同时还可发出车辆所在位置的数据。

关于碰撞严重时系统自动断开安全蓄电池接线柱(并非全车断电,危险报警灯等法定灯具及电话系统依然有电),关闭电动燃油泵,以及进行紧急呼叫等内容,可参阅本书参考文献[1]和参考文献[2]。

3.4 光导纤维的使用与维修

3.4.1 光波传输系统的信号衰减及原因

1. 光波传输系统的信号衰减

在光学总线系统中,作为光波的传输介质,光导纤维的作用是在发送控制单元和接收控制单元之间无损失地、可靠地传输光波。但实际上,光波在各个控制单元之间进行"接力"传输过程中,不可避免地会存在一定的损失,只要光波的损失量不大,不足以导致信号失真就是可以接受的。

为了表征光波在传输过程中的损失程度,引入了光波信号衰减这一概念。如果在传输过程中,由于历经多次转发,光波的功率降低了,就称之为发生了光波信号衰减。

光波信号的衰减程度用衰减常数来表示,其单位为分贝(dB)。衰减常数的定义为

$$衰减常数(A) = 10\lg \frac{光波发射源发射的光波功率}{光波接收器接收到的光波功率}$$

如果光波发射源发射的光波功率为 20W,而光波接收器接收到的光波功率为 10W,则在这一转发过程中,光波的衰减常数为

$$衰减常数(A) = 10\lg \frac{光波发射源发射的光波功率}{光波接收器接收到的光波功率} = 10\lg \frac{20W}{10W} = 3(dB)$$

也就是说,对于衰减常数为 3dB 的光波传输系统而言,光波信号会衰减一半。由此可知,衰减常数越大,光波的损失量就越大,光波信号的传输效果就越差。在光学总线系统中,一般将 3dB 作为光波传输系统衰减常数的极限值,超出极限值即认为光波传输系统的信号衰减幅度过大,必须予以维修或更换。

光波信号在两个控制单元之间传输时的衰减情况如图 3-61 所示。

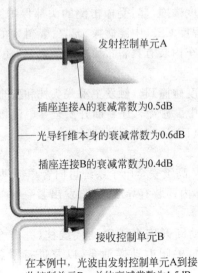

图 3-61　光波信号在两个控制单元之间传输时的衰减情况

需要注意的是,在 MOST 总线这样的光波传输系统中,光波信号是由多个控制单元经历"接力"传输的,在每一收发环节、每一段光导纤维中,都会发生信号衰减,可谓"通关缴税,雁过拔毛"。但光波传输系统总的衰减常数不允许超过 3dB。

2. 信号衰减幅度增大的原因

导致光波传输系统信号衰减幅度增大的主要原因如图 3-62 所示。

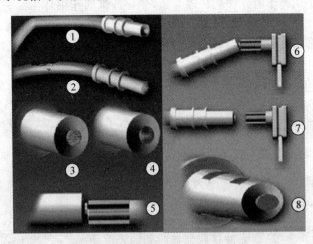

图 3-62　导致光波传输系统信号衰减幅度增大的原因

①—光导纤维的曲率半径过小(如果光导纤维弯曲(折叠)的半径小于 25mm,那么在纤芯的拐点处就会产生模糊(不透明,与折叠的有机玻璃相似),这时必须更换光导纤维);②—光导纤维的包层损坏;③—光导纤维端面刮伤;④—光导纤维端面脏污;⑤—光导纤维端面错位(插头壳体碎裂);⑥—光导纤维端面未对正(角度不对);⑦—光导纤维的端面与控制单元的接触面之间有空隙(插头壳体碎裂或未能锁止定位);⑧—光导纤维端套变形

3.4.2 光导纤维的使用

1. 操作光导纤维时的注意事项

操作带有光导纤维的汽车线束时需要特别小心、谨慎。与普通铜芯电线不同,光导纤维受损后一般不会立即导致故障,而是在日后使用中逐渐显现出来。

为确保光导纤维的信号衰减幅度不致过大,在使用中需要特别注意以下事项。

（1）弯曲半径不宜过小。玻璃光导纤维的曲率半径不可小于 50mm,塑料光导纤维的弯曲半径不可小于 25mm。为稳妥起见,在实际使用中,一般把光导纤维的弯曲半径控制在 50mm 以上。50mm 大致与可口可乐饮料罐的直径相当。若弯曲半径过小,则在曲率过小处光线射出,光束不能再正确反射(见图 3-63),轻者会影响其功能,重者会损坏光导纤维。

图 3-63 在曲率过小处光线射出,光束不能再正确反射

（2）不许弯折。在操作、使用光导纤维时,绝对不允许对其进行弯折,即使是一度短暂的弯折也不允许。因为这样会损坏光导纤维的纤芯和包层,光线将在弯折处产生部分散射,造成信号衰减急剧加大(见图 3-64),甚至会损坏光导纤维。

（3）不准挤压。任何情况下都不得挤压光导纤维。因为光导纤维横断面会由于压力作用而变形,导致信号衰减加大(见图 3-65)。在装配线束时无意的踩踏以及将线束捆扎带勒得过紧,都会导致光导纤维受压变形,必须予以高度重视。

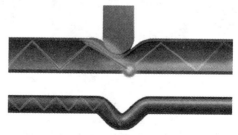

图 3-64 光线在弯折处产生散射,造成信号衰减急剧加大

图 3-65 光导纤维受压变形,导致信号衰减加大

（4）严禁摩擦、磨损。与普通铜质导线不同,光导纤维的磨损不会导致短路,但磨损处会导致光线损失或外来光线射入,系统被干扰或完全失灵(见图 3-66)。因此,在车上安装、布置带有光导纤维的线束时,要特别注意避免产生摩擦、磨损,尤其是线束穿越车身孔、壁处时,尤需妥善处理。

（5）严禁拉伸。过度的拉伸作用会使光导纤维产生"颈缩",纤芯的横断面减小,光通量减小,影响光波的正常传输(见图 3-67)。因此,在布置光导纤维线束时,应留有一定的长度余量,不可使之受拉力作用。

（6）严禁过热。光导纤维过热一般不会立即导致故障,但在日后使用中,其性能会逐渐劣化,直至损坏。

图 3-66　光导纤维磨损处光线逸失，外来干扰光线侵入

图 3-67　拉伸作用会使光导纤维产生"颈缩"，影响光波的正常传输

因此，在布置光导纤维线束时，应远离发动机机体、散热器（水箱、空调暖风、驻车加热装置等）、变速器等热源。再者，如需在车上进行油漆烘干或焊接作业时，温度不允许超过85℃。必要时，可先拆下光导纤维，再实施上述作业项目。

（7）严禁浸水。尽管光导纤维本身具有防水保护层，并不怕水，但光导纤维的接头铜套怕水。光导纤维的接头铜套一旦浸水，会导致光波传输出现故障。因此，在日常洗车以及涉水行车时均需特别注意。

（8）光导纤维端面不得有污染和损伤。光导纤维端面出现污染（有汗迹、油迹的指纹）和损伤（刮花）都会造成光波信号衰减幅度增大，甚至失灵（见图3-68和图3-69）。因此，在维修光导纤维时，需要使用专用工具，以保证光导纤维端面平整、光洁。

图 3-68　端面污染，光波信号衰减幅度增大　　　图 3-69　端面损伤，无法正常传输光波

2. 光导纤维的正确铺装

在车上铺装光导纤维时，应该采取特别的防护措施。采用硬度适宜的波纹管包扎光导纤维，既可以为光导纤维提供外力作用的保护，还可以有效防止光导纤维被过度弯折，以保证最小25mm的弯曲半径（见图3-70）。

3.4.3　光导纤维的维修

1. 光导纤维维修概要

当确认光导纤维是光学传输系统的故障根源之后，就需要对光导纤维进行维修。首先将损坏的光导纤维从车上拆下来，再将备用的维修用光导纤维装上去。更换维修用光导纤维时，要视所需长度对光导纤维进行剪切并制作光导纤维插头。

另外，还需要了解汽车上光导纤维包层颜色的含义及用途。例如，在BMW车系，包层

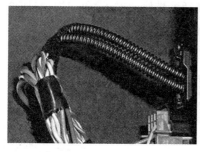

图 3-70　以硬度适宜的波纹管包扎光导纤维

为绿色的光导纤维用于 MOST 系统,包层为黄色的光导纤维用于 byteflight 系统,包层为橘红色的光导纤维则用作维修导线(见图 3-71)。

2. 维修光导纤维的注意事项

不允许用下述方法维护光导纤维及其构件。
(1) 热处理之类的维修方法,如钎焊、热黏结及焊接;
(2) 化学及机械方法,如粘贴、平接对接;
(3) 两条光导纤维绞合在一起,或者一根光导纤维与一根铜质电线绞合在一起;
(4) 包层上打孔、切割、压缩变形等。

另外,还需注意以下几点。
(1) 将光导纤维装入车内时不可有物体压到光导纤维包层。
(2) 端面上不可脏污,如液体(水、油)、灰尘等。只有在插接和检测时才可小心地取下保护盖。
(3) 在车内铺设光导纤维时不可打结,更换光导纤维时注意其正确的长度。

特别注意:MOST 系统中的光导纤维在两个控制单元之间只允许进行一次维修,而 byteflight 系统中的光导纤维不允许维修,只能更换新件。

3. 维修光导纤维的专用工具

工欲善其事,必先利其器。光导纤维的维修需要使用专用工具——VAS6223 组合套件(见图 3-72),也称光导纤维维修包。

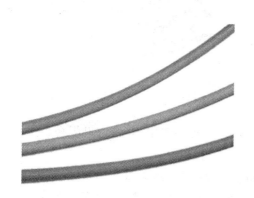

图 3-71　光导纤维包层　　　　图 3-72　VAS6223 组合套件

VAS6223 组合套件中有两个专门用于光导纤维维修的钳子，剪切钳（见图 3-73）用于光导纤维的剪切，压接钳（见图 3-74）用于光导纤维铜质接头的压接。

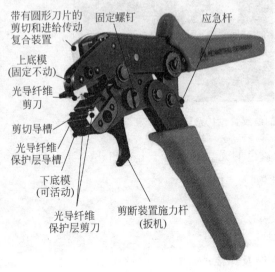
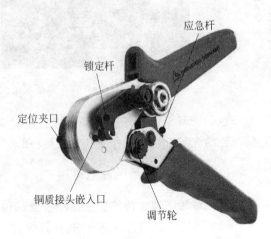

图 3-73　VAS6223 剪切钳　　　　　　　图 3-74　VAS6223 压接钳

4. 光导纤维维修实际操作

（1）如图 3-75 所示，视长度需要，使用 VAS6223 剪切钳将光导纤维粗略地剪开。注意，要使用侧剪功能，且动作要慢、稳，以免折断纤芯。

（2）如图 3-76 所示，将光导纤维嵌入 VAS6223 剪切钳的保护层导槽中剪切保护层（橘红色包层）。注意，此时的光导纤维绝对不允许弯曲或夹紧。

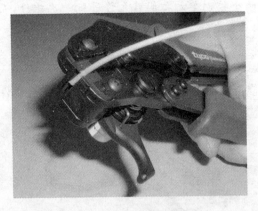
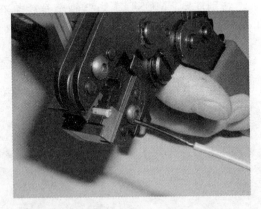

图 3-75　将光导纤维粗略地剪开　　　　　图 3-76　剪切保护层（橘红色包层）

（3）如图 3-77 所示，将光导纤维嵌入 VAS6223 剪切钳中，并将钳口闭合。注意，要使保护层导槽与箭头方向（即光导纤维方向）对正。

（4）如图 3-78 所示，用 VAS6223 剪切钳的剪刀轮对光导纤维实施精剪切，以确保剪切后的光导纤维截面平滑、无损伤（见图 3-79）。注意，不要剪得太快，以免造成损伤。

图 3-77　将光导纤维嵌入 VAS6223 剪切钳中，并将钳口闭合

图 3-78　对光导纤维实施精剪切

（5）如图 3-80 所示，将光导纤维铜质接头嵌入 VAS6223 压接钳中。此处，需注意铜质接头不要歪斜。

图 3-79　精剪切后的光导纤维截面平滑、无损伤

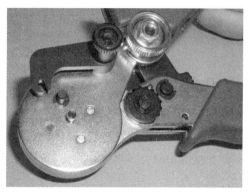

图 3-80　将光导纤维铜质接头嵌入 VAS6223 压接钳中

（6）如图 3-81 所示，用 VAS6223 压接钳的锁定杆将铜质接头锁住。

（7）如图 3-82 所示，将已经去除保护层的光导纤维插入铜质接头的内孔，直至可以感觉到轻微的阻力。

图 3-81　用锁定杆将铜质接头锁住

图 3-82　将光导纤维插入铜质接头的内孔

(8) 如图 3-83 所示,确认光导纤维与铜质接头接触良好、对正后,施力进行压接。

(9) 如图 3-84 所示,检查光导纤维与铜质接头的接合情况。要求纤芯端面与铜质接头端面之间的间隙值 X 为 0.01~0.1mm,将光导纤维与铜质接头拉开的力不小于 60N(确保接合可靠),光波信号在该接头处的衰减常数不得大于 0.3dB。如果上述要求有一项不合格,则说明此次接头制作失败,须重新制作。

图 3-83　施力进行压接

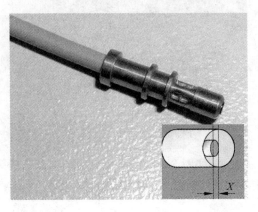
图 3-84　检查光导纤维与铜质接头的接合情况

复习思考题

1. 采用光导纤维进行数据传输有哪些优点?
2. 简述 MOST 光学总线的数据传输原理及应用范畴。
3. 简述 byteflight 光学总线的数据传输原理及应用范畴。
4. 如何正确使用和维修光学总线?

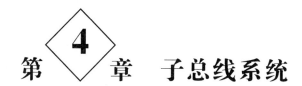

第 4 章 子总线系统

 教学提示：成本低廉、各具特色的子总线与功能强大的主总线互相结合、协同工作，进一步提升了汽车网络系统的技术和经济水平。

 教学要求：本章主要介绍子总线系统。要求学生了解子总线系统的类别和性能特点，熟悉其主要应用领域。

由于汽车本身的复杂性，构成整车网络系统的各个部分需要传输的数据流量有多有少，存在很大差异，对数据传输速率的要求也有快有慢，各不相同。为了以最小代价(成本)满足汽车内部各个系统对数据传输的个性化要求，除了在汽车上采用 CAN 总线以及光学总线之外，还引入了子总线系统。

目前，在汽车上应用的子总线系统主要有 LIN 总线、BSD 总线、K 总线、诊断总线、蓝牙技术等。这些子总线系统成本低廉、各具特色，在各自的适用领域内大展身手，进一步提升了整车网络的技术和经济水平，已经成为现代汽车网络不可或缺的重要组成部分。

子总线系统既负责控制、管理自身领域的电子设备，同时，又通过网关与 CAN 总线、光学总线进行数据交换和信息交流，从而充分体现出"各展所长、各司其职、互相交流、协同工作"的汽车网络系统设计思想。

4.1 LIN 总线

4.1.1 LIN 总线简介

1. LIN 的应用与特点

LIN 是 local interconnect network 的缩写，意为本地互联网，亦称局域互联网(见图 4-1)。LIN 总线所控制的控制单元一般都分布在距离较近的空间内(如车顶、仪表台、车门等处)，所以 LIN 也被称为"局域子系统"。

目前，LIN 总线在汽车上的应用领域主要有防盗系统、自适应大灯、氙气前照灯、驾驶员侧开关组件、外后视镜、中控门锁、电动天窗、空调系统的鼓风机、加热器控制等(见图 4-2)。

图 4-1 局域互联网 LIN 的标志

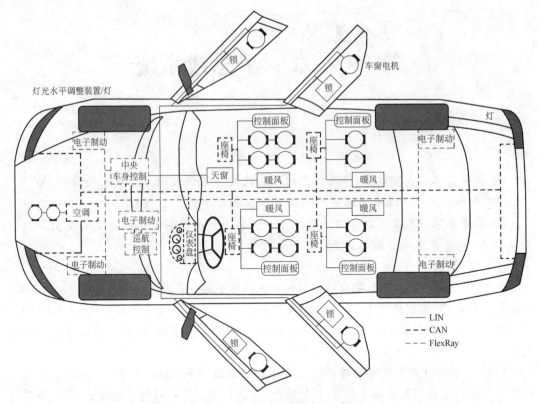

图 4-2 LIN 总线的应用领域

例如,BMW E83(X3 车系)高版本外后视镜系统的控制信号就是用 LIN 总线来传输的(见图 4-3),而在 Audi A6L 汽车上,LIN 总线用于新鲜空气鼓风机、风挡玻璃辅助加热器以及天窗等的控制(见图 4-4)。

车上各个 LIN 总线系统之间的数据交换是由控制单元通过 CAN 数据总线实现的。LIN 总线系统可让一个 LIN 主控制单元与最多 16 个 LIN 从控制单元进行数据交换。

LIN 总线系统的突出特点是——LIN 总线是单线式总线,仅靠一根导线传输数据。LIN 总线的导线最大长度不能超过 40m,最大从节点(即从属控制单元)数为 16 个。Audi 车系 LIN 导线的底色是紫色,有标志色。LIN 导线的横截面面积为 $0.35mm^2$,无须屏蔽。

如图 4-5 所示,LIN 总线系统的构成有三个部分:LIN 上级控制单元,亦即 LIN 主控制单元;LIN 从属控制单元,亦即 LIN 从控制单元;单根导线。

2. LIN 主控制单元

1) LIN 主控制单元的功能

LIN 主控制单元连接在 CAN 数据总线上,执行以下功能:

(1) 监控数据传输过程和数据传输速率,发送信息标题。

(2) LIN 主控制单元的软件内已经设定了一个周期,该周期用于决定何时将哪些信息发送到 LIN 数据总线上多少次。

(3) LIN 主控制单元在 LIN 数据总线系统的 LIN 控制单元与 CAN 总线之间起"翻译"

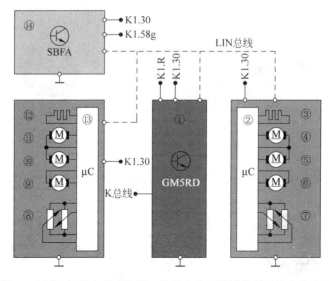

图 4-3 LIN 总线在 BMW E83 高版本外后视镜控制系统中的应用

①—基本控制模块(5Redesign)；②—右侧外后视镜电子装置；③—右侧外后视镜加热装置；④—右侧外后视镜垂直调整电机；⑤—右侧外后视镜水平调整电机；⑥—右侧外后视镜折起电机；⑦—右侧后视镜调节角度传感器；⑧—左侧后视镜调节角度传感器；⑨—左侧外后视镜折起电机；⑩—左侧外后视镜水平调整电机；⑪—外侧后视镜垂直调整电机；⑫—左侧外后视镜加热装置；⑬—左侧外后视镜电子装置；⑭—驾驶员侧开关组；K 总线—车身总线；LIN—局域互联网；K1.30—接线端子 30；K1.58g—接线端子 58g

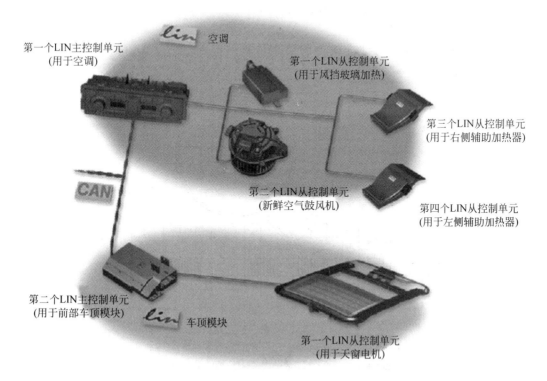

图 4-4 LIN 总线在 Audi A6L 汽车上的应用

图 4-5　LIN 总线系统的构成

作用,它是 LIN 总线系统中唯一与 CAN 数据总线相连的控制单元(见图 4-6)。

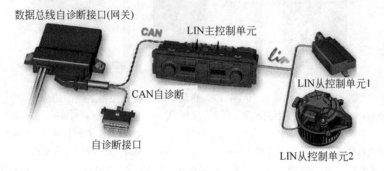

图 4-6　LIN 主控制单元实现 LIN 总线与 CAN 总线之间的连接

(4) 通过 LIN 主控制单元进行与之相连的 LIN 从控制单元的自诊断。

2) LIN 总线的信息结构

LIN 主控制单元控制总线导线上的信息传输情况。LIN 总线的信息结构如图 4-7 所示。

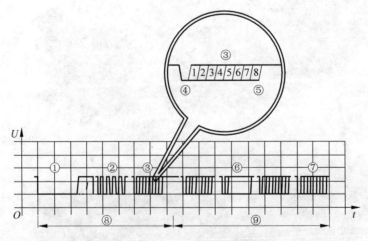

图 4-7　LIN 总线的信息结构

①—同步间隔；②—同步区域；③—标识符；④—起始；⑤—停止；
⑥—数据区域；⑦—校验区；⑧—信息标题；⑨—信息段

每条信息的开始处都通过 LIN 总线主控单元发送一个信息标题。该信息标题由一个同步相位(同步间隔和同步字节)构成,后面是标识符字节,可传输 2、4 或 8 字节的数据。

标识符字节包括 LIN 从控制单元地址、信息长度和用于信息安全的两个位等信息。

标识符用于确定主控单元是否将数据传输给副控单元,或主控单元是否在等待副控单元的回应(答复)。信息段包含发送给副控单元的信息。

校验区可为数据传输提供更高的安全性。校验区由主控制单元通过数据字节构成,位于信息结束处。LIN 总线主控制单元以循环形式传输当前信息。

3. LIN 从控制单元

在 LIN 数据总线系统内,单个的控制单元(如新鲜空气鼓风机)或传感器及执行元件(如水平传感器及防盗警报蜂鸣器)都可看作 LIN 从控制单元。

传感器内集成有一个电子装置,该装置对测量值进行分析,其数值是作为数字信号通过 LIN 总线传输的。有些传感器和执行元件只使用 LIN 主控制单元插口上的一个针脚(PIN 脚),即可以实现信息传输(即单线传输,见图 4-8)。

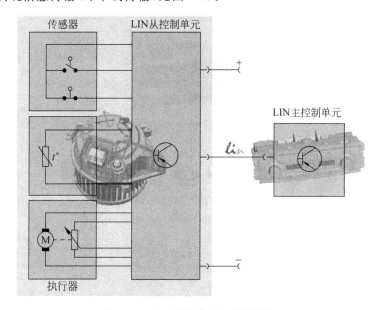

图 4-8　LIN 总线信息的单线传输

LIN 执行元件都是智能型的电子或机电部件,这些部件通过 LIN 主控制单元的 LIN 数字信号接受任务。LIN 主控制单元通过集成的传感器来获知执行元件的实际状态,然后就可以进行规定状态和实际状态的对比,并发出相应的控制指令。只有当 LIN 主控制单元发送出控制指令后,传感器和执行元件才会作出反应(执行主控制单元的控制指令)。

电动遮阳卷帘和空调出风口风门伺服电机的控制(见图 4-9 和图 4-10)都是按照这个控制原理工作的。

LIN 从控制单元等待 LIN 主控制单元的指令,仅根据需要与主控制单元进行通信。为结束休眠模式,LIN 从控制单元可自行发送唤醒信号。LIN 从控制单元安装在 LIN 总线系统设备上(如空调出风口风门伺服电机等)。

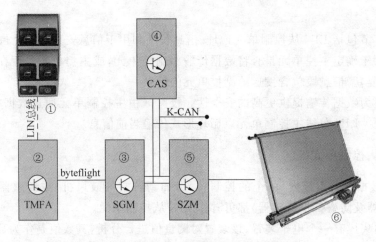

图 4-9　BMW E60 电动遮阳卷帘的控制

①—驾驶员侧开关组；②—驾驶员侧车门模块 TMFA；③—安全和网关模块 SGM；
④—便捷进入及起动系统 CAS；⑤—中柱开关控制中心 SZM；⑥—遮阳卷帘

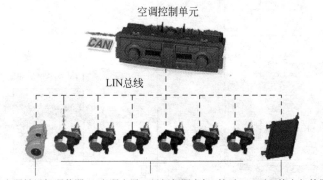

图 4-10　空调出风口风门伺服电机的控制

4.1.2　LIN 总线的数据传输

1. 传输速率

LIN 总线的数据传输速率为 1～20Kb/s，在 LIN 控制单元的软件内已经设定完毕，该速率最大能达到舒适 CAN 总线数据传输速率的 1/5（见图 4-11）。

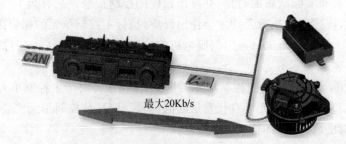

图 4-11　LIN 总线的数据传输速率

2. 信号电平

如果无信息发送到 LIN 数据总线上或者发送到 LIN 数据总线上的是一个隐性电平，那么数据总线导线上的电压就是蓄电池电压。

为了将显性电平传到 LIN 数据总线上，发送控制单元内的收发报机将数据总线导线接地。由于控制单元内的收发报机有不同的型号，所以表现出的显性电平是不一样的。LIN 数据总线上的信号电平如图 4-12 所示。

3. 传输安全性

LIN 总线在收发隐性电平和显性电平时，通过预先设定公差值来保证数据传输的稳定性（见图 4-13）。为了能在有干扰辐射的情况下仍能收到有效的信号，实际接收的允许电压值要稍高一些（见图 4-14）。

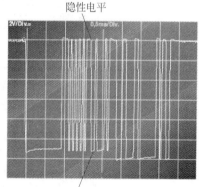

图 4-12　LIN 数据总线上的信号电平

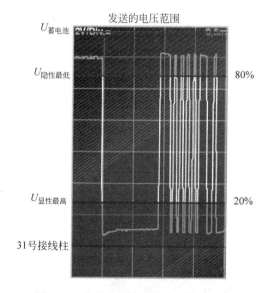

图 4-13　隐性电平和显性电平的公差值

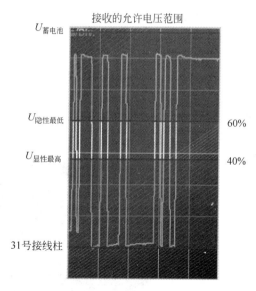

图 4-14　实际接收的允许电压值

4. 信息波形

LIN 总线信息波形如图 4-15 所示。

（1）带有从控制单元回应的信息。LIN 主控制单元要求 LIN 从控制单元发送的信息标题内包含这样一些信息，如开关状态或测量值。该回应由 LIN 从控制单元来发送。

（2）带有主控制单元命令的信息。LIN 主控制单元通过信息标题内的标志符来要求 LIN 从控制单元发送带有回应内容的数据。该回应由 LIN 主控制单元来发送。

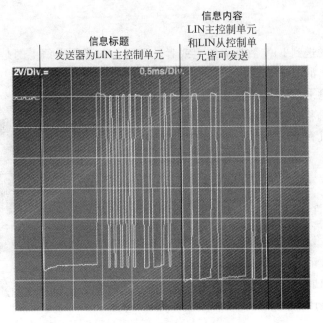

图 4-15　LIN 总线信息波形

5. 信息标题

信息标题由 LIN 主控制单元按周期发送。如图 4-16 所示，信息标题分为同步暂停区、同步分界区、同步区和识别区四部分。

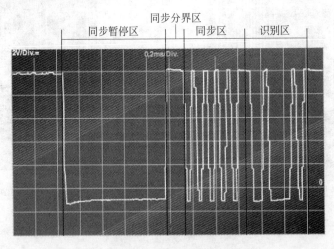

图 4-16　信息标题波形

（1）同步暂停区。同步暂停区（synch pause）的长度至少为 13 位（二进制的），它以显性电平发送。这 13 位的长度是必需的，只有这样才能准确地通知所有的 LIN 从控制单元有关信息的起始点的情况。其他的信息是以最长为 9 位的（二进制的）显性电平来一个接一个地传输的。

（2）同步分界区。同步分界区（synch delimiter）至少为一位（二进制的）长，且为隐性电平。

（3）同步区。同步区（synch field）由 0101010101 这个二进制位序构成，所有的 LIN 从控制单元通过这个二进制位序来与 LIN 主控制单元进行匹配（同步）。

所有控制单元同步对于保证正确的数据交换是非常必要的。如果失去了同步性，那么接收到的信息中的某一数位值就会发生错误，该错误会导致数据传输错误。

（4）识别区。识别区（identify field）的长度为 8 位（二进制的）：头 6 位是回应信息识别码和数据区的个数，回应数据区的个数在 0～8 之间；后两位是校验位，用于检查数据传输是否有错误。当出现识别码传输错误时，校验位可防止与错误的信息适配。

6. 信息内容（回应）

如图 4-17 所示，对于带有主控制单元的查询信息，LIN 从控制单元会根据识别码给这个查询指令提供回应信息。

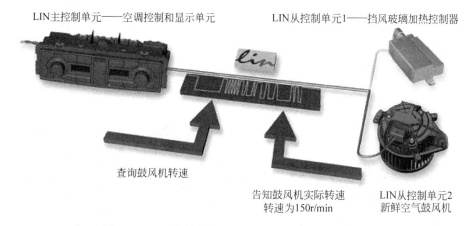

图 4-17　LIN 从控制单元回应主控制单元的查询信息

对于主控制单元带有动作指令的信息，LIN 从控制单元会提供回应（见图 4-18）。根据识别码的情况，相应的 LIN 从控制单元会使用这些数据去执行各种功能，贯彻、执行主控制单元的指令。

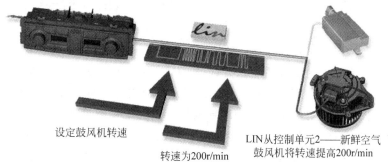

图 4-18　LIN 从控制单元贯彻、执行主控制单元的指令

这个回应由 1~8 个数据区构成(见图 4-19),每个数据区是 10 个二进制位,其中一位是显性起始位,一个是包含信息的字节,另外一个是隐性停止位。起始位和停止位是用于再同步从而避免传输错误的。

7. 信息的顺序

LIN 主控制单元的软件内已经设定了一个顺序,LIN 主控制单元就是按这个顺序将信息标题发送至 LIN 总线上的。常用的信息会多次传输。LIN 主控制单元在特定的条件下可能会改变信息的顺序。

特定的条件包括:

(1) 点火开关接通/断开;

(2) 自诊断已激活/未激活;

(3) 停车灯接通/关闭。

为了减少 LIN 主控制单元部件的种类,主控制单元将给全车可能装备的所有从控制单元的信息标题都发送到 LIN 总线上。如果车上没有安装可以接收某一信息标题的控制单元(如高端车型的低配置版本),那么在示波器屏幕会出现没有回应的信息标题(见图 4-20),但这并不影响系统的功能。

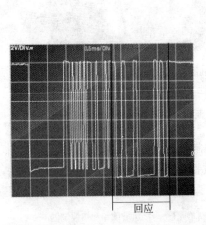

图 4-19 回应由 1~8 个数据区构成

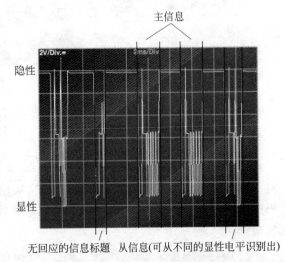

图 4-20 没有回应的信息标题

8. 防盗功能

LIN 总线还具有一定的防盗功能。只有当 LIN 主控制单元发送出带有相应识别码的信息标题后,数据才会传至 LIN 总线上。由于 LIN 主控制单元对所有信息进行全面监控,所以无法在车外使用从控制单元通过 LIN 导线对 LIN 总线实施控制。

也就是说,LIN 总线不接受外来指令的控制(见图 4-21),LIN 从控制单元只能回应。如果在车外,通过笔记本电脑连接跳线发出控制指令,妄图利用 LIN 从控制单元(如安装在前保险杠内的车库门开启控制单元)打开车门,是不可能的。因而,LIN 总线具有一定的防盗功能。

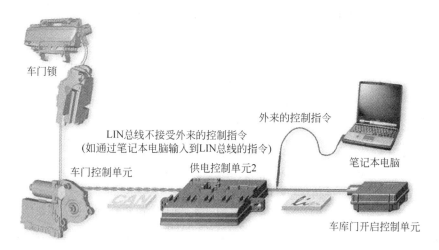

图 4-21　LIN 总线不接受外来指令的控制

4.1.3　LIN 总线的自诊断

1. 利用故障检测仪 VAS5051 进行故障诊断

当 LIN 总线系统出现故障时，可利用故障检测仪 VAS5051 对 LIN 总线系统进行故障诊断和检测（见图 4-22）。

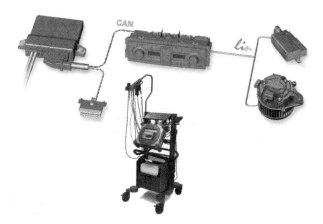

图 4-22　使用故障检测仪 VAS5051 对 LIN 总线系统进行故障诊断和检测

对 LIN 总线系统进行自诊断时，需使用 LIN 主控制单元的地址码。自诊断数据经 LIN 总线由 LIN 从控制单元传至 LIN 主控制单元。在 LIN 从控制单元上可以完成所有的自诊断功能（见表 4-1）。

2. 故障分析

1）LIN 总线短路

无论是 LIN 总线对电源正极短路（见图 4-23）还是对电源负极短路（见图 4-24），LIN 总线都会关闭，无法正常工作。

表 4-1 LIN 从控制单元上可以完成所有的自诊断功能

故障位置	故障内容	可能的故障原因
LIN 从控制单元,如鼓风机调节器	无信号/无法通信	在 LIN 主控制单元内已规定好的时间间隔内 LIN 从控制单元数据传输有故障: • 导线断路或短路; • LIN 从控制单元供电有故障; • LIN 从控制单元或 LIN 主控制单元型号错误; • LIN 从控制单元损坏
	出现不可靠信号	校验出错,传输的信息不完整: • LIN 导线受到电磁干扰; • LIN 导线的电容和电阻值改变了(如插头壳体潮湿或脏污); • 软件故障(备件型号错误)

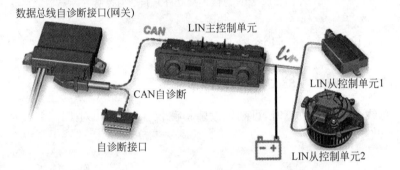

图 4-23 LIN 总线对电源正极短路

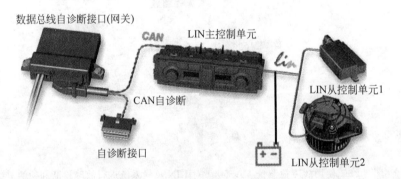

图 4-24 LIN 总线对电源负极短路

2) LIN 总线断路

LIN 总线发生断路故障时,其功能丧失情况视发生断路故障的具体位置而定。如图 4-25 所示,当 LIN 总线在位置 A 处断路时,其下游的所有从控制单元(图中为从控制单元 1 和从控制单元 2)均不能正常工作;当 LIN 总线在位置 B 处断路时,从控制单元 1 将不能正常工作;当 LIN 总线在位置 C 处断路时,从控制单元 2 将不能正常工作。

根据 LIN 总线发生故障时其功能的丧失情况,结合 LIN 总线控制关系并参阅电路图,就可以判断出发生断路故障的大致位置。

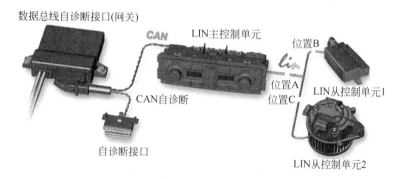

图 4-25 LIN 总线发生断路故障

4.2 K 总线协议

4.2.1 K 总线协议简介

K 总线协议在 BMW 车载网络系统中属于子总线系统,其用途非常广泛。需要注意的是,在 BMW 车载网络系统中,还有 K 总线(车身总线)。从技术角度来看,K 总线协议的结构与 K 总线相同。与 K 总线不同的是,K 总线协议无法进行诊断。因此,K 总线协议与 K 总线是两个不同的总线系统,不要混淆。

K 总线协议采用线形、单线的网络结构,数据传输速率为 9.6Kb/s。K 总线协议基于 K 总线技术,由发射器、接收器和一根单线导线构成(见图 4-26)。

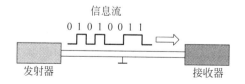

图 4-26 K 总线协议的单线数据传输

K 总线协议目前用于下列系统:
(1) 多重乘员保护系统;
(2) 电子信息系统控制单元(紧急呼叫);
(3) 座椅占用识别装置;
(4) 车门外把手电子装置;
(5) 驾驶员侧车门;
(6) 防盗报警系统;
(7) 多功能座椅调整操作面板(见图 4-27)。

K 总线协议连接每个车门的车门外把手电子装置和便捷进入及起动系统。此外,通过该总线可防止整个总线系统被无端唤醒(如顽皮的儿童在车外玩车门把手)。

K 总线协议把驾驶员侧车门开关组的信号传输到车门模块(如车窗玻璃升降电机、遮

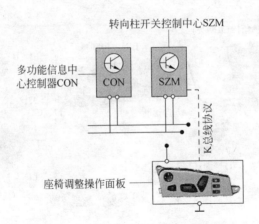

图 4-27 多功能座椅调整操作面板

阳卷帘电机等)。防盗报警系统的功能已分配到两个控制单元上(防盗报警系统和应急电源报警器)。通过 K 总线协议能够在这些控制单元之间相互通信。

4.2.2 K 总线协议的应用

1. K 总线协议在多重乘员保护系统中的应用

如图 4-28 所示,在美规 BMW E83(X3)车型的多重乘员保护系统中,K 总线协议用于多重乘员保护系统控制单元与组合仪表控制单元、灯光开关控制中心、OC3 座椅占用识别装置之间的通信。

2. 座椅占用识别装置(OC3 座垫)

根据美国法律规定,在装备一岁以下儿童使用的儿童座椅时,车辆必须能自动识别出这一情况并停用前乘客安全气囊,以防止气囊膨出时对儿童造成伤害。OC3 座垫能通过椅面压痕检测车上是否安装了符合相应标准(NHTSA FMVSS 208)规定的儿童座椅,并停用前乘客安全气囊。

对于传统的座椅占用识别装置(SBE)而言,当座椅承载质量大于规定的质量门限值(12kg)时,即认为座椅已被占用(即乘员保护系统认为该座椅已经有人员乘坐了,如果车辆发生碰撞事故,则与该座椅对应的安全气囊将视碰撞严重程度决定是否膨出以及膨出强度)。为了满足更加严格的、注重保护儿童的美国法律要求,美规 BMW E83(X3)的多重乘员保护系统采用了智能型乘员分级器(OC)。

OC3 座垫利用大量的压敏电阻元件,通过大范围(大面积)的椅面压力检测,来分析、判断座椅上是否有人乘坐以及乘坐者是成人还是儿童。

如图 4-29 所示,与传统的座椅占用识别装置(SBE)相比,OC3 座垫使用的传感器更多,检测范围更大,检测结果也更加精确。OC3 座垫能够判断出坐在椅面上的是一岁以下儿童(连同儿童座椅)还是体重较轻的成人(约 45kg),抑或是椅面上仅仅放了一个公文包。

OC3 座垫集成在前乘客座椅的椅面中。OC3 座垫由带状导线及压敏电阻元件组成,带状导线与电子分析装置连接,其电路原理如图 4-30 所示。

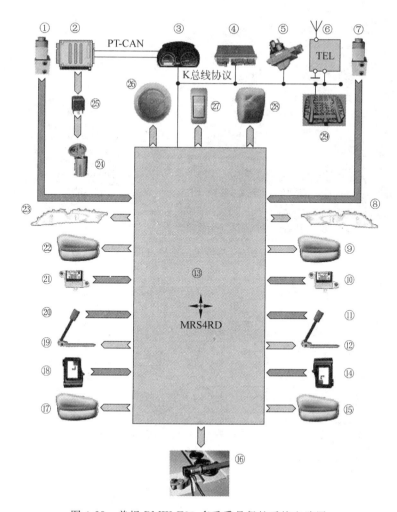

图 4-28 美规 BMW E83 多重乘员保护系统电路图

①—左侧前上部碰撞传感器；②—数字式发动机控制单元 DME；③—组合仪表与安全气囊警告灯；④—基本控制模块（5Redesign）；⑤—灯光开关控制中心；⑥—电话；⑦—右侧前上部碰撞传感器；⑧—右侧安全气帘；⑨—右前侧面安全气囊；⑩—右前车门碰撞压力传感器；⑪—右侧安全带拉紧装置；⑫—右侧安全带锁扣开关；⑬—MRS 多重乘员保护系统控制单元；⑭—右侧 B 柱卫星式控制单元；⑮—右后侧面安全气囊；⑯—安全蓄电池接线柱；⑰—左后侧面安全气囊；⑱—右侧 B 柱卫星式控制单元；⑲—左侧安全带锁扣开关；⑳—左侧安全带拉紧装置；㉑—左前车门碰撞压力传感器；㉒—左前侧面安全气囊；㉓—左侧安全气帘；㉔—电动燃油泵；㉕—燃油泵继电器；㉖—驾驶员前部安全气囊；㉗—安全气囊指示灯；㉘—前乘客前部安全气囊；㉙—OC3 座椅占用识别装置

压敏电阻元件的接线方式使其数据可以单独读取。当压敏电阻元件的机械负荷增大（有乘员坐到椅面上）时，其电阻值降低。于是，电子分析装置根据检测到的电流变化，就可以对该压敏电阻所受的压力作出分析和判断。

OC3 座垫电子分析装置通过分析来自各个压敏电阻元件的信号，可以绘出椅面占用图，并确定出局部重心。通过座椅受压面的范围、压力分布图（见图 4-31）以及重心的位置，就可以准确地判断出坐在座椅上的是成年人还是一岁以下儿童（连同儿童座椅）。

OC3 座垫的电子分析装置通过 K 总线协议向多重乘员保护系统控制单元发送数据信

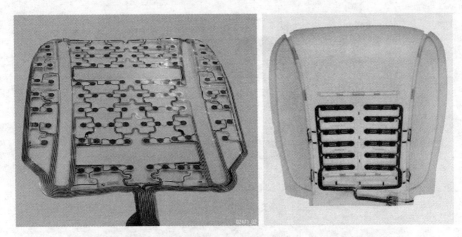

图 4-29 新型 OC3 座垫（左）与传统的座椅占用识别装置（右）的比较

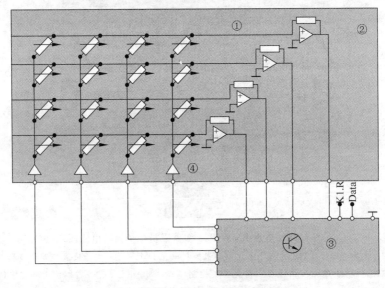

图 4-30　OC3 座垫电路原理图
①—压敏电阻元件；②—输出信号；③—电子分析装置；④—输入信号

息。如果座椅被识别为未占用，或者安装了一岁以下儿童使用的儿童座椅，则前乘客侧安全气囊停用。多重乘员保护系统控制单元激活安全气囊警告灯（见图 4-32），安全气囊警告灯亮表示前乘客侧安全气囊停用，即便遇到撞车情况，前乘客侧安全气囊也不会膨出。

3. K 总线协议在全景玻璃天窗系统中的应用

在 BMW E83(X3)车型的网络系统中，K 总线协议除用于多重乘员保护系统之外，还负责将常规车辆电气系统、信息和通信系统联网。

在 E83 全景玻璃天窗系统中，K 总线协议用于全景玻璃天窗控制单元 MDS、灯光开关控制中心 LSZ 以及基本控制模块 GM5RD 之间的通信（见图 4-33）。

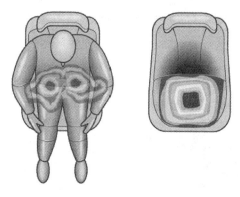

图 4-31　成年人(左)和儿童座椅(右)的椅面压力分布图

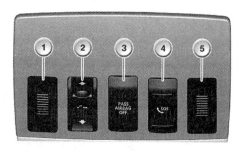

图 4-32　位于车顶控制台的安全气囊警告灯
①—左侧免提话筒；②—活动天窗按钮；③—安全气囊警告灯；④—紧急呼叫按钮；⑤—右侧免提话筒

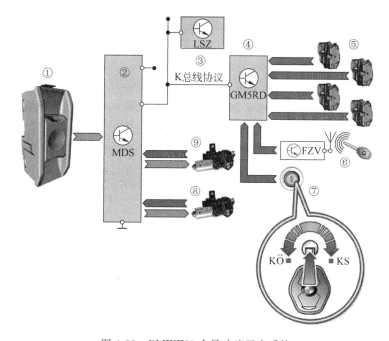

图 4-33　BMWE83 全景玻璃天窗系统
①—全景玻璃天窗操作按钮；②—全景玻璃天窗控制单元 MDS；③—灯光开关控制中心 LSZ；④—基本控制模块 GM5RD；⑤—车门触点；⑥—遥控器 FZV；⑦—驾驶员侧车门锁；⑧—全景玻璃天窗(滑动)电机；⑨—全景玻璃天窗(升降)电机

4.3　BSD 总线

4.3.1　BSD 总线简介

BSD 是 bit-serial data interface 的简称，即位串行数据接口。在 BMW 车系中，BSD 总线属于子总线系统。BSD 总线采用线形结构，数据以单线形式传输，数据传输速率为 9.6Kb/s。

在早期生产的 BMW 车系中，BSD 用于电源管理系统（见图 4-34），在智能蓄电池传感器 IBS 与发动机控制单元之间传输数据，实现通信。

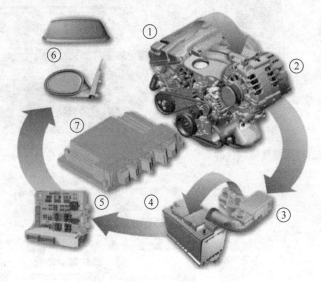

图 4-34　BSD 总线的电源管理

①—发动机；②—发电机；③—智能蓄电池传感器(IBS)；④—蓄电池；⑤—接线盒；⑥—用电器（如后窗玻璃加热装置，加热式车外后视镜）；⑦—发动机控制单元（电源管理系统）

4.3.2　BSD 总线的应用

1. 电源管理系统中的 BSD 总线

在电源管理系统中，智能蓄电池传感器（intelligent battery sensor，IBS）与发动机控制单元之间通过 BSD 总线传输数据，实现通信，如图 4-35 所示。

1）智能蓄电池传感器

智能蓄电池传感器（见图 4-36）是一个自身带有微型控制器（μC）的传感器，直接安装在蓄电池的负极上。

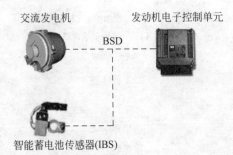

图 4-35　电源管理系统中的 BSD 总线

图 4-36　智能蓄电池传感器(IBS)

①—蓄电池接线柱；②—分流器；③—间隔垫圈；④—螺栓；⑤—蓄电池负极接地（搭铁）线

智能蓄电池传感器(IBS)的功能主要包括：

(1) 持续检测车辆各种行驶状态下蓄电池的电流、电压和电解液温度。其工作原理如图 4-37 所示，测量范围见表 4-2。

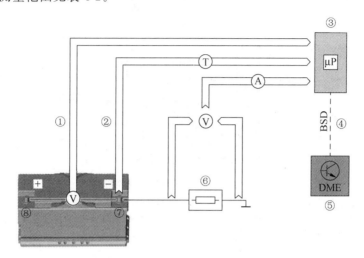

图 4-37 IBS 工作原理

①—蓄电池电压测量；②—蓄电池电解液温度测量；③—IBS 中的微型控制器；④—位串行数据接口 BSD；⑤—数字式发动机电子控制单元 DME；⑥—电流测量(分流器上的电压降)；⑦—蓄电池负极；⑧—蓄电池正极

表 4-2 IBS 测量范围

电压/V	电流/A	休眠电流/A	起动电流/A	温度/℃
6～16.5	－200～＋200	0～10	0～1000	－40～105

(2) 检测蓄电池运行参数，作为计算蓄电池的充电状态(sate of charge, SoC)和蓄电池的健康状态(state of health, SoH)的基础。

(3) 计算蓄电池起动电流特性曲线，以确定蓄电池的 SoH，并平衡蓄电池充电/放电电流。

(4) 向上级控制单元(发动机控制单元)传输数据，通报蓄电池的 SoC 值和 SoH 值。当 SoC 值处于临界状态时，要求发动机提高怠速转速，以提高发电机输出电压，确保车辆正常工作。

(5) 车辆休眠电流监控。

(6) 故障自诊断，全自动更新控制软件和自诊断参数。

(7) 休眠模式下的自醒功能。

2) 电源管理

在数字式发动机电子控制单元 DME/DDE 的控制程序中，有一个电源管理子程序。电源管理子程序的基本原理如图 4-38 所示。

电源管理子程序负责完成以下控制任务。

(1) 动态调节发电机充电电压。在不利的行驶状况下，动态调节发电机充电电压(即发电机输出电压)可确保蓄电池充电更加平衡。电源管理系统通过 BSD 总线控制根据温度变

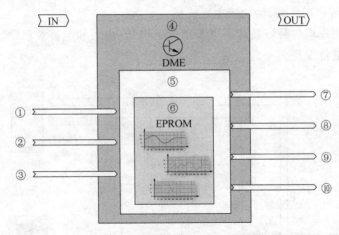

图 4-38 电源管理子程序的基本原理

①—蓄电池电压数据；②—蓄电池电流数据；③—蓄电池电解液温度数据；④—数字式发动机电子控制系统 DME；⑤—供电管理子程序；⑥—EPROM 及特性线（蓄电池电压、电流、温度）；⑦—发动机怠速转速调节；⑧—发电机额定充电电压；⑨—关闭停车用电器；⑩—减小最大负荷；IN—输入；OUT—输出

化的发电机充电电压额定值。

(2) 提高发动机怠速转速以提高发电机输出功率。当蓄电池电压不足时，电源管理系统会通过 DME/DDE 发出控制指令，提高发动机的怠速转速。

(3) 电源系统功率不足时通过降低用电设备的功率来减小电源系统的负荷。发动机怠速转速提高后蓄电池电压仍然不足时，可通过以下方法减小汽车电源系统的负荷：

① 降低功率，如周期性接通、关闭后窗加热装置（扬汤止沸）。

② 如果通过降低功率的手段仍不能缓解供电紧张问题，则在极端情况下可以关闭个别电器的使用（釜底抽薪）。

根据当前电源系统可提供的电量，电源管理系统采用脉宽调制（PWM）方式控制基于 PTC 原理的电加热器的工作，PWM 信号频率为 160 Hz。

(4) 根据由 BSD 总线传来的信息，在蓄电池达到起动能力极限时进行抛负载控制，借助微型供电模块（见图 4-39）断开停车预热装置或电话等停车用电器。

E60 中的用电器分为下列几类：

① 舒适性用电器，如车窗加热器、座椅加热器、转向盘加热器等。这些用电器在发动机"关闭"后自动断开。在发动机重新起动后，才能激活这些用电器。

② 法定停车用电器，如停车灯、报警闪光灯等。法定停车用电器必须在发动机"关闭"后仍有一定时间处于可用状态。即使在蓄电池达到起动能力极限时，也不允许关闭这些法定用电器。

③ 停车用电器，如停车预热装置、停车通风装置、通信组件（中央信息显示器、电话、远程信息处理服务）等。停车用电器在发动机"关闭"后可以接通。

在蓄电池达到起动能力极限时，舒适性用电器自动关闭。视系统情况的延时用电器（如散热器的电动冷却风扇）在一定时间内仍能正常工作。

(5) 通过电源管理子程序控制蓄电池充电平衡。电源管理子程序中有两个"计数器"。

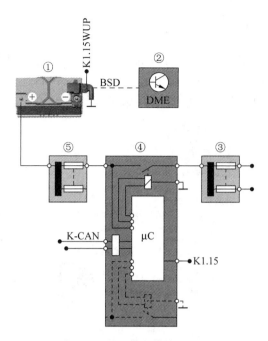

图 4-39 微型供电模块原理图

①—蓄电池（负极接线柱上安装有智能蓄电池传感器 IBS）；②—数字式发动机电子控制单元 DME；③—汽车前部电流分配器；④—微型供电模块；⑤—汽车后部电流分配器；BSD—位串行数据接口；K-CAN—车身 CAN 总线；K1.15—总线端 K1.15；K1.15WUP—总线端 K1.15 唤醒

一个计数器负责记录蓄电池获得的电量，另一个计数器负责记录蓄电池释放的电量。通过计算获取和释放的电量差值确定蓄电池的充电状态 SoC。电源管理系统通过 BSD 从 IBS 处读取该数据（SoC 值）。在发动机熄火后重新起动时，电源管理子程序会计算最新的 SoC 值。

（6）计算蓄电池的健康状态 SoH。在车辆起动期间，IBS 会监测蓄电池端电压的波动值和发动机的起动电流。起动期间测得的起动电流和电压波动会通过 BSD 传输给 DME/DDE。根据这些数据，电源管理系统会计算蓄电池的健康状态 SoH。

（7）向 IBS 传输数据。在 DME/DDE 进入休眠模式之前，下列数据通过 BSD 传输至 IBS：

① 蓄电池的充电状态 SoC；

② 蓄电池的健康状态 SoH；

③ 车外环境温度；

④ 蓄电池可供使用的电量；

⑤ 总线端 K1.15 唤醒（许可）；

⑥ 总线端 K1.15 唤醒（闭锁）；

⑦ DME/DDE 关闭。

（8）休眠电流诊断。如果在车辆处于休眠状态时，蓄电池的休眠电流超过某一阈值，DME/DDE 就会存储故障记录，并对此故障作出相应的分析。

2. 拓展的 BSD 总线功能

在近期生产的 BMW 车型中,位串行数据接口 BSD 的通信功能得到了进一步的拓展,除了连接智能蓄电池传感器 IBS 与发动机控制单元之外,BSD 还将机油状态传感器、发动机电动冷却液泵与发动机控制单元连接起来(见图 4-40)。

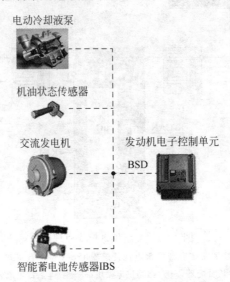

图 4-40 拓展的 BSD 总线功能

1) 电动冷却液泵

电动冷却液泵(见图 4-41)是一个由直流电动机驱动的离心泵,功率为 400W,最大泵送量为 9000L/h。电动冷却液泵的电动机转子浸泡在发动机冷却液中,故该电动机又称为湿转子电动机。

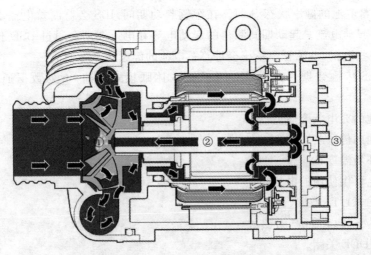

图 4-41 电动冷却液泵
①—冷却液泵;②—驱动冷却液泵的电动机;③—电子模块(EWPU)

湿转子电动机的功率通过安装在泵内的电子模块以电子方式进行控制。电子模块通过 BSD 位串行数据接口与发动机控制单元 DME 连接。

发动机控制单元根据发动机负荷、运行模式和冷却液温度传感器数据计算出发动机所需要的冷却功率,通过 BSD 位串行数据接口向电动冷却液泵发出相应的控制指令。电动冷却液泵根据该指令调节自身转速。系统内的冷却液经过冷却液泵电动机,能够冷却电动机和电子模块。冷却液还可对电动冷却液泵的轴承提供润滑。

发动机控制单元根据需要控制冷却液泵,冷却需求较低且车外温度较低时功率较小;冷却需求较高且车外温度较高时功率较大。在某些情况下甚至可以完全停止冷却液泵的工作,如在暖机阶段迅速加热冷却液时。但是只有在不要求暖风运行且车外温度许可时,才能进行上述操作。

发动机控制单元内的冷却液温度控制程序设计有一种计算模型(子程序),可以根据当前发动机的运行状态和热负荷情况预测出汽缸盖温度的发展趋势,并预先做出反应,未雨绸缪——提前提高冷却液泵的转速或降低冷却液泵的转速,抑或完全停止冷却液泵的工作。如此具有前瞻性的控制措施,在传统的发动机冷却系统中是不可想象的。

2)机油状态传感器

机油状态传感器(OEZS)取代了传统的机油尺及导向管,能更准确地检测机油(发动机润滑油)油位。同时,还可以对机油的状态(机油品质、机油温度)作出准确的评估和检测。

机油油位、机油品质、机油温度等参数由机油状态传感器检测,经传感器内集成的电子分析装置分析之后转变成电信号,通过位串行数据接口 BSD 传输给发动机电子控制单元 DME,DME 再将这些信息通过 PT-CAN、SGM 和 K-CAN 发送至组合仪表和中央信息显示器(CID)。机油油位以电子信息的形式在 CID 上显示出来(见图 4-42)。

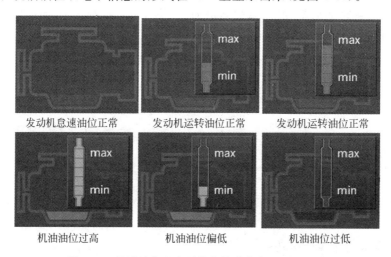

图 4-42 机油油位以电子信息的形式在 CID 上显示

通过测定发动机油位可避免发动机油位过低,从而防止造成发动机损坏。通过测定机油状态可准确判断出何时需要更换发动机机油。发动机机油加注过多会导致泄漏,届时,组合仪表也会发出警告信息。

如图4-43所示,机油状态传感器由两个上下叠加安装在一起的柱状电容器构成。

机油状态通过底部较小的电容器⑥来测量。彼此嵌套的两个金属管(②和③)用作电容器电极,电介质是两个电极之间的机油④。机油的电气特性随着发动机损耗的加剧和燃油添加剂的分解而发生变化。

电容器(机油状态传感器)的电容值随机油(电介质)电气特性的变化而变化。电容值经过传感器内集成的电子分析装置⑦处理后转化为一个数字信号。该数字信号作为发动机机油状态信息由SIG端子通过BSD发送至DME。DME对该值进行处理,以便计算出下次更换机油的时间。

传感器⑤的中间部分负责检测机油油位。传感器的该部分与油底壳内的油位高度处于同一位置。因此,电容器电容值随油位(电介质)的变化而发生变化。该电容值经过传感器电子装置处理后转化为一个数字信号并由SIG端子通过BSD发送至DME。

机油状态传感器底座上装有一个白金温度传感器⑨,用于检测机油温度,其信号也由SIG端子通过BSD发送至DME。

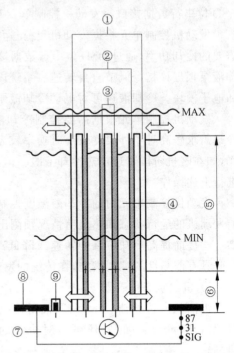

图4-43 机油状态传感器(OEZS)结构示意图

①—壳体;②—外部金属管;③—内部金属管;④—机油(发动机润滑油);⑤—机油油位传感器;⑥—机油状态传感器(电容器);⑦—传感器电子分析装置;⑧—油底壳;⑨—温度传感器

向总线端(图中未示出)供电时机油状态传感器就会连续测量机油油位、机油温度和机油状态(品质)。机油状态传感器通过总线端获得电源。

机油状态传感器的电子装置具有自诊断功能,当内部出现故障时,会通过BSD向DME发送相应的故障信息,以便进行故障诊断和维修。

4.4 蓝牙技术

4.4.1 蓝牙技术简介

1. 蓝牙技术的无线连接功能

蓝牙技术是一种支持短距离通信(一般10m以内)的无线电技术,能在移动电话、掌上电脑(PDA,见图4-44)、无线耳机(见图4-45)、笔记本电脑、无线鼠标(见图4-46)、计算机相关外设等众多设备之间进行无线信息交换。利用蓝牙技术,能够有效地简化移动通信终端设备之间的通信,也能够成功地简化设备与因特网(Internet)之间的通信,从而使数据传输变得更加迅速和高效,为无线通信拓宽了道路。

图 4-44　掌上电脑(PDA)　　　　图 4-45　蓝牙无线耳机　　　　图 4-46　蓝牙无线鼠标

蓝牙技术是一种无线数据与语音通信的开放性全球规范,它以低成本的近距离无线连接为基础,为固定与移动设备通信环境建立一个特别连接,其程序写在一个 9mm×9mm 的微芯片中。

蓝牙技术采用分散式网络结构以及快速跳频和短包技术,支持点对点及点对多点通信,工作在全球通用的 2.4GHz ISM(即工业、科学、医学)频段。蓝牙技术使用 IEEE802.15 协议,采用时分双工传输方案实现全双工传输,其数据传输速率可达 1Mb/s。

ISM 频带是对所有无线电系统都开放的频带,因此使用其中的某个频段都会遇到不可预测的干扰源。如某些家用电器、无绳电话、汽车车库门遥控器、停车场门禁系统、微波炉等,都可能是干扰。为此,蓝牙特别设计了快速确认和跳频方案以确保链路稳定。

所谓跳频技术,就是把频带分成若干个跳频信道(hop channel),在一次连接中,无线电收发器按一定的码序列(即一定的规律,技术上叫作"伪随机码",就是"假的随机码")不断地从一个信道"跳"到另一个信道,只有收发双方是按这个规律进行通信的,而其他干扰源不可能按同样的规律进行干扰;跳频的瞬时带宽是很窄的,但通过扩展频谱技术可使这个窄频带成百倍地扩展成宽频带,使干扰源产生的可能的影响变得很小。

如图 4-47 所示,蓝牙技术的收发器使用的是 2.4GHz 的 ISM(工业、科学、医学)频带,其带宽在 2.402~2.480GHz 之间。在该带宽内,设立 79 个频带为 1MHz 的信道,以每秒切换 1600 次的频率、跳频频谱扩展技术来实现无线电波的收发,且能同时支持同步通信和异步通信。

与其他工作在相同频段的系统相比,蓝牙跳频更快,数据包更短,这使蓝牙比其他系统都更稳定。前向纠错(forward error correction,FEC)的使用抑制了长距离链路的随机噪声。应用了二进制调频(FM)技术的跳频收发器被用来抑制干扰和防止信号衰减,确保信息传输的可靠性。

蓝牙基带协议是电路交换与分组交换的结合。在被保留的时隙中可以传输同步数据包,每个数据包以不同的频率发送。一个数据包名义上占用一个时隙,但实际上可以被扩展到占用 5 个时隙。蓝牙可以支持异步数据信道、多达 3 个的同时进行的同步语音信道,还可以用一个信道同时传送异步数据和同步语音。每个语音信道支持 64Kb/s 的同步语音链

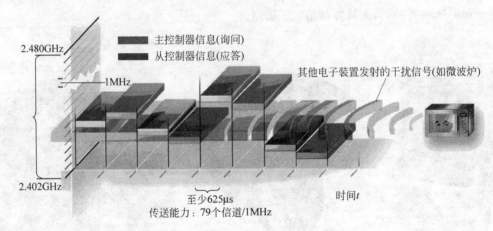

图 4-47 蓝牙技术的工作带宽及信道划分

路。异步信道可以支持一端最大速率为 721Kb/s,而另一端速率为 57.6Kb/s 的不对称连接,也可以支持 43.2Kb/s 的对称连接。

此外,蓝牙技术还具有以下优点:低功耗、通信安全性好;在有效范围内可越过障碍物进行连接,没有特别的通信视角和方向要求;支持语音传输;组网简单方便。

2. 蓝牙名称的起源

蓝牙这个名称来自于 10 世纪的一位丹麦国王 Harald Blatand。因为 Harald Blatand 国王喜欢吃蓝莓,天长日久,其牙龈呈现蓝色,故得"蓝牙"这一绰号。

在近距离无线通信技术行业协会筹备阶段,需要一个极具表现力的名字来命名这项高新技术。技术人员在经过一夜的关于欧洲历史和未来无线通信技术发展的讨论后,一致认为用 Harald Blatand 国王的绰号"蓝牙"命名是再合适不过了。

在历史上,"蓝牙"国王 Harald Blatand 纵横捭阖、能力超凡、能言善辩、长于交际,将现在的挪威、瑞典和丹麦统一起来。

这项即将面世的技术,可以使不同工业领域之间的通信彼此协调,能保持各个系统领域(例如计算机、手机和汽车)之间的良好交流,如同"蓝牙"国王的沟通能力一样的神奇和强大,于是便决定用蓝牙来命名这一新技术。

蓝牙技术的创始人是瑞典爱立信(Ericsson)公司,爱立信公司早在 1994 年就已进行研发。1998 年 2 月,以爱立信公司为主导,联合了诺基亚(Nokia)公司、国际商用机器(IBM)公司、东芝(Toshiba)公司及英特尔(Intel)公司,共同推出了全球性的小范围无线通信技术——蓝牙技术。

蓝牙标志(logo)的设计(见图 4-48)就取自 Harald Bluetooth 两个单词的中的首 H 和 B,将古代北欧字母 H 和 B 结合起来,就构成了蓝牙技术的标志(见图 4-49 和图 4-50)。

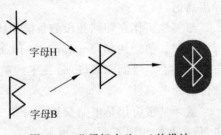

图 4-48 蓝牙标志(logo)的设计

图 4-49　蓝牙标志(一)

图 4-50　蓝牙标志(二)

4.4.2　蓝牙技术的工作原理

1. 蓝牙技术的数据传输

短距离无线电收发器(发射器和接收器)直接安装在所选用的移动装置内或集成在适配器(如 PC 卡、USB 等)内。

蓝牙系统使用 2.45GHz 的波段来进行无线通信,该波段在全世界范围内都是免费使用的。由于该频率的波长非常短,因此可将天线、控制装置和编码器以及整个发送和接收系统集成到 Bluetooth™ 模块上。Bluetooth™ 模块(见图 4-51)结构小巧,其大小与 1 欧元硬币相仿,可以很方便地将其安装在很小的电子装置内。

蓝牙技术的数据传输速率可达 1Mb/s,可同时传输 3 个语音信道的信号。Bluetooth™ 发射器的有效距离为 10m,如果某些装置外加放大器的话,有效距离可达 100m。

数据的传输不需要进行复杂的设定。如果两个 Bluetooth™ 装置相遇,它们之间会自动建立起联系。这种联系建立前,须输入 PIN 来进行两装置间的适配(只能进行一次)。

图 4-51　Bluetooth™ 模块

在此过程中会产生蓝牙微网(Piconet),从而使 Bluetooth™ 装置协调工作。每个蓝牙微网最多可为 8 个 Bluetooth™ 装置提供位置,而每个装置又可同时从属于多个蓝牙微网。另外,最多可将 256 个不工作的装置分配到一个蓝牙微网上。

在每个蓝牙微网上,有一个装置执行主控功能:

(1) 主控装置首先与其他蓝牙设备建立起联系;

(2) 其他蓝牙装置与主控装置进行同步设定;

(3) 只有收到主控装置数据包的蓝牙装置才会作出应答。

在 Audi A8 2003 型车上,车载电话控制单元就是 Bluetooth™ 主控制装置。为了避免在创建蓝牙微网时产生混乱,每个装置都可进行设定,用以决定它可与哪个蓝牙装置进行通信联系。每个蓝牙装置有一个 48 位长的地址,在全世界范围是唯一的,也就是说系统可识别 281 万亿个不同的蓝牙装置。

Bluetooth™系统内的数据传输采用无线电波方式,其频率为2.40~2.48GHz。车库门的遥控开启和关闭、家用微波炉以及某些医疗器械也适用这一频率范围。

2. 蓝牙技术的特点

(1) 抗干扰性。由于采用了能提高抗干扰能力的措施(跳频),Bluetooth™技术的抗干扰能力很强。

(2) 数据分割。汽车蓝牙技术将数据分成短而灵活的数据包,其长度为 $625\mu s$(见图 4-47),用一个 16 位大小的校验码来检查数据包的完整性。如有干扰,自动再次发送数据包。同时,使用稳定的语言编码将语言转换成数字信号。

(3) 数据安全性。在 Bluetooth™技术的开发过程中,生产厂家非常重视对传输数据的保护,例如数据的处理和防窃听等。

数据是用 128 位长的电码来编制代码的,接收器的真实性也由一个 128 位电码来校验,这时各装置用一个密码来彼此识别。每次连接都会产生新的电码。

由于有效的作用距离只有10m,因此对数据的处理操作也就只能在这个范围内进行,故还可提高数据传输的安全性。

上述的抗干扰措施还能提高保护数据流免受干扰的能力。生产厂家还可以通过使用更为复杂的编码方式、不同的安全等级以及网络协议等措施来提高数据传输的安全性。

4.4.3 蓝牙技术的应用

1. 蓝牙技术在汽车上的应用

如图 4-52 所示,在汽车网络系统中,蓝牙设备主要以节点形式存在,并以 CAN 总线网关为蓝牙基站。

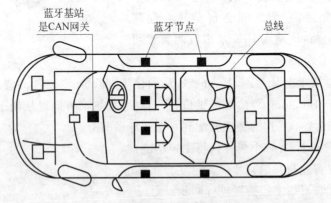

图 4-52 蓝牙设备在汽车上的分布

蓝牙技术还有如下应用:在汽车后部乘员区安装第二个电话;完成笔记本电脑、iPod、iPhone 与互联网的连接,以实现信息传输和娱乐;通过用户的笔记本电脑和掌上电脑收发 E-mail;实现驻车加热装置的遥控;连接蓝牙后视镜等。

所谓蓝牙后视镜就是在汽车后视镜上引入蓝牙技术,使传统的后视镜增加了免提通话功能(见图 4-53)。同时,有来电拨入时,还会在后视镜上显示来电号码。

图 4-53　蓝牙后视镜

此外,德尔福(Delphi)汽车系统公司已经开发出可以让驾乘人员用语音进行操控的车载蓝牙设备;摩托罗拉(Motorola)公司还为汽车制造商推出了一种全新的蓝牙汽车工具包(汽车影音娱乐设备)。

2. Audi 车系的蓝牙技术

在 Audi 车系中,蓝牙技术首先用在 Audi A8 2003 型汽车上,该车的车载电话装置的听筒和控制单元之间就是通过蓝牙技术进行无线通信的(图 4-54)。

图 4-54　蓝牙技术在 Audi A8 2003 年车型上的应用

3. 蓝牙车载电话

蓝牙车载电话是个组合体,它包括固定电话和手机准备系统。它有一个通用的接口,各种不同的手机都可以通过蓝牙与这个接口相连。

蓝牙车载电话可用于配备 MOST 总线的所有车型，目前应用于 A8（4E）、A6（4F）、Q7（4L）、A5（8T）、A4（8K）等车型上。

4. GSM 网络

蓝牙车载电话是双频电话，使用 GSM-900 和 GSM-1800 网络。只有 SIM 卡至少支持 GSM-900 和 GSM-1800 中的某一种时，才能使用 UMTS 网络的 SIM 卡。

具体车型不同，其蓝牙车载电话的安装位置也略有不同：在 A8、A6 车型上，蓝牙车载电话安装在左前座椅的前方；在 Q7 车型上，蓝牙车载电话安装在右前座椅的下方；而在 A4、A5 车型上，蓝牙车载电话则安装在右前座椅的前方。

5. 联网

如图 4-55 所示，蓝牙车载电话接在 MOST 总线上，它通过 MOST 总线来与其他信息娱乐设备进行通信。可以通过多功能转向盘来操纵蓝牙车载电话，并将显示信息发送到组合仪表的中央显示屏（组合仪表内的控制单元 J285）上。

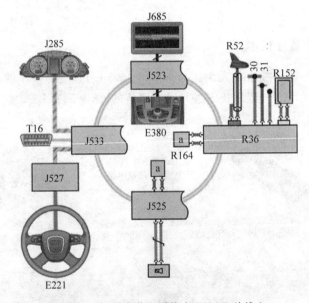

图 4-55 蓝牙车载电话接在 MOST 总线上

E221—转向盘上的操纵单元；E380—多媒体系统操纵单元；J285—组合仪表内控制单元；J523—前部信息显示和操纵控制单元；J525—数字音响包控制单元；J527—转向柱电子控制单元；J533—数据总线诊断接口；J685—前部信息显示单元；R36—电话发送和接收单元；R52—收音机、电话和导航系统（GPS/GSM/RC）车顶天线；R152—蓝牙天线；R164—前部车顶模块内的麦克风；T16—诊断接口

另外，还可以通过选装的语音对话系统（语音输入控制单元 J507）来操纵蓝牙车载电话。

6. 诊断

Bluetooth™总线系统在诊断时用的是主控制单元的地址码。在 Audi A8 2003 型车上，车载电话控制单元 J526 就是 Bluetooth™主控装置。车载电话的地址码为 77，紧急呼叫模块的地址码为 75。

电话听筒和 J526 之间的 Bluetooth™总线连接通过检查 Bluetooth™天线来进行监控。如果天线接线断路，故障存储器内会记录下述故障：

Bluetooth™-Antenna（蓝牙-天线）

kein Signal/keine Kommunikation（无信号/无法通信）

测量数据模块中可能显示通过主控制单元相连的各个袖珍装置的数量、装置代码以及无线连接的场强大小。

对于处于运输状态的车辆和未授权使用 Bluetooth™功能的国家使用的车辆，在 Bluetooth™主控装置的自适应过程中，可以接通或关闭 Bluetooth™功能。

4.5 射频技术

射频技术（radio frequency，RF）是无线电技术，简称 RF 技术。射频技术广泛应用于广播电视系统（见图 4-56）、移动通信系统（见图 4-57）、雷达侦测系统、自动识别系统等。

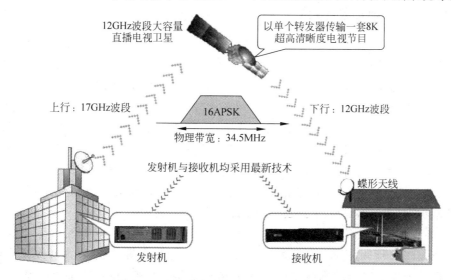

图 4-56　射频技术在广播电视系统中的应用

在汽车上，射频技术主要应用在射频识别、雷达监测和射频通信等领域。汽车遥控器、无钥匙进入（登车）系统、无钥匙进入及起动系统以及高速公路上的不停车收费（electronic toll collection，ETC）系统等均采用射频识别技术；倒车雷达、驻车距离报警系统、自适应巡航系统、高级辅助驾驶系统、无人驾驶汽车等均采用雷达监测技术；轮胎气压监测系统、卫星导航系统等均采用射频通信技术。

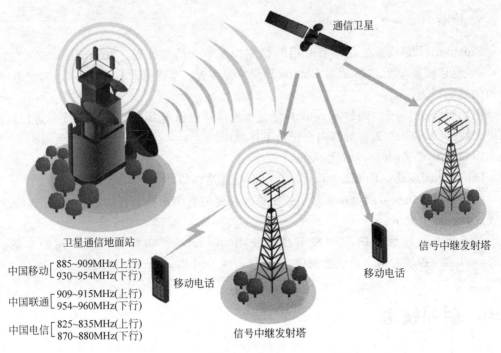

图 4-57 射频技术在移动通信系统中的应用

4.5.1 射频识别技术

1. 射频识别技术简介

射频识别（radio frequency identification，RFID）是一种无线通信技术，通过无线电信号来识别特定目标并读写相关数据。

如图 4-58 所示，射频识别是利用射频信号通过空间耦合实现非接触的信息传输，并通过所传输的信息达到识别目的的技术。射频识别技术无须人工干预，可工作于各种恶劣环境。射频识别技术可识别高速运动物体并可同时识别多个标签，操作快捷方便。

射频识别标签具有体积小、容量大、寿命长、可重复使用等特点，支持快速读写、非可视识别、移动识别、多目标识别、定位及长期跟踪管理。

射频识别技术与互联网、通信等技术相结合，可实现全球范围内物流跟踪与信息共享（见图 4-59）。射频识别技术应用于物流、制造、公共信息服务等行业，可大幅提高管理与运作效率，降低成本。射频识别技术已经成为构建车联网系统、物联网系统的基础性技术之一。

随着相关技术的不断完善和成熟，射频识别产业将成为一个新兴的高技术产业群，成为国民经济新的增长点。因此，研究射频识别技术，发展射频识别产业对提升社会信息化水平、促进经济可持续发展、提高人民生活质量、增强公共安全与国防安全等方面产生深远影响，具有战略性的重大意义。

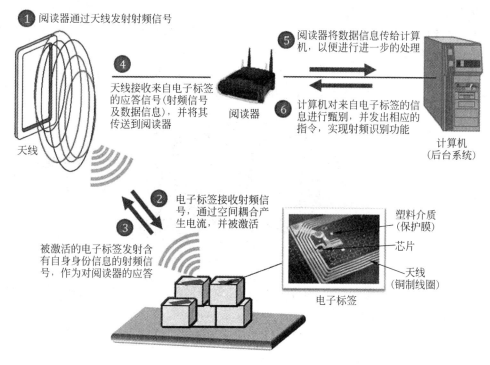

图 4-58 射频识别(RFID)示意图

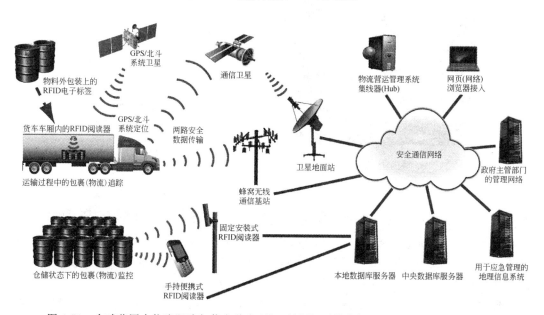

图 4-59 全球范围内物流跟踪与信息共享(基于射频识别技术与互联网、通信技术的结合)

2. 射频识别系统的组成

射频识别系统主要由电子标签、阅读器和天线三部分组成,一般由阅读器将收集到的来自标签的数据信息传送到后台系统进行处理,实现对标签的识别,并执行相应的控制、计数等功能。

1) 电子标签

电子标签(tag)简称标签,由耦合元件及芯片组成(见图4-60),每个电子标签都具有唯一的电子编码,附着在物体上标识目标对象。每个标签都有一个全球唯一的ID号码——UID(user identification,用户身份证明),其在制作标签芯片时存放在只读存储器(ROM)中,无法修改。标签对物联网的发展有着很重要的影响。

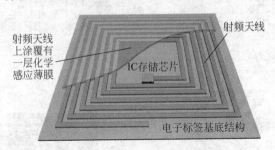

图4-60 电子标签的结构示意图

电子标签可以是有源的(内部有电源支持,有效识别距离远),也可以是无源的(内部无电源支持,有效识别距离近),可以根据实际需要选择、使用。

无源电子标签可以做得非常轻薄(见图4-61和图4-62),非常便于粘贴在待识别的物品(或物料)上。

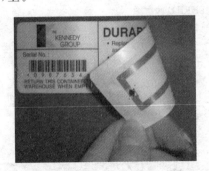

图4-61 无源电子标签及其天线、芯片

图4-62 无源电子标签及其天线

2) 阅读器

阅读器(reader)是读取或写入标签信息的设备(又称读写器),可设计为手持式(见图4-63)、固定式或车载式等多种工作方式。阅读器对标签进行识别、读取和写入操作,一般情况下阅读器会将收集到的数据信息传送到系统主机(后台系统),由后台系统处理数据信息。

3) 天线

天线(antenna)用于在电子标签和阅读器之间传输射频信号(见图4-64)。射频电路中的天线是联系阅读器和电子标签的桥梁,阅读器发送的射频信号能量,通过天线以电磁波的形式辐射到空间。当电子标签的天线进入该空间时,接收电磁波能量,但只能接收其很小的一部分。

阅读器和电子标签之间的天线耦合方式有两种:一种是电感耦合方式,适用于低频段射频识别系统;另一种是反向散射耦合模式,适用于超高频段的射频识别系统应用。天线可视为阅读器和电子标签的空中接口,是射频识别系统的一个非常重要的组成部分。

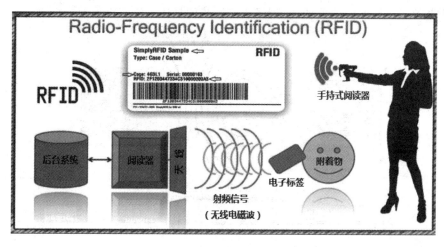

图 4-63　手持式阅读器

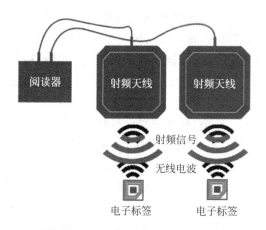

图 4-64　天线用于在电子标签和阅读器之间传输射频信号

射频识别系统接口框图如图 4-65 所示。

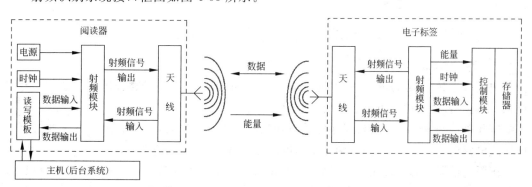

图 4-65　射频识别系统的接口框图

3. 射频识别系统的工作流程

射频识别系统主要包括阅读器、天线和电子标签三部分，能量和数据信息借助射频信号

(载波信号)在这3个部分之间流通,射频识别系统的具体工作流程如图4-66所示。

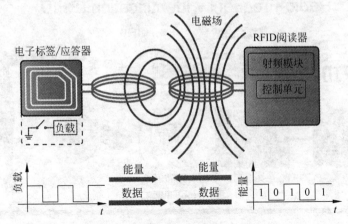

图4-66 射频识别系统的具体工作流程

(1) 在工作状态下,阅读器通过其发射天线持续发射射频信号(一般为低频信号,如125kHz),并产生一个电磁场区域,该电磁场区域作为射频识别系统的工作区域。

(2) 当相应的电子标签进入阅读器发射天线产生的电磁场区域时,电子标签就在空间耦合的作用下产生感应电流,并给自身的电路供电。此时,电子标签即被激活,开始工作。

(3) 电子标签被激活后,内部存储控制模块将存储器中的数据信息调制到载波上,并通过电子标签的发射天线发送出去,以此作为对阅读器的应答。从这个意义上说,电子标签又称应答器。电子标签发射的射频信号一般为超高频信号(如434MHz)。

(4) 阅读器接收天线接收到从电子标签发送来的含有数据信息的载波信号后,由天线传送到阅读器内部的解调、解码等数据处理电路,对接收到的信号进行分析和处理(即解调、解码),然后再送到后台系统进行进一步的处理。

(5) 后台系统首先判断该标签的合法性,然后根据预先的设定作出相应处理和控制,并发送指令信号进行其他操作。

4. 射频识别技术的使用频段

1) 国际电信联盟

国际电信联盟(international telecommunication union,ITU)是联合国的一个重要专门机构,也是联合国机构中历史最长的国际组织。

国际电信联盟(见图4-67)是主管信息通信技术事务的联合国机构,负责分配和管理全球无线电频谱与卫星轨道资源,制定全球电信标准,促进全球电信发展。

国际电信联盟总部设在瑞士日内瓦,其成员包括193个成员国和700多个部门成员及部门准成员和学术成员。国际电信联盟的历史可以追溯到1865年,中国于1920年(时任中华民国大总统为徐世昌)加入国际电信联盟。现任秘书长为我国电信技术专家赵厚麟先生。

每年的5月17日是世界电信日(World Telecommunication Day)。

2) RFID的使用频段

按照国际电信联盟的规定,RFID使用的无线电频段见表4-3。

表 4-3 RFID 使用频段对照表

频段		相应标准	作用距离	数据传输速率	特点
低频(LF)	120～150kHz	ISO/IEC 1800—2	10cm	低速	低频标签成本低,但读取的距离近
高频(HF)	13.56MHz	ISO/IEC 1800—3 GB/T 33848.3—2017	10cm～1m	低速到中速	高频标签具有更高的传输速率和距离,但成本也比低频标签高
超高频(UHF)	433MHz	ISO/IEC 1800—7	1～100m	中速到高速	超高频标签具有更高的传输速率,成本也较其他的高
	800/900MHz	ISO/IEC 1800—6 GB/T 29768—2013	1～12m	中速到高速	
	2.45/5.8GHz	ISO/IEC 1800—4 GB/T 28925—2012	1～2m	高速	

在射频识别技术中,低频(low frequency,LF)频段为120～150kHz,低频标签生产成本低,但读取的距离近。高频(high frequency,HF)频段为13.56MHz,高频标签具有更高的传输速率和作用距离,但生产成本也比低频标签高。超高频(ultra high frequency,UHF)频段为433MHz、800/900MHz、2.45/5.8GHz,超高频标签具有更高的传输速率,生产成本也较其他类型的标签高得多。

GB/T 33848.1—2017《信息技术 射频识别 第1部分 参考结构和标准化参数定义》规定了射频识别系统空中接口的参考结构和参数定义,适用于射频识别各个频段空中接口参数的确定。

GB/T 33848.3—2017《信息技术 射频识别 第3部分 13.56MHz空中接口通信参数》规定了13.56MHz射频识别系统的物理层和媒体访问控制层参数、协议工作方式及参数、防碰撞管理工作方式及参数,适用于13.56MHz射频识别系统读写器和电子标签的设计、生产、测试和使用。

GB/T 29768—2013《信息技术 射频识别 800/900MHz空中接口协议》对800/900MHz空中接口协议做出了明确的规定。

GB/T 28925—2012《信息技术 射频识别 2.45GHz空中接口协议》规定,我国RFID系统工作频率为2400.00～2483.50MHz,频段内共有16个信道,信号序号为0～15,每个信道带宽为5MHz。默认工作信道为信道0,默认工作频率为2405MHz。各信道中心工作频率见表4-4。

表 4-4 各信道中心工作频率(射频识别 2.45GHz)

信道序号	中心工作频率/MHz	信道序号	中心工作频率/MHz
0	2405.00	8	2445.00
1	2410.00	9	2450.00
2	2415.00	10	2455.00
3	2420.00	11	2460.00
4	2425.00	12	2465.00
5	2430.00	13	2470.00
6	2435.00	14	2475.00
7	2440.00	15	2480.00

目前,中国的射频识别 RFID 主要是使用频段为 13.56MHz、800/900MHz 和 2.45GHz。

2018年10月25日,工业和信息化部发布《车联网(智能网联汽车)直连通信使用5905～5925MHz频段管理规定(暂行)》,将5905～5925MHz频段作为基于LTE-V2X技术的车联网(智能网联汽车)直连通信的工作频段,信道带宽为20MHz。

该"规定"规划的5905～5925MHz频段与国际主流频段保持一致,20MHz带宽频率资源能够满足智能网联汽车直连通信中长期需求。

车联网(智能网联汽车)直连通信是指路边、车载和便携无线电设备通过无线电传输方式,实现车与车、车与路、车与人直接通信和信息交换(见图4-67)。

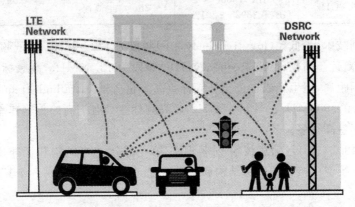

图 4-67　车联网(智能网联汽车)直连通信
LTE Network—长期演进(long term evolution)通信网络;DSRC Network—专用短程通信网络(dedicated short range communications)

注:长期演进(long term evolution,LTE)和通信有什么关系?简单地说,通信技术的发展历程和人类的发展历程(从猿到人的漫长的进化过程)一样,都是需要长期演进(long term evolution,LTE)、不断发展的。于是,LTE就成为通信领域的技术术语了。

车联网(智能网联汽车)直连通信能使所有道路交通参与者都随时掌握道路变化信息、其他道路交通参与者的动态变化以及变化趋势,提前得到预警,在确保道路高效、畅通的同时,极大地提升道路交通安全水平。车联网(智能网联汽车)直连通信的部分应用案例如图4-68所示。

将5905～5925MHz频段作为基于LTE-V2X技术的车联网(智能网联汽车)直连通信的工作频段,将会有力推动我国车联网行业的快速发展(见图4-69)。

4.5.2　射频识别技术在无钥匙进入及起动系统中的应用

1. 无钥匙进入及起动系统

1) 功能

无钥匙进入及起动系统(keyless entry and start system),亦称无钥匙被动进入及起动系统(keyless passive entry and start system)、智能钥匙系统、高级钥匙系统等,即起动车辆不用拧动钥匙,把钥匙放在包内或口袋里,按下车内的发动机起动按钮或拧动导板即可使发

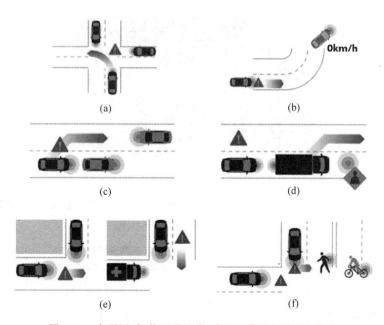

图 4-68 车联网(智能网联汽车)直连通信的部分应用案例

(a) 左转辅助与预警;(b) 弯道盲区预警;(c) 禁止借道行驶警告;(d) 路况异常预警;
(e) 交叉路口及盲区预警;(f) 路口有弱势交通参与者预警

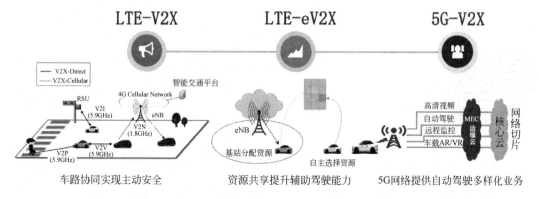

图 4-69 基于 LTE-V2X 技术的车联网(智能网联汽车)通信技术的演进

RSU—road side unit,安装在路侧的智能电子单元;eNB—e Node B=evolved node B=evolved node base station=LTE,增强演进后的基站;VR—virtual reality,虚拟现实,又译作灵境、幻真;AR—augmented reality,增强现实,亦称混合现实;MEC 边缘云-移动边缘计算(mobile edge computing,MEC),可利用无线接入网络就近提供电信用户 IT 所需服务和云端计算功能,而创造出一个具备高性能、低延迟与高带宽的电信级服务环境,加速网络中各项内容、服务及应用的快速下载,让消费者享有不间断的高质量网络体验

动机点火、起动。

无钥匙进入及起动系统采用射频识别(RFID)技术,在有效识别范围之内,驾驶员无须操作汽车遥控器(汽车钥匙),即可实现汽车电子系统对汽车钥匙的非接触式识别和验证。驾驶员只要随身携带合法的汽车遥控器(汽车钥匙),即可打开车门并起动发动机、驾驶车辆。

无钥匙进入及起动系统基于射频识别(RFID)技术(见图 4-70),通过驾驶员随身携带的智能钥匙里的芯片(电子标签)的电磁感应自动开关门锁。

图 4-70　基于射频识别(RFID)技术的无钥匙进入及起动系统

在无钥匙进入及起动系统中,汽车遥控器(遥控钥匙)就是电子标签,使用和起动授权控制单元(或车身控制单元)就是阅读器,其工作原理框图如图 4-71 所示。

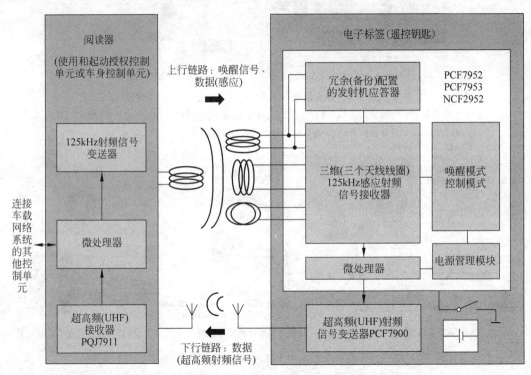

图 4-71　基于射频识别(RFID)技术的无钥匙进入及起动系统工作原理框图

在基于射频识别(RFID)技术的无钥匙进入及起动系统中,汽车遥控器(遥控钥匙)内部配有纽扣电池及电源管理模块,因此,汽车遥控器(遥控钥匙)属于有源电子标签,其有效识别距离比一般物流配送系统的有效识别距离要大得多。

但是,对于汽车而言,其射频识别系统的有效识别距离也不是越大越好。有效识别距离越大,就需要阅读器(使用和起动授权控制单元(或车身控制单元))和电子标签(汽车遥控器)发射的射频信号要有足够高的功率,如此一来,就需要消耗更多的电力(主要表现为汽车遥控器耗电过快,电池不耐用)。

此外,如果有效识别距离过大,反而不利于保障安全。

综合考虑安全和节能两方面的要求,目前汽车上配备的无钥匙进入及起动系统,其有效识别距离一般为 2～3m，且驾驶员接近汽车和远离汽车时的有效识别距离并不相同，如图 4-72 和图 4-73 所示。

图 4-72　驾驶员走近车辆一定距离时，车门锁会自动打开并解除防盗

图 4-73　驾驶员离开车辆时，车门锁会自动锁止并进入防盗状态

也就是说，当驾驶员走近车辆一定距离（一般为 1～2m）时，车门锁会自动打开并解除防盗；当驾驶员离开车辆时（一般为 2～3m），车门锁会自动锁止并进入防盗状态。

为了降低系统能耗，通常采用这样的设计思路：当驾驶员将发动机熄火、用遥控器（汽车遥控钥匙）锁好车门，车辆进入防盗监控状态、驾驶员远离车辆 2～3m 之后，作为有源电子标签的遥控器（汽车遥控钥匙）即进入休眠模式，以降低电力消耗。

车辆进入防盗监控状态之后，作为阅读器的使用和起动授权控制单元（或车身控制单元）则转入寻找和呼唤电子标签（汽车遥控钥匙）模式，阅读器持续不断地通过置于车内的至少 3 个低频接近天线（亦称使用和起动授权天线）向汽车周围发射低频射频信号，以搜寻电子标签（汽车遥控钥匙）。

为了降低系统能耗，低频接近天线（亦称使用和起动授权天线）发射的射频信号一般为 125kHz。当驾驶员携带着合法遥控钥匙接近车辆时，一旦进入低频接近天线组（3 根接近天线构成一组接近天线）的有效识别区域（见图 4-74），遥控钥匙就会接收到来自低频接近天线组发送的低频射频信号，在电磁感应的作用下，遥控钥匙即被唤醒，由休眠模式转为工作模式，并向接近天线组发射低频应答信号（载波频率同为 125kHz），至此，阅读器与电子标签之间完成了基于射频识别技术的搜寻与应答，实现了握手。

此后，阅读器与电子标签之间转入实质性的通信阶段，防盗密码的再次查验、"打开车门"指令的传输与接收等数据，均采用超高频射频信号作为载波信号传输。

常用的载波信号频率有几种，美国多用 315MHz，欧盟常用 433.92MHz（往往写成

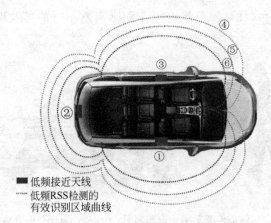

图 4-74 基于 RSSI 定位技术的遥控钥匙的有效识别范围
①—车身右侧低频接近天线(亦称使用和起动授权天线);②—车身后部低频接近天线;③—车身左侧低频接近天线;④—最远的有效识别距离(低频电磁场 RSSI 值=0);⑤—低频电磁场(RSSI 值=10);⑥—低频电磁场(RSSI 值=30)

434MHz),中国则两种频率都有采用。近年来,欧盟又开始采用一个新的频率——868MHz,该频率是近年来才允许汽车无钥匙进入及起动系统使用的。

打开车门,驾驶员进入汽车并起动发动机、驾车行驶之后,阅读器与电子标签之间再次转入低频通信模式(载波频率为 125kHz)——其目的在于随时监控遥控钥匙是否一直在车内,以确保安全。

如图 4-74 所示,阅读器基于 RSSI 定位技术,借助 3 根接近天线接收到的来自电子标签的信号强度的变化,随时监控电子标签(遥控钥匙)是否一直在车内。如果发现电子标签的位置不在低频 RSSI 检测的有效识别区域之内,系统就认为电子标签(遥控钥匙)或携带遥控钥匙的合法驾驶员已经不在车内,这时,车辆的防盗报警系统会立即发出警报。

RSSI(received signal strength indication),意为射频通信系统中,接收机所接收到的(来自射频信号发射源的)射频信号强度的指示。RSSI 是无线射频系统发送层的可选部分,用于判定射频链接质量的好坏以及是否需要增大射频信号发射源的信号发送强度(功率)。

基于 RSSI,通过接收到的信号强弱测定发射点(信号源)与接收点的距离,进而根据相应数据进行定位计算的定位技术,称为 RSSI 定位技术。

利用低频信号进行 RSSI 定位时,一般采用低频电磁场 RSSI 值来表示。低频电磁场 RSSI 值=0,表征射频识别系统的有效识别距离最远,属于射频识别系统的有效识别距离的极值;低频电磁场 RSSI 值=10,表征射频识别系统的电子标签(遥控钥匙)离阅读器(使用和起动授权控制单元或车身控制单元)较近;低频电磁场 RSSI 值=30,表征射频识别系统的电子标签(遥控钥匙)离阅读器(使用和起动授权控制单元/车身控制单元)更近。即低频电磁场 RSSI 值越大,表征射频识别系统的电子标签(遥控钥匙)离阅读器(使用和起动授权控制单元/车身控制单元)越近。

一般装备有无钥匙进入及起动系统的车辆,其车门把手上有感应按钮,同时也配有钥匙插孔(智能钥匙损坏或没电时,驾驶员仍可用普通方式开启车门)。

当驾驶员进入车内时,车内的检测系统会马上检测、识别驾驶员随身携带的智能钥匙,经过确认智能钥匙位于车内后,汽车网络系统(这里指防盗系统、点火系统、燃油供应系统、转向系统等与行车有关的电子控制系统)才会进入工作状态。

这时,驾驶员只需轻轻按动车内的起动按钮(或者是起动旋钮),就可以正常起动车辆了。也就是说无论在车内还是车外,都可以保证系统在任何情况下都能正确识别合法驾驶员。

2) 分类

按照使用方法不同,无钥匙起动系统可分为按钮式和旋钮式两类。

按钮式无钥匙起动系统的发动机起动按钮一般位于中控台伸手可及之处,因此也称"一键起动",例如奔驰、宝马、奥迪等。

旋钮式无钥匙起动系统的发动机点火旋钮一般位于原始的钥匙插口处,但是无须插入车钥匙,直接拧动旋钮即可起动发动机,例如日产、马自达等。

3) 优点

无钥匙进入及起动系统除了使用方便以外,对车辆防盗、增强安全性也大有益处。

(1) 当驾驶员上车起动车辆后,只要踏下制动踏板,所有车门将会自动锁止(即所有车门自动落锁)。当道路拥堵或夜晚独行时,可有效防止盗贼开门拎包等意外事件发生。

(2) 当驾驶员进入车辆后,车辆能识别出真正的驾驶员(车主,即持有合法钥匙的驾驶员),如果车主不在车内,车辆将无法起动并马上报警。

(3) 智能钥匙内的完备的密码身份识别、加密系统无法复制,采用第四代的射频识别技术芯片,完全达到了无法复制的要求。目前,市面上已有的芯片式防盗器和原车配置芯片防盗器基本上是第二代或第三代芯片,并没有完全解决被复制的问题。

(4) 整车防盗——通过对电路系统、油路系统、起动系统和转向系统进行全方位锁定,当防盗器被非法拆除时,车辆照样无法起动。

(5) 不误报警——产品采用最先进防冲突技术,极大地增强了系统的可靠性,误报警的概率极低。

(6) 锁车后自动关闭车窗。当驾驶员下车后,如果忘记关闭车窗,无须重新起动发动机逐个关闭车窗,车辆安全系统会自动升起车窗,也不会因忘记关闭车窗而发生淋雨等意外事件,大大地提高了汽车的安全防范水平。

2. 奥迪车系的无钥匙进入及起动系统——高级钥匙系统

近年来,无钥匙进入及起动系统的普及率逐年上升。目前,除了奔驰、宝马、奥迪等车型之外,比亚迪 G3 全系车型均装备了自主研制的进入及起动系统。此外,长安铃木天语 SX4 两厢乘用车、东南汽车公司的 V3 菱悦、东风悦达起亚公司的福瑞迪、马自达 2 顶配车型、日产骊威 1.6 等都配有进入及起动系统。

下面以 2005 款奥迪 A6 为例,介绍射频识别技术在无钥匙进入及起动系统中的应用。

奥迪车系将其配备的无钥匙进入及起动系统称为高级智能钥匙系统。

1) 系统概览

2005 款奥迪 A6 乘用车的高级钥匙系统的电路如图 4-75 所示。系统各个控制单元、执行器件在整车上的布置情况如图 4-76 所示。

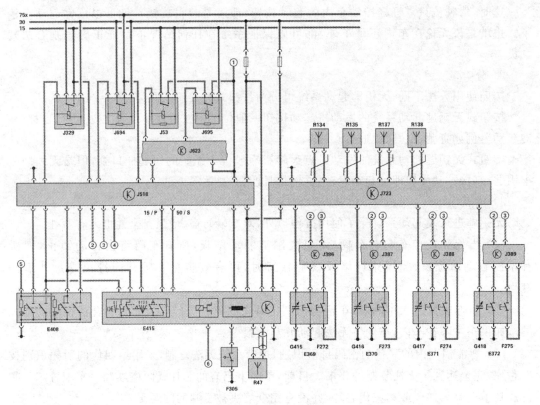

图 4-75 系统电路图

E369—驾驶员侧车门中央门锁外把手按钮*；E370—前乘员侧车门中央门锁外把手按钮*；E371—左后车门中央门锁外把手按钮*；E372—右后车门中央门锁外把手按钮*；E408—使用和起动授权按钮*；E415—使用和起动授权开关；F272—驾驶员侧车门上的外把手开关*；F273—前乘员侧车门上的外把手开关*；*F274—左后车门上的外把手开关*；F275—右后车门上的外把手开关*；F305—变速器挡位 P 的开关**；G415—驾驶员侧车门外把手接触传感器*；G416—前乘员侧车门外把手接触传感器*；G417—左后车门外把手接触传感器*；G418—右后车门外把手接触传感器*；J53—起动机继电器；J329—15 号接线柱供电继电器；J386—驾驶员侧车门控制单元；J387—前乘员侧车门控制单元；J388—左后车门控制单元；J389—右后车门控制单元；J518—使用和起动授权控制单元；J623—发动机控制单元；J694—75x 号接线柱供电控制单元；J695—起动机继电器 2；J723—无钥匙式使用授权天线读入单元*；R47—中央门锁和防盗系统天线；R134—驾驶员侧使用和起动授权天线*；R135—前乘员侧使用和起动授权天线*；R137—行李厢使用和起动授权天线*；R138—乘员舱使用和起动授权天线*；①接线柱 50(接起动机 B)；②舒适 CAN-High 导线；③舒适 CAN-Low 导线；④自动变速器控制单元 J217 的 P/N 信号**；⑤接线柱 58s(照明)*；⑥制动灯开关 F 信号*；注：*仅指带 advanced key(高级钥匙)的车辆；**仅指自动变速器的车辆

2) 系统功能的分配

对系统的控制分为 3 个基本部分，即使用和起动授权控制单元 J518、无钥匙式使用授权天线读入单元 J723 及使用和起动授权控制开关 E415。

如图 4-77 所示，这 3 个部分通过一根单线总线来完成相互之间的通信联系。使用和起动授权控制单元是系统的主控制器，同时也是 CAN 舒适总线系统的一个用户。不管系统

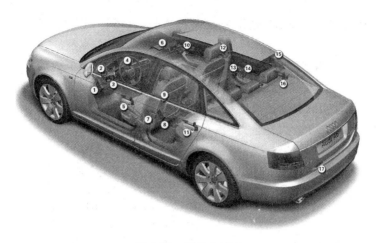

图 4-76 系统布置图

①—驾驶员侧车门控制单元 J386；②—供电控制单元 J519；③—使用和起动授权控制单元 J518；④—使用和起动授权开关 E415；⑤—驾驶员侧车门中央门锁外把手按钮 E369、驾驶员侧车门上的外把手开关 F272、驾驶员侧车门外把手接触传感器 G415；⑥—无钥匙式使用授权天线读出单元 J723；⑦—驾驶员侧使用和起动授权天线 R134；⑧—左后车门控制单元 J388；⑨—使用和起动授权乘员舱内天线 R138；⑩—前乘员侧车门控制单元 J387；⑪—左后车门中央门锁外把手按钮 E371、左后车门外把手开关 F274、左后车门外把手接触传感器 G417；⑫—前乘员侧车门中央门锁外把手按钮 E370、前乘员侧车门上的外把手开关 F273、前乘员侧车门外把手接触传感器 G416；⑬—前乘员侧使用和起动授权天线 R135；⑭—右后车门控制单元 J389；⑮—中央门锁和防盗警报系统天线 R47；⑯—右后车门中央门锁外把手按钮 E372、右后车门外把手开关、F275 右后车门外把手接触传感器 G418；⑰—使用和起动授权行李厢天线 R137

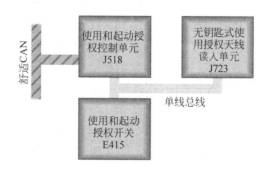

图 4-77 J518、J723 和 E415 通过一根单线总线连成网络

是哪种，所装的这个控制单元都是相同的。

只有在车上选装了高级钥匙时，才装无钥匙式使用授权天线读入单元，这个读入单元在天线、传感器及使用和起动授权控制单元之间起一个转接口的作用。

使用和起动授权开关由变速器、中央门锁遥控频率及选装装置高级钥匙来决定如何安装。该开关内还集成有一个测量电子装置。

3）系统组件及其功能

（1）使用和起动授权开关 E415

使用和起动授权开关 E415（见图 4-78）分为下面几种：配备高级钥匙或未配备高级钥匙；配备点火钥匙拔出锁止机构或未配备点火钥匙拔出锁止机构。

同时，使用和起动授权开关 E415 使用的遥控频率也分为 315MHz、433MHz、868MHz 等几种。

使用和起动授权开关 E415 除作为点火起动开关(俗称钥匙门)之外,还集成了其他功能。

① 估算点火开关内钥匙的位置。在点火开关 E415 内,用 4 个微动开关来估算点火钥匙的位置(见图 4-79),这些微动开关的信息通过局域网总线及双导线(起监控作用)以二进制代码形式传送到使用和起动授权控制单元 J518 上。点火开关内的锁芯不是机械锯齿式的,因此使用任何一把 2005 款奥迪 A6 汽车的钥匙均可转动。

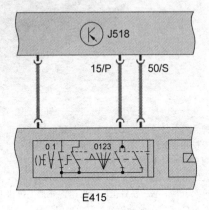

图 4-78 使用和起动授权开关 E415　　图 4-79 用 4 个微动开关来估算点火钥匙的位置

② 使用和起动授权控制单元 J518 的转向柱锁止电路的支路。为了避免驾驶员身体在无意中触及转向盘而导致车辆自动锁止转向柱,除了在使用和起动授权控制单元 J518 内切断电源电路外,还须在使用和起动授权开关 E415 内终止对机电式转向柱锁止机构电动机的供电(见图 4-80)。当 15 号接线柱接通时,机电式转向柱锁止机构电动机的供电电路(电源电路)就总是处于被切断的状态。

③ 对于配备自动变速器的汽车来说,点火开关 E415 从变速器 P 挡位的开关 F305 读入变速器选挡手柄置于 P 挡的信号(见图 4-81)。该信号用于控制点火开关内的电磁式防拔锁止机构(电磁式防拔锁止机构用于防止在发动机运行过程中,车钥匙被意外拔出)。当蓄电池亏电或没电时,可以按下机械式应急开锁机构来拔出车钥匙。

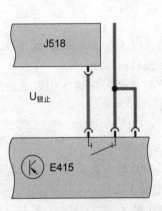
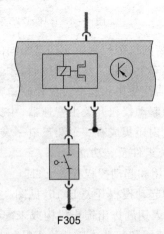

图 4-80 在点火开关内终止对转向柱　　图 4-81 点火开关从 F305 读入变速器的
　　　　　锁止电动机的供电　　　　　　　　　　　　P 挡的信号

④ 读入使用和起动授权按钮 E408 的信息(仅指有高级钥匙的车,见图 4-82)。使用和起动授权按钮 E408 的位置信息由使用和起动授权开关 E415 使用,是出于安全考虑的。

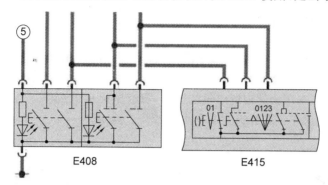

图 4-82　点火开关 E415 读入使用和起动授权按钮 E408 的信息

⑤ 读入中央门锁和防盗警报装置天线 R47 的信息(见图 4-83)。使用和起动授权开关 E415 将汽车钥匙通过射频信号发来的数据信息发送到使用和起动授权单元 J518,该控制单元会处理这些数据信息。

⑥ 读入制动灯开关 F 的信号(仅指装备高级钥匙的车辆)。为了能起动带有使用和起动授权按钮的车辆,必须踏下制动踏板。

⑦ 通过集成的读出线圈与车钥匙进行数据交换。如果车钥匙已插入使用和起动授权开关 E415 内(即 S 触点已经闭合),那么电子装置就通过读出线圈将电能输送到车钥匙内,然后车钥匙通过脉冲转发器和读出线圈将车钥匙识别码发送到该开关(E415)内,该开关(E415)再将这个信息发送到使用和起动授权控制单元 J518。

(2) 使用和起动授权控制单元 J518

在使用和起动授权控制单元 J518(见图 4-84)内集成有机电式转向柱锁止机构,其功能如下:

① 接线柱控制。使用和起动授权控制单元 J518 将接线柱 15、75x、50、S 和 P 的信息发送到舒适 CAN 总线上。然后控制单元操纵 15 号接线柱供电继电器(J329)和 75x 号接线柱供电控制单元(J694,即卸荷继电器),并将起动请求信号发送给发动机控制单元 J623。

② 锁止转向柱。在使用和起动授权控制单元 J518 内集成有用于锁止转向柱的电动机和传动机构。有两个集成的微动开关用于检查锁止位置,只有当转向系统完全解除锁止时,15 号接线柱才接通得电。

③ 防盗锁和元件保护。使用和起动授权控制单元 J518 是这些功能的主控制器。

④ CAN 通信。使用和起动授权控制单元 J518 是舒适 CAN 总线的用户,使用和起动授权系统的所有元件都通过该控制单元进行数据交换。该控制单元同时也是相关元件的诊

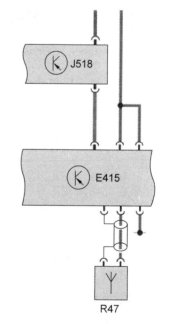

图 4-83　点火开关 E415 读入中央门锁和防盗警报装置天线 R47 的信息

断转接口。所有数据如代码、防盗器数据等都存储在使用和起动授权控制单元 J518 内。

⑤ 读入自动变速器控制单元 J217 的 P/N 挡位信号。该信号用于控制组合仪表 J285 的显示屏上有关发动机起动的信息。

(3) 车钥匙

车钥匙(又称遥控钥匙、高级钥匙,实际上就是一个遥控器/电子标签,见图 4-85)上有一个带折叠式机械钥匙齿的部分,用于驾驶员侧车门和行李厢盖锁芯的锁止和打开。脉冲转发器的功能就集成在车钥匙内的电子装置中,没有电池也可工作。电子装置由一块集成的电池供电,以完成遥控和高级钥匙功能。

图 4-84 使用和起动授权控制单元 J518

图 4-85 车钥匙

遥控钥匙与使用和起动授权控制单元 J518 之间可通过中央门锁和防盗警报装置天线 R47 实现双向数据交换,这样就可以将中央门锁的状态传送到遥控钥匙内。

如果在超出钥匙遥控信号的作用范围时按下了某个按钮,那么钥匙上集成的发光二极管会指示出车辆的锁止状态,且一直显示上一次用该钥匙操纵中央门锁时所呈现的锁止状态(见图 4-86)。

如果在此期间使用另一把钥匙打开或关闭过车门,那么通过原来那把遥控钥匙设置的锁止状态并不改变。

在很多国家可将遥控信号频率从 433MHz 调到 868MHz,这是第一次这样使用。这个遥控信号频率更有助于在车钥匙和控制单元之间进行数据交换。

由于这个频率的发射脉冲非常短,这就可避免各种持续的无线电发射干扰(如袖珍手机、无线耳机等)。

(4) 无钥匙式使用授权天线读入单元 J723

只有装用了选装设备高级钥匙时,才会有无钥匙式使用授权天线读入单元 J723。该控制单元位于仪表板右侧的杂物箱后(见图 4-87),其作用是使用车门外把手传感器 G415~G418 的信

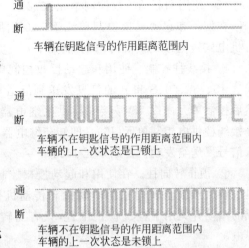

图 4-86 钥匙发光二极管(LED)的信号

号来控制使用和起动授权天线 R134～R138。

(5) 车门外把手接触传感器 G415～G418

4 个车门的车门外把手上,都装有基于可变电容原理的车门外把手接触传感器(见图 4-88),代号分别为 G415～G418。其中,G415 为驾驶员侧车门外把手接触传感器,G416 为前乘员侧车门外把手接触传感器,G417 为左后车门外把手接触传感器,G418 为右后车门外把手接触传感器。

图 4-87　无钥匙式使用授权天线读入单元 J723 位于仪表板右侧的杂物箱后　　图 4-88　车门外把手接触传感器

当驾驶员把手伸进车门外门把手处的凹坑,用手拉动车外门把手,以期打开车门时,驾驶员的手就会触及车门外把手接触传感器。

车门外把手内的电容式传感器识别出门把手被触及后,会向无钥匙式使用授权天线读入单元 J723 发送一个短促的信号,天线读入单元 J723 分析该信号后,通过使用授权天线向遥控钥匙发出一个询问。

车辆上锁后约 80h,或无授权钥匙操纵 20 次后,车门外把手接触传感器 G415～G418 关闭。

(6) 使用和起动授权天线(R134～R135 和 R137～R138)

车上共有 4 个使用和起动授权天线(见图 4-89),代号分别为 R134～R135 和 R137～R138。其中,R134 为驾驶员侧使用和起动授权天线,R135 为前乘员侧使用和起动授权天线,R137 为行李厢使用和起动授权天线,R138 为乘客舱使用和起动授权天线。

车辆使用这些天线与遥控钥匙进行射频通信,天线发射的射频信号频率为 124.5kHz,遥控钥匙的应答射频信号的频率为 434MHz。遥控钥匙分析这 4 个射频信号,并根据每个天线的电磁场场强来确定遥控钥匙的位置(遥控钥匙是否在车内、遥控钥匙是否一直在车内以及遥控钥匙在车内什么位置)。

4 个发射天线中,有两个发射天线位于后车门内。另外两个发射天线,一个位于中央副仪表板上,另一个位于后保险杠内。

(7) 使用和起动授权按钮 E408

使用和起动授权按钮 E408 亦称发动机起动/停止按钮(见图 4-90),用于实现发动机的起动和停止。出于安全考虑,使用和起动授权控制单元 J518 及使用和起动授权开关 E415 都要使用这个按钮位置信号。

4) 无钥匙进入——打开车门的过程

无钥匙进入——打开车门的过程如图 4-91 所示。

图 4-89 位于后车门内的使用和起动授权天线

图 4-90 使用和起动授权按钮 E408

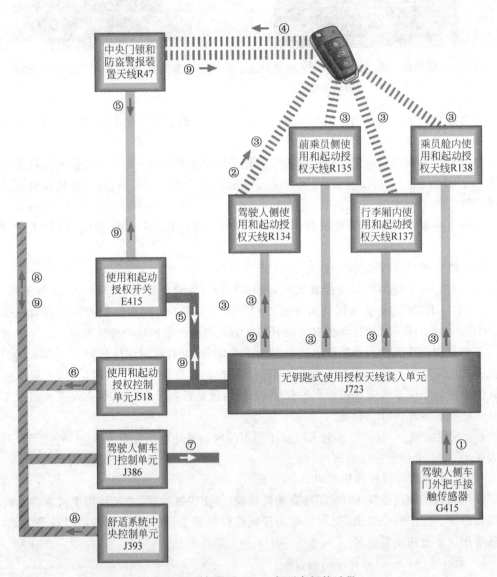

图 4-91 无钥匙进入——打开车门的过程

① 驾驶员将手放入门把手的凹坑内,车门外把手接触传感器 G415 就会将"驾驶员手指已放入门把手凹坑"这个信息发送给无钥匙式使用授权天线读入单元 J723。

② 天线读入单元 J723 通过驾驶员一侧的使用和起动授权天线 R134 将一个唤醒信号(射频信号)发送到遥控钥匙上。

③ 天线读入单元 J723 通过所有的使用和起动授权天线给遥控钥匙发送一个信号(射频信号)。

④ 遥控钥匙根据这些信号来确定钥匙在车上的位置(即遥控钥匙与车辆之间是否处于射频识别的有效识别距离之内),并将这个信息发送到中央门锁和防盗警报装置天线 R47。

⑤ 中央门锁和防盗警报装置天线 R47 根据接收到的信息,确认遥控钥匙为合法钥匙之后,由使用和起动授权开关 E415 再将这个信息传送给使用和起动授权控制单元 J518 使用。

⑥ 使用和起动授权控制单元 J518 再将"打开车门"命令(信息)发送给舒适系统中央控制单元 J393 和车门控制单元(指门把手已经开始遥控钥匙查询的那个车门)。

⑦ 收到使用和起动授权控制单元 J518 发来的"打开车门"命令的车门控制单元(如驾驶员侧车门控制单元 J386)再操纵相应的锁芯,这样就打开了该扇车门。

⑧ 舒适系统中央控制单元 J393 将"打开车门—advanced Key"信息发送到 CAN 舒适总线上,以通知车上的其他控制单元——现在,车上的某一车门已经打开。

⑨ 正常的开门过程包括解除防盗报警系统、打开车门、确认闪光灯闪烁及接通车内照明灯流程。除了确认闪光灯闪烁外,使用和起动授权控制单元 J518 还会通过使用和起动授权开关 E415、中央门锁和防盗警报装置天线 R47 将其他车门的锁止状态发送到遥控钥匙内。

5) 无钥匙起动——通过按钮起动发动机的过程

无钥匙起动——通过按钮起动发动机的过程如图 4-92 所示。

① 驾驶员将使用和起动授权按钮 E408 完全按下,这个按钮将"点火开关接通"和"发动机起动"的信息发送到使用和起动授权开关 E415 以及使用和起动授权控制单元 J518 上。

② 使用和起动授权开关 E415 将该按钮(E408)发来的信息("点火开关接通"和"发动机起动")通过数据线继续传至使用和起动授权控制单元 J518,在这里两个按钮信息(即由使用和起动授权按钮 E408 直接报送至使用和起动授权控制单元 J518 的信息,和经由使用和起动授权开关 E415 转发的来自使用和起动授权按钮 E408 的信息)会进行比较,以确保万无一失。

③ 使用和起动授权控制单元 J518 将遥控钥匙查询信息发送给无钥匙式使用授权天线读入单元 J723。使用授权天线读入单元 J723 通过所有的使用和起动授权天线将一个射频信号发送给遥控钥匙,以确认遥控钥匙的位置。

④ 遥控钥匙根据这个射频信号来确定遥控钥匙在车上的位置,并将其位置信息以射频信号的形式发送给中央门锁和防盗警报装置天线 R47。

⑤ 中央门锁和防盗警报装置天线 R47 收到这个信息(反映遥控钥匙位置信息的射频信号)后,将该信息传给通过使用和起动授权开关 E415,再由后者传送给使用和起动授权控制单元 J518 使用。

⑥ 根据遥控钥匙的使用情况,位于使用和起动授权开关 E415 内的 S 触点信号被发送到 CAN 舒适总线上。于是,转向系统就解除对转向柱的锁止。

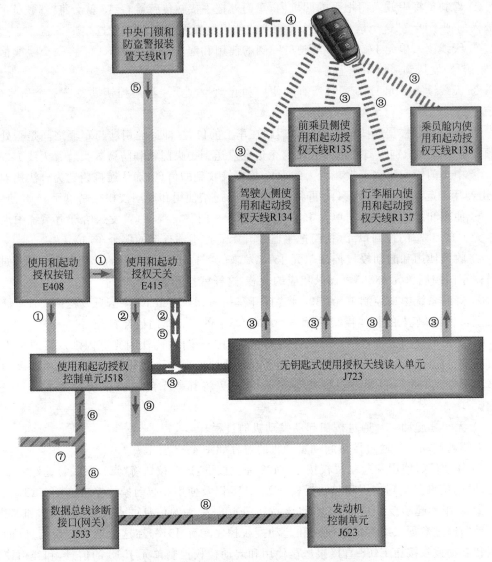

图 4-92 无钥匙起动——通过按钮起动车辆的过程

⑦ 转向系统解除对转向柱的锁止之后,15 号接线柱即通过 15 号接线柱供电继电器 J329 接通、得电。

⑧ 15 号接线柱接通得电之后,发动机控制单元 J623 与使用和起动授权控制单元 J518 之间就开始经 CAN 数据总线进行数据交换。此后,防盗报警系统即被停用。

⑨ 使用和起动授权控制单元 J518 将"起动请求"信号发送给发动机控制单元 J623。发动机控制单元 J623 检查离合器踏板是否已踏下(指手动变速器)或选挡手柄是否已挂入 P/N 挡(指自动变速器),然后就会自动起动发动机。

4.5.3 蓝牙技术与射频识别技术的比较

蓝牙技术是一种无线数据与语音通信的开放性标准,RFID 是一种无线自动识别技术。

蓝牙技术和 RFID 技术都属于无线射频技术范畴，这是两者的共同之处；不同之处在于组网方式、工作频段以及作用距离、能耗不同。

1. 组网方式与协议

蓝牙技术基于蓝牙通信协议工作。共享一个公共信道的所有蓝牙单元组成一个微网，每个微网最多可以有 8 个蓝牙单元。在微网中，同一信道的各单元的时钟和跳频频率均保持同步。

RFID 技术基于射频识别协议工作。RFID 技术通过射频信号识别特定目标并读写相关数据。射频识别网络是对等网络，网上的每一个设备都是相对独立的，任何一个设备离开网络都不会影响到网络上其他设备的正常工作。

2. 工作频段

蓝牙技术的工作频段是 2.4GHz 的 ISM（工业、科学与医疗）频带，其带宽在 2.402～2.480GHz 之间。蓝牙技术采用的 2.4GHz 工作频段是全球统一、全球通用的。

RFID 使用的频率从 125kHz 到 5.9GHz 都有，其使用频段目前还没有实现全球完全统一，相对而言，还处于比较混乱的状态。

3. 有效距离及能耗

蓝牙技术的有效识别距离远（可达 10m，甚至更远）、信号强，相应地其能耗也大、耗电也多。RFID 技术的有效识别距离较近、信号比较弱，相应地其能耗也小、耗电也少。

复习思考题

1. LIN 总线在汽车上有哪些应用？
2. K 总线协议在汽车上有哪些应用？
3. BSD 在汽车上有哪些应用？
4. Bluetooth 技术在汽车上有哪些应用？

第 5 章 FlexRay 与车载以太网

教学要求：本章主要了解以太网与 FlexRay 在车载网络系统中的应用情况，熟悉以太网和 FlexRay 的性能特点，掌握以太网和 FlexRay 的信息传输原理，掌握以太网和 FlexRay 的系统组成。

5.1 FlexRay

5.1.1 FlexRay 简介

1. FlexRay 的发展

目前，FlexRay 总线已经成为车载网络系统的标准，并在对数据传输的实时性有较高要求的领域得到了应用。FlexRay 是继 CAN 和 LIN 之后的研发成果，可以有效管理多重安全和舒适功能，如 FlexRay 适用于线控操作（X-by-Wire）。

由于目前通过 CAN 总线实现联网的方式已经达到其效率极限，因此业界曾一度认为，FlexRay 将是 CAN 总线的替代标准。

FlexRay 是 Daimler Chrysler AG 的注册商标（见图 5-1）。其中，Flex ＝ Flexibilität（灵活的），Ray ＝ Rochen（鳐鱼，软骨鱼类），意指 FlexRay 是一种非常快速、灵活的总线。

图 5-1 FlexRay 的标志

1999 年，BMW AG 与 Daimler Chrysler AG 和半导体制造商 Freescale 和 Philips 合作创建了 FlexRay 协会，以开发新型通信技术。后来 Bosch 和 General Motors 也加入了该协会。从 2002 年至今，Ford 汽车公司、Mazda、Elmos 和 Siemens VDO 也相继加入该协会。在此期间，世界范围内几乎所有有影响的汽车制造商和供货商都加入了 FlexRay 协会。

FlexRay 是一种新型通信系统，目标是在电气设备与机械电子组件之间实现可靠、实时、高效的数据传输,以确保满足未来新的车载网络技术的需要。

由于控制单元在车辆内联网对通信系统技术方面的要求越来越高,同时认识到有必要为基础系统提供一个开放式标准化解决方案,因此开发了新型通信系统 FlexRay。FlexRay 为车内分布式网络系统的实时数据传输提供了有效协议。

FlexRay 是专门瞄准下一代汽车应用及"线控"应用的新型网络通信系统,旨在应用于需要高通信带宽和决定性容错数据传输能力的底盘控制、车身控制和动力总成控制等场合。FlexRay 具有创新的功能和安全的特点,能够使汽车系统安全达到一个很高的、崭新的水平。FlexRay 不仅能简化汽车电子系统和通信系统结构,同时还可帮助汽车电子控制单元变得更加稳定和可靠。

2. FlexRay 的数据传输速率

如图 5-2 所示,FlexRay 的最大数据传输速率为每通道 10Mb/s,明显高于以前在车身和动力传动系统/底盘系统所用的数据总线。以前只有使用光导纤维才能达到该数据传输速率。

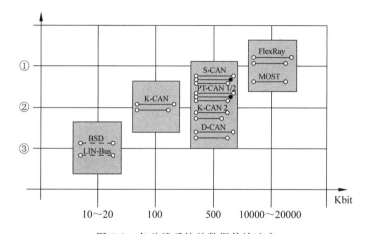

图 5-2 各总线系统的数据传输速率

①—实时、确定性(严格规定)和冗余(重复出现);②—有条件实时(对于控制系统来说已足够);③—非实时

除较高的带宽外,FlexRay 还支持确定性数据传输且能以容错方式进行配置,即个别组件失灵后其余的通信系统仍能可靠地继续工作。

3. FlexRay 的优点

作为车载网络系统的标准,FlexRay 具有以下优点:
(1) 数据传输速率较高(可达 10Mb/s,而 CAN 仅为 0.5Mb/s);
(2) 确定性(实时)数据传输;
(3) 数据通信可靠;
(4) 支持系统集成。

5.1.2 FlexRay 的特性

下面介绍 FlexRay 总线系统的拓扑结构、冗余数据传输、信号特性、确定性数据传输、唤醒和休眠特性、同步化等。

1. 总线拓扑结构

FlexRay 总线系统可以不同的拓扑结构和形式安装在车内。既可以采用线形总线拓扑结构，也可以采用星形总线拓扑结构，还可以采用混合总线拓扑结构。

(1) 线形总线拓扑结构。在线形总线拓扑结构(见图 5-3)中，所有控制单元(例如 SG1 至 SG3)都通过一个双线总线连接。该总线采用两个铜芯双绞线，CAN 总线也使用这种连接方式。

线形拓扑结构在两根导线上传输相同的信息，但电平不同。线形拓扑结构所传输的差分信号不易受到干扰，仅适用于电气数据传输。

(2) 星形总线拓扑结构。在星形总线拓扑结构(见图 5-4)中，卫星式控制单元(控制单元 SG2~SG5)分别通过一个独立的导线与中央主控控制单元(SG1)连接。这种星形拓扑结构既适合于电气数据传输，也适合于光学数据传输。

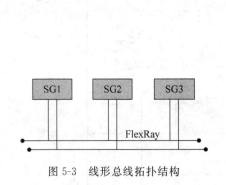 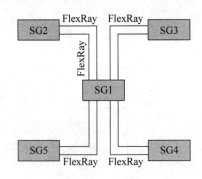

图 5-3　线形总线拓扑结构　　　　　图 5-4　星形总线拓扑结构

(3) 混合总线拓扑结构。在混合总线拓扑结构(见图 5-5)中，在同一个总线系统内可以使用不同的拓扑结构。总线系统的一部分采用线形结构，另一部分为星形结构。

F01/F02 使用的就是混合总线拓扑结构(见图 5-5)。根据车辆配置情况，在中央网关模块内带有一个或两个星形连接器，每个星形连接器都有 4 个总线驱动器。因此，最多可提供 8 个接口。

2. 冗余数据传输

在容错性系统中，即使某一总线导线断路，也必须确保数据能继续可靠传输。这一要求可以通过在第二个数据信道上进行冗余数据传输(见图 5-6)来实现。

具有冗余数据传输能力的总线系统使用两个相互独立的信道。每个信道都由一组双线导线组成。一个信道失灵时，该信道应传输的信息可在另外一条没有发生故障的信道上传输。

3. 信号特性

FlexRay 总线信号必须在规定范围内。图 5-7 和图 5-8 给出了总线信号的正常波形和非正常波形。无论在时间轴上还是电压轴上，总线信号都不应进入内部区域。

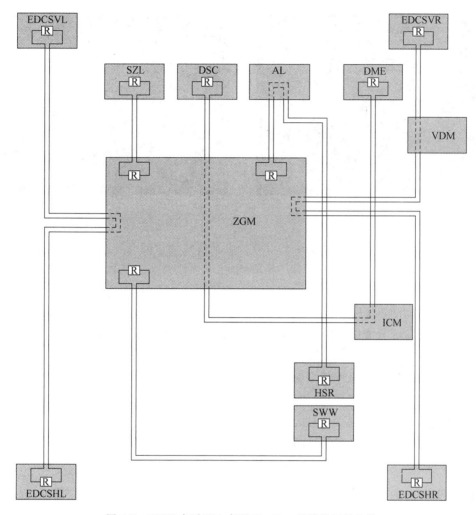

图 5-5 BMW 车系 F01 车型 FlexRay 总线的拓扑结构

AL—主动转向系统；BD—总线驱动器；DME—数字式发动机电子系统；DSC—动态稳定控制系统；EDCSHL—左后电子减振器控制系统卫星式控制单元；EDCSHR—右后电子减振器控制系统卫星式控制单元；EDCSVL—左前电子减振器控制系统卫星式控制单元；EDCSVR—右前电子减振器控制系统卫星式控制单元；HSR—后桥侧偏角控制系统；ICM—集成式底盘管理系统；SZL—转向柱开关中心；VDM—垂直动态管理系统；ZGM—中央网关模块；SWW—变换车道警告系统

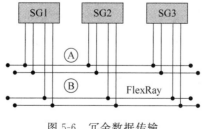

图 5-6 冗余数据传输

A—信道 1；B—信道 2

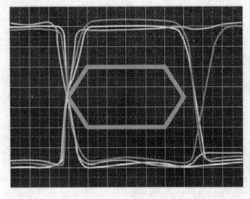 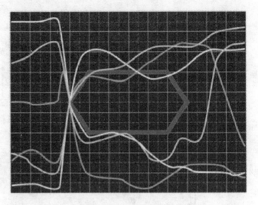

图 5-7　正常波形　　　　　　　图 5-8　非正常波形

FlexRay 总线系统是数据传输速率较高且电平变化较快的一种总线系统,对电平高低以及电压上升沿和下降沿的斜率都有严格的规定,必须达到规定数值,且信号波形不得进入所标记的区域(绿色或红色六边形)。因导线安装不正确、接触电阻等产生的电气故障可能会导致数据传输出现问题。

图 5-7 和图 5-8 只能用速度很快的实验室研究用的专业示波器显示出来,BMW 车系诊断系统中使用的示波器不适合显示这种波形。

FlexRay 总线系统的电压范围如下:

(1) 系统接通。系统接通时,如果无总线通信,则其电压为 2.5 V。

(2) 高电平信号。高电平信号的电压为 3.1 V(电压信号上升 600 mV)。

(3) 低电平信号。低电平信号的电压为 1.9 V(电压信号下降 600 mV)。

注:电压值以对地(搭铁)测量方式得到。

4. 确定性数据传输

CAN 网络是一个事件触发式总线系统,发生一个事件时就会传输数据。多个事件汇集在一起时,可能在后续信息发送时出现延迟现象。如果无法成功准确地传输一条信息,该信息将一直发送,直至相应通信设备确认已接收到。如果 CAN 总线系统内出现故障,可能会导致这些事件触发的信息汇集在一起并造成总线系统过载,即各信号的传输要延迟很长时间,这样会导致各系统的控制性能变差。

FlexRay 是一种时间触发式总线系统,它也可以通过事件触发方式进行部分数据传输。在时间控制区域内,时隙分配给确定的信息。一个时隙是指一个规定的时间段,该时间段对特定信息(例如转速)开放。这样,在 FlexRay 总线系统内重要的周期性信息以固定的时间间隔传输,因此不会造成 FlexRay 总线过载。

对时间要求不高的其他信息则在事件控制区域内传输。FlexRay 总线系统内确定性数据的传输过程如图 5-9 所示。

确定性数据传输用于确保时间触发区域内的每条信息都能实现实时传输,即每条信息都能在规定时间内进行传输。

因此,FlexRay 不会由于总线系统过载而导致重要总线信息发送延迟。如果由于暂时

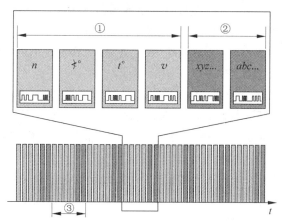

图 5-9 FlexRay 总线系统内确定性数据的传输过程

①—循环数据传输的时间触发区域；②—循环数据传输的事件触发区域；③—循环[总循环时间 5ms,其中 3ms 为静态(时间触发),2ms 为动态(事件触发)]；n—转速；∡°—角度；$t°$—温度；v—车速；$xyz\cdots,abc\cdots$—事件触发的信息；t—时间

性总线故障(例如 EMC 故障)导致一条信息丢失,则该信息不会再次发送,在为此规定的下一时隙内将发送当前数值。

5. 唤醒和休眠特性

在 BMW 车系 F01 车型中,虽然可通过总线信号唤醒 FlexRay 控制单元,但大部分 FlexRay 控制单元由 CAS(便捷登车及起动系统)通过一个附加唤醒导线进行唤醒。该唤醒导线的功能与以前 BMW 车系 PT-CAN 内的唤醒导线(15WUP)相同,其信号曲线也与 PT-CAN 的信号曲线一样。

主动转向系统和 VDM(垂直动态管理系统)不通过唤醒导线,而是通过总线信号唤醒。随后通过接通供电直接由 VDM 启用 4 个减振器卫星式控制单元。

FlexRay 的唤醒信号曲线如图 5-10 所示,从中可以清楚地看出车辆开锁(打开车门锁)和起动时的典型的电压曲线。

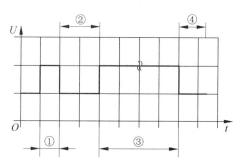

图 5-10 FlexRay 的唤醒信号曲线

第一阶段,驾驶员用车钥匙或遥控器将车辆开锁。CAS 控制单元启用唤醒脉冲并通过唤醒导线将车辆开锁信号(高电平)传输给所连接的 FlexRay 控制单元。

第二阶段,驾驶员打开车门,进入车内。在将车钥匙插入点火开关之前,由于总线端 R 仍处于断开状态,总线系统内的信号电平再次下降(低电平)。

第三阶段,驾驶员起动发动机,总线端 15 接通,则总线系统内的信号电平保持在设定值(高电平),直至再次关闭总线端 15。

第四阶段,驾驶员关闭发动机,拔出车钥匙,锁好车门。此时,总线端 R 再次处于断开状态。当总线端 R 处于断开状态时,FlexRay 总线系统进入休眠模式,以免耗电过多。

为确保所有控制单元都进入休眠模式,FlexRay 总线系统内的每个控制单元都自动注销。

如果有某些控制单元未能进入休眠模式(可能会导致系统耗电过多),系统会自动存储一条故障信息。当对车辆进行电能(能量)诊断工作时将评估这条故障信息。

6. 同步化

为了能够在联网控制单元内同步执行各项功能,需要有一个共同的时基。由于在所有控制单元内部都是利用其自身的时钟脉冲发生器工作的,因此,必须通过总线进行时基匹配。

控制单元测量某些同步位的持续时间,据此计算平均值并根据这个数值调整总线时钟脉冲。同步位在总线信息的静态部分中发送。系统启动后,只要 CAS 控制单元发送一个唤醒脉冲,FlexRay 上的两个授权唤醒控制单元之间就会开始进行同步化。该过程结束时,其余控制单元相继自动在 FlexRay 上注册,计算出各自的差值并进行校正。

此外,在运行期间还会对同步化进行计算校正。这样可以确保最小的时间差,从而在较长时间内不会导致传输错误。

5.1.3　FlexRay 在汽车上的应用

1. BMW 车系中的 FlexRay

在 BMW 车系 F01/F02 车型中,通过 FlexRay 总线系统以跨系统方式实现汽车行驶动态管理系统和发动机管理系统的联网(见图 5-11)。同时,FlexRay 是行驶动态管理系统的综合性主总线系统(见图 5-12),中央网关模块用于不同总线系统与 FlexRay 之间的连接(见图 5-13)。

BMW 车系 F01 车型 FlexRay 总线的拓扑结构如图 5-5 所示。根据车辆配置情况,ZGM 带有一个或两个星形连接器,每个星形连接器都有 4 个总线驱动器。总线驱动器将控制单元数据通过通信控制器传输给中央网关模块(ZGM)。根据 FlexRay 控制单元的终端形式,总线驱动器通过两种方式与这些控制单元相连。

2. 终端电阻的设置

与大多数总线系统一样,为了避免在导线上产生信号反射,FlexRay 上的数据导线两端也使用了终端电阻(作为总线终端)。这些终端电阻的阻值由数据传输速率和导线长度决定。终端电阻位于各个控制单元内部。

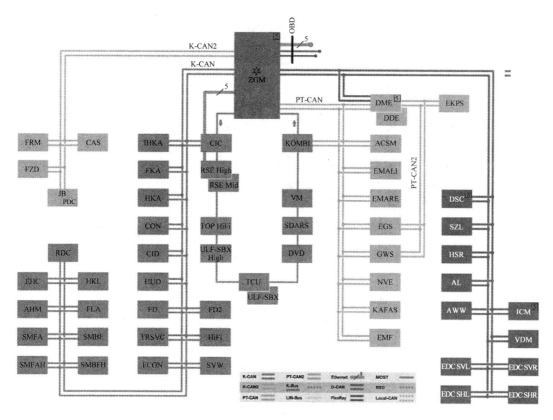

图 5-11　BMW 车系 F01/F02 总线系统概览

ACSM—碰撞和安全模块(高级碰撞和安全模块)；AHM—挂车模块；AL—主动转向系统；CAS—便捷登车及起动系统；CIC—车辆信息计算机；CID—中央信息显示屏；CON—控制器；DDE—数字式柴油机电子控制单元；DME—数字式发动机电子控制单元；DSC—动态稳定控制系统；DVD—DVD换碟机；EDC SHL—左后电子减振器控制系统卫星式控制单元；EDC SHR—右后电子减振器控制系统卫星式控制单元；EDC SVL—左前电子减振器控制系统卫星式控制单元；EDC SVR—右前电子减振器控制系统卫星式控制单元；EGS—变速器电子控制系统；EHC—车辆高度电子控制系统；EKPS—电动燃油泵控制系统；EMA LI—左侧电动安全带收卷装置；EMA RE—右侧电动安全带收卷装置；EMF—电动机械式驻车制动器；FCON—后座区控制器；FD—后座区显示屏；FD2—后座区显示屏2；FKA—后座区暖风和空调系统；FLA—远光灯辅助系统；FRM—脚部空间模块；FZD—车顶功能中心；GWS—选挡开关；HiFi—高保真音响放大器；HKL—行李厢盖举升装置；HSR—后桥侧偏角控制系统；HUD—平视显示(抬头显示)屏；ICM—集成式底盘管理系统；IHKA—自动恒温空调；JBE—接线盒电子装置；KAFAS—基于摄像机原理的驾驶员辅助系统；Kombi—组合仪表；NVE—夜视系统电子装置；PDC—驻车距离监控系统；RDC—轮胎压力监控系统；OBD—诊断插座；RSE-Mid—高级后座区娱乐系统；RSE-High Professional—后座区娱乐系统；SDARS—卫星调谐器(美规)；SMBF—前乘客座椅模块；SMBFH—前乘客侧后座椅模块；SMFA—驾驶员座椅模块；SMFAH—驾驶员侧后部座椅模块；SWW—变换车道警告；SZL—转向柱开关中心；TCU—远程通信系统控制单元；TOP-HIFI—顶级高保真音响系统；TRSVC—倒车摄像机和侧视系统控制单元(顶部后方侧视摄像机)；ULF-SBX—接口盒(ULF功能)；ULF-SBX High—高级接口盒(蓝牙电话技术、语音输入和USB/音频接口)；VDM—垂直动态管理系统(电子减振器控制系统的中央控制单元)；VM—视频模块；VSW—视频开关；ZGM—中央网关模块；BSD—位串行数据接口；D-CAN—诊断CAN；Ethernet—以太网快速数据协议；FlexRay—FlexRay总线系统；K-CAN—车身CAN；K-CAN 2—快速车身CAN(500Kb/s)；LIN—局域互联网；Local-CAN—局域CAN总线(在BMW车系F01/F02中用于环境传感器)；MOST—多媒体传输系统；PT-CAN—动力传动系统CAN；PT-CAN 2—动力传动系统CAN 2；WUP—唤醒导线；☆—星形连接器(中央网关模块内FlexRay接口的分配器)；S—起动节点(负责FlexRay总线系统起动和同步的控制单元)

图 5-12　FlexRay 是行驶动态管理系统的综合性主总线系统

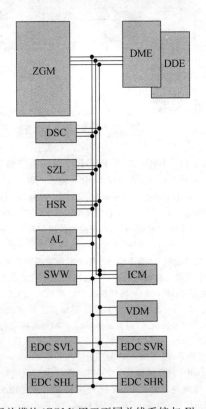

图 5-13　中央网关模块(ZGM)用于不同总线系统与 FlexRay 之间的连接

如果一个总线驱动器上仅连接一个控制单元(例如 SZL 与总线驱动器 BD0 相连),则总线驱动器和控制单元的接口各有一个终端电阻(见图 5-14)。中央网关模块的这种连接方式称为"终止节点终端"。

如果控制单元上的接口不是物理终止节点(例如总线驱动器 BD2 上的 DSC、ICM 和 DME),而是形成环路,则每个总线路径端部的两个组件内部必须设置终端电阻(见图 5-15)。

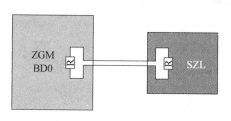
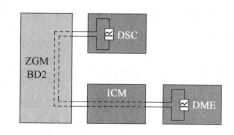

图 5-14　终止节点终端内部的终端电阻　　图 5-15　形成环路的 FlexRay 终端电阻的设置

这种连接方式既用于中央网关模块,也用于一些控制单元。但是形成环路的控制单元还使用一个"非终止节点终端"来获取数据。受这种终端形式的电阻/电容器电路所限,无法通过测量技术在控制单元插头上对其进行检查。

通过测量(无电流)FlexRay 总线确定导线或终端电阻时,必须使用车辆电路图。

5.1.4　FlexRay 的故障处理与检测

1. 故障处理

FlexRay 总线导线出现故障(例如短路或对地短路)或 FlexRay 控制单元自身出现故障时,可能会切断各控制单元或整个支路与总线之间的通信。带有 4 个授权唤醒 FlexRay 控制单元(ZGM、DME、DSC、ICM)的分支除外。如果这些控制单元之间的通信中断,则发动机无法起动。

此外,控制单元内的这种总线监控功能还能防止在非授权时间发送信息,从而防止覆盖其他信息。

2. 布线特点

BMW 车系 F01/F02 车型的 FlexRay 总线采用带电缆套的双芯双绞线电缆。电缆套用于防止电缆机械损坏。终端电阻位于中央网关模块和终端设备内。由于导线的波阻抗(高频导线的阻抗)取决于外部影响因素,因此终端电阻根据所需阻值进行了精确调节。借助万用表(欧姆表)可以相对简单地检测至终端设备的部分导线。为此,应从中央网关模块处进行测量。

3. 导线电阻的检测

检测 FlexRay 导线电阻时必须使用车辆电路图。由于终端电阻的设计方案不同,如果没有电路图和数据的标准值,可能导致对测量结果作出错误判断。

FlexRay 导线电阻的检测结果无法 100% 地判断出系统功能正常与否。出现挤压变形或插头腐蚀等损坏情况时,在静态模式下电阻值可能位于公差范围内。但在动态模式下,电气影响可能会引起波阻抗提高,从而出现数据传输问题。

FlexRay 的导线是双绞线,导线损坏时可以用普通导线进行替换维修。但是安装时必须遵守其特殊要求。

对 FlexRay 的导线进行维修时,必须尽可能保持双绞线布置方式。剥掉绝缘层的维修部位必须用冷缩配合软管加以密封。因为进水后可能会影响波阻抗,进而影响 FlexRay 总线系统的信息传输效率。

5.1.5 FlexRay 的命运(时运不济)

由于目前通过 CAN 总线实现联网的方式已经达到其效率的极限,业界一度认为,FlexRay 将是 CAN 总线的替代标准。

FlexRay 可以为车内控制系统提供所需的速度和可靠性,其两个信道上的数据速率最大可达到 10Mb/s,总数据速率可达到 20Mb/s。

FlexRay 可以有效管理多重安全和舒适功能:FlexRay 适用于各类线控操作(X-by-Wire),可以在单信道高速动力传动、辅助驾驶和提高舒适性的汽车电子系统中应用。

2006 年 FlexRay 首次应用于量产车,作为数据主干网用在 BMW X5 的主动悬架系统中。

FlexRay 虽然是一种功能强大的网络,但成本和复杂度制约了其发展。加之采用 FlexRay 技术的量产车刚一推出,就遭遇了席卷全球的 2008 年金融危机,直接导致 FlexRay 协会于 2009 年年底解散。

待全球金融危机结束之后,以美国博通公司主推的车载以太网技术已经悄然崛起,业界已经把注意力转至车载以太网的研发和应用。至此,FlexRay 完全陷入进退两难的尴尬境地。

5.2 车载以太网

5.2.1 车载以太网及其标准

1. 以太网

作为一种局域网(local area network,LAN)技术,以太网(Ethernet,见图 5-16)最早由 Xerox(施乐)公司于 1973 年创建,1980 年由 DEC(美国数字设备公司)、Intel(英特尔公司)和 Xerox 三家公司联合开发成为局域网标准。

历经 40 多年的发展,以太网已经成为应用最为普遍的局域网技术。以太网主要由 IEEE 802.3 工作组负责标准化。以太网从最初支持 10Mb/s 的吞吐量开始,经过不断的发展,支持快速以太网(100Mb/s)、千兆以太网(1Gb/s)、万兆以太网(10Gb/s)及 100Gb/s。同时,为了适应应用的多样化,以太网速率打破了以 10 倍为一级来提升速率的惯例,开始支持 2.5Gb/s、5Gb/s、25Gb/s 及 400Gb/s 的速率。

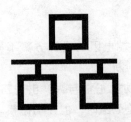

图 5-16 以太网(Ethernet)的标志

以太网技术不仅支持双绞线的铜线传输介质,也支持光纤传输。以太网不仅局限于局域网的应用,还可以更广泛地应用到城域网(metropolitan area network,MAN)和广域网(wide area network,WAN)等领域。

2. 车载以太网

在进入汽车领域之前,以太网已经获得了广泛的应用,同时还具有技术成熟、高度标准化、高带宽以及低成本等优势。由于传统以太网采用载波监听多路访问/冲突检测(carrier sense multiple access/collision detection,CSMA/CD)方式工作,导致其数据传输具有不确定性或者说非实时性,故传统以太网一直被认为是在数据传输过程中,具有"非确定性"的网络系统。当网络负荷较大时,数据传输的不确定性不能满足工业控制领域的准确定时通信的实时性要求(亦即确定性要求),故传统以太网技术难以直接在汽车中应用。

车载以太网(Automotive Ethernet,见图 5-17 和图 5-18)在传统以太网协议的基础上,通过改变物理接口的电气特性,显著提升了电磁兼容性能,可以满足车内环境对电磁兼容性能的严苛要求。同时,结合车载网络需求,专门定制了一系列新的标准和协议,形成了适应汽车环境要求的网络体系,从而得以应用于汽车。

图 5-17 车载以太网(Automotive Ethernet)的标志

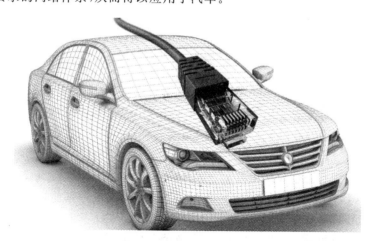

图 5-18 车载以太网

目前,主流的车载以太网的技术标准是基于美国博通(Broadcom,见图 5-19)公司的BroadR-Reach(BRR)技术,电气与电子工程师协会(IEEE)已经完成对 100Mb/s 车载以太网技术的标准化,正在对 1Gb/s 传输速率的车载以太网进行标准化。

车载以太网是一种用以太网连接车内电子控制单元的新型局域网技术。与传统的以太网使用 4 对非屏蔽双绞线(unshielded twisted pair,UTP)电缆(共 8 根铜质电线,见图 5-20)不同,车载以太网在单对非屏蔽双绞线(共 2 根铜质电线,见图 5-21)上可实现 100Mb/s 或 1Gb/s,甚至更高的数据传输速率,同时还能满足汽车行业对高可靠性、低电磁辐射、低功耗、带宽分配、低延迟以及同步实时性等方面的要求。

图 5-19　美国博通（Broadcom）公司的标志

图 5-20　传统以太网使用 4 对非屏蔽双绞线（共 8 根铜质电线）

单就节约布线这一项，车载以太网的优势就极为明显（见图 5-22）。博通公司宣称，采用其主导的 BroadR-Reach 技术，可使车载网络系统的电缆质量减轻 30%，连接成本可降低 80%。

图 5-21　车载以太网的单对非屏蔽双绞线（共 2 根铜质电线）

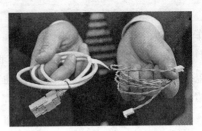

图 5-22　线缆比较
（左为传统以太网的线缆，右为基于 BroadR-Reach 技术的车载以太网的线缆）

3. 车载以太网的标准化

在车载以太网的标准化工作领域，IEEE 802.3 和 IEEE 802.1 工作组、汽车开放系统架构 AUTOSAR 联盟、OPEN 联盟以及 AVnu 联盟发挥了推动作用。

1）IEEE

电气与电子工程师协会（institute of electrical and electronics engineers，IEEE）成立于 1963 年，是一个国际性的电子技术与信息科学工程师协会，也是目前全球最大的非营利性专业技术协会。IEEE（见图 5-23）致力于电气、电子、计算机工程和与科学相关领域的开发和研究，在太空、计算机、电信、生物医学、电力及消费性电子产品等领域已制定了 900 多个行业标准，现已发展成为具有较大影响力的国际学术组织。

IEEE 802.3 制定的局域网标准代表了业界主流的以太网技术，车载以太网技术是在 IEEE 802.3 基础上开发的。因此，IEEE 是目前最为重要的车载以太网国际标准化机构。为满足车内的要求，涉及 IEEE 802.3

图 5-23　电气与电子工程师协会（IEEE）的标志

和 802.1 两个工作组内的多个新规范的制定和原有规范的修订，包括 PHY 规范、AVB 规范、单线对数据线供电等。

另外，AVB 中有关 AV 的传输、定时同步等规范还需要 IEEE 的其他技术委员会（如

IEEE 1722、IEEE 1588 等)的相关标准化的配合。

2) OPEN 联盟

单对双绞线以太网联盟(One-Pair Ether-Net Alliance)简称 OPEN 联盟。OPEN 联盟(见图 5-24)于 2011 年 11 月由博通(Broadcom)、恩智浦(NXP)以及宝马(BMW)公司发起成立的开放产业联盟,旨在推动将基于单线对以太网的技术标准应用于车内联网。相关单位可通过签署 OPEN 联盟的规范许可协议成为其成员,参与其相关规范的制定工作。

OPEN 联盟与 IEEE 802 工作组形成紧密的标准化合作关系。OPEN 联盟的主要标准化目标有以下几项:

(1) 制定 100Mb/s BroadR-Reach 的物理层标准并将其推广成为开放的产业标准;

(2) 在相关标准化组织中鼓励和支持开发更高速的物理层技术规范;

图 5-24 OPEN 联盟的标志

(3) 制定 OPEN 的互通性要求,选择第三方执行互操作性测试;

(4) 发现车载以太网在实现过程中的标准化缺口,并及时加以弥补。

3) AUTOSAR 联盟

汽车开放系统架构(AUTomotive Open System Architecture,AUTOSAR)联盟是由全球汽车制造商、零部件供应商及其他电子、半导体和软件系统公司联合发起的产业联盟。AUTOSAR(见图 5-25)成立于 2003 年,BMW、BOSCH、VOLKSWAGEN、Continental、Ford、GM、PSA、TOYOTA 等为核心成员。

图 5-25 AUTOSAR 联盟的标志

AUTOSAR 联盟旨在制定一个开放的、标准化的车用软件架构体系。AUTOSAR 定义了一套汽车 ECU 内部的软件架构,同时还提出了一套完善的支持分布式汽车电子软件系统开发和应用的汽车电子软件开发方法,标准化了开发流程中的交换格式,使汽车电子软件系统可以方便地在不同的汽车硬件平台之间移植,缩短开发周期,降低开发成本。AUTOSAR 制定的规范包括车用 TCP/UDP/IP 协议栈,业已获得汽车行业的普遍认可。

AUTOSAR 提出的"在标准上合作,在实现上竞争"的原则,其核心思想在于"统一标准、分散实现、集中配置",改善了汽车电子软件开发中重用度低和可移植性差的问题,实现了应用软件和底层基础软件实现之间的分离。

AUTOSAR 架构可使多个设备无缝运行在同一个共享网络上,有利于车辆电子系统软件的交换与更新,并为高效管理越来越复杂的车辆电子、软件系统提供了一个基础平台。此外,AUTOSAR 在确保产品及服务质量的同时,也降低了系统开发成本,提高了工作效率。

4) AVnu 联盟

AVnu 联盟(the Unified of AV Network)由博通公司(Broadcom)联合思科(Cisco Systems)、哈曼(Harman International)、英特尔(Intel)和赛灵思公司(Xilinx Inc.)发起,并

于 2009 年 8 月正式成立。AVnu 联盟(见图 5-26)致力于推广 IEEE 802.1 的 AVB 标准和时间敏感网络(TSN)标准,并建立相应的测试和认证体系,以解决诸如精准定时、实时同步、带宽预留以及流量整形等重要的技术问题。全球有影响的电子产品制造商几乎都加入了 AVnu 联盟,阵容十分豪华和强大(见图 5-27)。

图 5-26 AVnu 联盟的标志

图 5-27 AVnu 联盟

目前,AVnu 联盟已发布其车载以太网 AVB 的认证测试规范,并已认证了多个型号的产品。AVnu 联盟的技术不仅仅应用于汽车领域,也可应用于专业 A/V、工业以及消费类电子产品等领域。

注:Xilinx 公司是一家美国的电子技术公司,是知名的可编程逻辑器件供应商。Xilinx 公司成立于 1984 年,首创现场可编程逻辑门阵列(field-programmable gate array,FPGA)这一创新性的技术,并于 1985 年首次推出商业化产品,从而一举成名。

4. 车载以太网协议架构

车载以太网协议不是一项单一的协议,而是包括多个不同层次上的协议家族,但通常被认为是一个四层(应用层、传输层、网络层、数据链路层)协议系统,每一层具有不同的功能。四层架构与开放系统互连(OSI)参考模型相对应,并且提供了各种协议框架下形成的协议族及高层应用程序。车载以太网及其支持的上层协议的技术架构如图 5-28 所示。

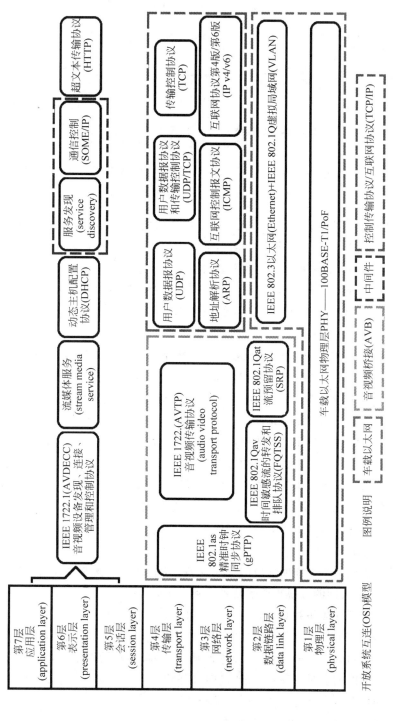

图 5-28 车载以太网及其支持的上层协议的技术架构

1) 物理层

参照 OSI 模型,车载以太网在物理层采用了博通公司的 BroadR-Reach 技术(见图 5-29)。BroadR-Reach 技术提供 100Mb/s 的全双工变压器功能,或通过一对双绞线实现电容耦合式传输,物理层以上的结构与传统以太网是一致的,没有变化。

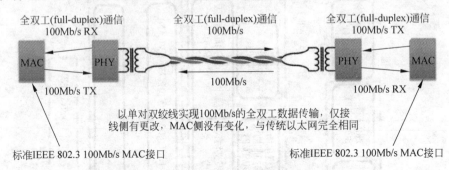

图 5-29 采用 BroadR-Reach 技术的车载以太网物理层

BroadR-Reach 提供传统的标准以太网的介质访问控制(media access control,MAC)层接口,因而能够使用与传统以太网类型相同的数据链路层逻辑功能及帧格式,能够通过与传统以太网类型相同的方式运行高层协议和软件。

BroadR-Reach 利用两组编码和信令(signaling)方法将 MAC 层 100Mb/s 的数据流转换成 66Mb/s 的三元信号,可使 100Mb/s 的数据速率能够在较低的频率范围内实现,从而使 BroadR-Reach 以较低的布线成本实现高数据速率。

BroadR-Reach 在单对非屏蔽双绞线上传输差分信号,与 CAN 等其他车载网络类似。同时,BroadR-Reach 能够为网络提供电流隔离,其接地偏移额定值高达 2500V。

BroadR-Reach 技术支持全双工通信,可使一条链路上的两个车载以太网节点能够同时发送和接收数据。BroadR-Reach 利用先进的数字信号处理技术实现一条链路上的两个节点能够同时在该链路中发送和接收数据,包括使用混合电缆等特殊设备和回音抵消等技术,使各以太网节点能够区分发送和接收的数据。

以上先进技术在车载以太网上的应用,使得 BroadR-Reach 物理层与传统车载 CAN、LIN、FlexRay 网络相比,区别巨大且更加复杂,使得车载网络开发、测试工程师的相关经验难以在车载以太网开发测试工作上移植和应用。

2) AVB 协议族

汽车在信息娱乐与驾驶辅助领域的快速发展,需要更多的音视频数据在汽车系统中进行传输,因此基于以太网的音视频桥接技术得到应用。

基于以太网的音视频桥接(audio/video bridging,AVB)技术是一个 IEEE 802 标准家族,在传统以太网络的基础上,AVB 通过保障带宽(bandwidth)、限制延迟(latency)和精准时钟同步(time synchronization),以支持各种基于音频、视频的网络多媒体应用。AVB 关注于增强传统以太网的实时音视频性能,同时又保持了 100% 向后兼容传统以太网,是极具发展潜力的下一代车载网络音视频实时传输技术。

AVB 协议族包括 IEEE 802.1AS 精准时钟定时和同步协议(generalized precision time protocol,gPTP)、IEEE 802.1Qat 流预留协议(stream reservation protocol,SRP)、IEEE

802.1Qav 时间敏感流的转发和排队（forwarding and queuing enhancements for time-sensitive streams,FQTSS）协议及 IEEE 802.1BA 音视频传输协议（audio/video transport protocol,AVTP）等。

2012 年 11 月,IEEE 音频视频桥接（AVB）工作组正式更名为时间敏感网络（time-sensitive networking,TSN）工作小组,但由于 AVB 这一缩写词在车载以太网领域已经广为使用,因此本书仍然使用 AVB 这一称谓。作为 AVB 的继承者,时间敏感网络 TSN 也不是单一的标准,而是由一个系列标准组成的标准家族。

在 AVB 更名为 TSN 后,IEEE 对部分原标准进行了修订,同时增添了几个性能改进标准,包括 IEEE 802.1ASbt 增强功能和性能改进（基于 IEEE 802.1AS-2011 修订定时和同步）、IEEE 802.1Qbu 新增项目（基于 IEEE 802.1Qav 修订框架抢占切换）、IEEE 802.1Qbv 新增项目（基于 IEEE 802.1Qav 修订增强流量调度）、IEEE 802.1Qca 支持路径控制和登记冗余网络、IEEE 802.1Qcc 流预留协议（SRP）的增强功能和性能改进、IEEE 802.1CB 帧复制和消除的可靠性（支持无缝冗余 IEEE 802 网络）等。

AVB 协议族如图 5-30 所示。

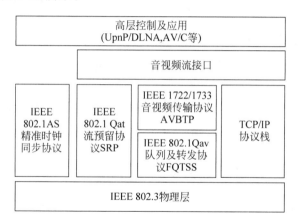

图 5-30　AVB 协议族

IEEE 802.1AS 协议根据最佳主时钟算法（best master clock algorithm,BMCA）选定同步基准节点,使用高精度时间作为基准节点的同步时钟,在网络物理层上为数据包提供"时间戳"（time stamp）服务,这个时间戳存在于对时间敏感的数据包报头上面。IEEE 802.1AS 的时间同步能力源于 IEEE1588 协议,可以提供与 FlexRay 相同的时钟质量。

IEEE 802.1Qat 流预留协议（SRP）是对音视频数据流发送端和接收端服务请求的管理协议,多重数据流预留协议（MSRP）目前只支持两种类型数据流（A 类或 B 类）,两者区别体现在数据帧的大小和数据帧的传输速率上。IEEE 802.1Qat 标准保证这两类数据在 7 跳（7hops）内的最大的点至点延迟,A 类为 2ms,B 类为 50ms。

IEEE 802.1Qav 是实时数据流的转发和排队控制协议,为数据流发送端和交换节点提供一个成形的数据流服务。IEEE 802.1Qav 定义了 8 个业务类,并预期至少有一个必须作为流预留（stream reservation,SR）类。未使用的 SR 类数据流都留给"尽力而为（best effort）",没有任何带宽预留或保证。每个流量类别都有一个优先级（从 0～7,其中 7 是最高优先级)。

IEEE 802.1BA 标准是一个定义 AVB 配置的文件,定义了 AVB 在不同市场的技术规格,例如针对车载系统等不同应用环境给出的不同技术要求,明确哪些技术要求是强制的,哪些是选项,以及一些技术参数的微调(如输出电压)等。

3) TCP/IP 协议族

传输控制协议/互联网协议(transport control protocol/Internet protocol,TCP/IP)族对应 OSI 模型的传输层,该部分是网络结构的中心部分,是下方硬件相关层和上方软件处理层的重要连接点。

TCP/IP 协议负责提供一些重要的服务以使高层的软件应用能够在互联网络中发挥作用,充当高层应用需求和网络层协议之间的桥梁。TCP/IP 协议主要负责主机到主机之间的端到端通信。用户数据报协议(user datagram protocol,UDP)和传输控制协议(TCP)是 TCP/IP 协议族中最为重要的协议。

4) 应用层协议

应用层协议是用户与网络的交互界面,负责处理网络特定的细节信息。应用层协议覆盖了 OSI 参考模型的第 5 层至第 7 层。

应用层可根据用户需求为用户提供多种应用协议,如音视频设备发现、连接管理和控制协议(IEEE 1722.1)、流媒体服务(stream media service)、动态主机配置协议(dynamic host configuration protocol,DHCP)、服务发现(service discovery)、通信控制(scalable service-oriented middleware over IP,SOME/IP。直译为基于 IP 的面向服务的可扩展中间件,意译为通信控制)、超文本传输协议(hyper text transfer protocol,HTTP)等。

5.2.2 车载以太网的发展趋势与应用

1. 车载以太网的发展趋势

车载以太网作为一种新型网络系统进入汽车,肯定是无法一蹴而就的,需要一个渐进的过程。在短期内,车载以太网无法取代现有的 CAN、LIN、FlexRay、MOST 等车载网络。

业界普遍认为,在车载以太网进入汽车网络领域的过程中,会分阶段地,先从子系统开始,然后逐步深入,并最终以整车骨干网络的形式整合整个汽车网络系统。可预期的车载以太网的发展主要可分为以下三个阶段(见图 5-31)。

第一阶段:基于 DoIP(diagnostic communication over Internet protocol)标准的车载诊断系统 OBD(on-board diagnostic)和 ECU 软件刷新。以 ECU 软件刷新为例,和原有的 CAN(1M/S)相比,刷新时间将缩短为原来的百分之一,大大提升故障诊断和程序刷新效率,节省工时,降低生产及服务成本。

第二阶段:车载以太网在信息娱乐系统和驾驶员辅助系统的使用,伴随着 BroadR-Reach 技术的日益成熟和标准化的不断推进,基于 AVB、SOME/IP 等技术将逐步推广使用,车载以太网将以单节点或多个节点的形式进行搭载,如使用高分辨率的 IP 摄像头的全

应用层	第一阶段(2010年)	第二阶段(2015年)	第三阶段(2020年)
	车载诊断系统及ECU刷新	信息娱乐系统及驾驶辅助系统	以太网作为汽车主干网
高层协议		视频通信接口 Video Communication Interface (ISO 17215)	基于以太网的动力系统控制 Power-over Ethernet (EEPoE IEEE 802.3bu)
		通信控制SOME/IP (Service Discovery)	时间敏感网络(AVB第二代) Time-sensitive Network (AVB Gen2)
		以太网AVB(第一代) (Ethernet AVB Gen1)	时间触发的以太网 (Time-Triggered Ethernet)
	基于IP的故障诊断 Diagnostics over IP (ISO 13400)		
物理层	100Mb/s快速以太网 100Base-Tx Fast Ethernet (IEEE 802.3u)	博通公司的Broadr-Reach技术 (OPEN Alliance)	千兆以太网(1Gb/s) 1000Base-T1(RTPGE) (IEEE 802.3bp)

图 5-31 车载以太网的发展主要可分为三个阶段

景泊车等驾驶辅助系统、多屏互动的高清信息娱乐系统等进入汽车,给驾乘人员带来全新的驾乘感受。

第三阶段:在前两个阶段,车载以太网专注于某个特定的应用领域,在经历的前两个阶段的积累和锤炼后,第三阶段将使用以太网作为车载网络骨干,集成动力总成、底盘、车身、多媒体、辅助驾驶等功能,真正形成一个域控制器(domain controller)级别的汽车整车网络(见图 5-32)。

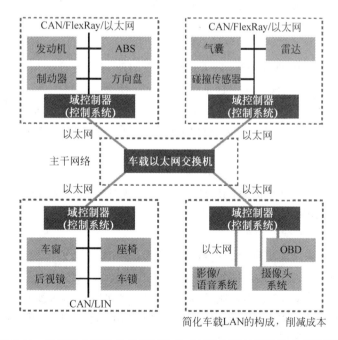

图 5-32 采用以太网作为骨干网络构建域控制器级别的汽车整车网络

博通公司已经推出适用于域控制器级别的汽车整车网络的以太网交换机产品系列(见图5-33),必将在未来市场上占据主导地位。

2. 车载以太网在故障诊断和快速编程系统中的应用

使用车载以太网物理层的基于IP协议的车辆诊断通信标准ISO 13400 DoIP,用以太网代替CAN总线,实现车载诊断系统(OBD)和为ECU进行软件更新,这一技术已经在BMW车系得到应用。通过CAN上传81MB大小的更新需要10h,而通过以太网上传1GB的数据只需要20min。显而易见,采用以太网100Base-Tx和CAT5(五类线)的诊断接口和软件更新显然更节省时间、生产及服务成本。

图5-33 博通公司推出的适用于域控制器级别的汽车整车网络的以太网交换机产品系列

在BMW车系的F01/F02车型(2009款BMW 7系底盘代号标准版为F01,长轴版为F02)上采用快速以太网(100Mb/s)作为快速编程接口(见图5-11)。同时,快速以太网负责在CIC(车辆信息计算机)与RSE(后座娱乐系统)之间传输媒体数据。

只有插入BMW编程系统(ICOM A)时才会启用诊断插座内的以太网。编程插头内的线脚8与线脚16之间有一个启用电桥,该电桥负责接通中央网关模块内以太网控制器的供电电路。也就是说,车辆行驶时通过以太网连接中央网关模块的功能处于停用状态。信息和通信系统间的以太网连接不受诊断插座内启用电桥的影响,始终处于启用状态。

1) 安全性

以太网上的所有设备都有单独分配的识别号,即MAC(介质访问控制)地址。建立连接时,BMW编程系统通过该地址和VIN(车辆识别号)识别车辆,以此避免第三方更改数据记录和存储值。

与办公室内的计算机网络一样,以太网网络内的所有设备都必须拥有唯一的识别号。因此建立连接后,中央网关模块从编程系统得到一个IP地址。

网络内的IP地址功能相当于电话网络的电话号码。这个IP地址通过DHCP(动态主机配置协议)来分配,这是一种自动为网络内终端设备分配IP地址的方法。

2) 特点

(1) 数据传输速率很高,可达100Mb/s;

(2) 建立连接和分配地址时系统启动用时3s,进入休眠模式时用时1s;

(3) 只能通过BMW编程系统访问以太网。

3) 功能

(1) 进行汽车维修时能更迅速地进行车辆编程;

(2) 在CIC与RSE间传输媒体数据。

如图5-34所示,在OBD诊断插座、ZGM和CIC之间通过两对没有附加屏蔽层的双绞线连接。此外还有一个为各控制单元内以太网控制器供电的启用导线。CIC与RSE之间的导线带有屏蔽层,取代了启用导线。

诊断插头与BMW编程系统之间必须使用一个所谓的五类线。这种五类线是使用4根非屏蔽双绞线的网络电线,可以在频率带宽100MHz范围内传输数据。针对BMW车系

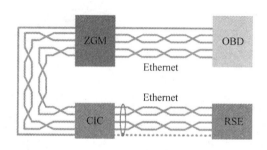

图 5-34 以太网的导线连接

CIC—车辆信息计算机；OBD—诊断插座；RSE—后座区娱乐系统；ZGM—中央网关模块

F01/F02 车型所需的传输要求，使用两对双绞线（冗余配置）即可满足要求。

3. 车载以太网在辅助驾驶和信息娱乐系统中的应用

与传统的车载网络不同，车载以太网可以提供带宽密集型应用所需的更高数据传输能力。除了车载诊断系统（OBD）和软件刷新之外，车载以太网已经开始进军对带宽需求较高的车载应用领域，如高级驾驶员辅助系统以及车载信息娱乐系统（见图 5-35）等。

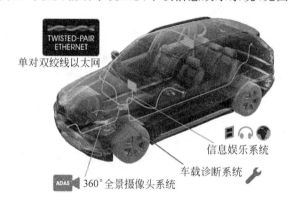

图 5-35 车载以太网在高级驾驶员辅助系统以及车载信息娱乐系统中的应用

高级驾驶员辅助系统（advanced driver assistance systems，ADAS）是一种利用安装于车上的各种传感器，在第一时间收集车内外的环境数据，进行静、动态物体的辨识、侦测与追踪等技术上的处理，从而能够让驾驶员在最短的时间内察觉到可能发生的危险，以引起注意并提高安全性的主动安全技术。

ADAS 采用的传感器主要有摄像头、雷达、激光和超声波等，可以探测光、热、压力或其他用于监测汽车状态的变量，通常位于车辆的前后保险杠、车外后视镜以及前后挡风玻璃上。

早期的 ADAS 技术主要以被动式报警为主，当车辆检测到潜在危险时，会发出警报提醒驾驶员注意异常的车辆或道路情况。对于最新的 ADAS 技术来说，主动式干预也很常见。

ADAS 采用了大量的摄像头、雷达、激光和超声波等设备（见图 5-36），整个系统需要传输的实时数据也是海量的。因而，在 ADAS 系统中采用车载以太网技术也就成了绝佳的选择（见图 5-37）。

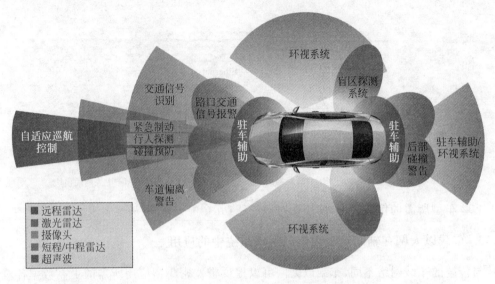

图 5-36 ADAS 系统采用了大量的摄像头、雷达、激光和超声波等设备

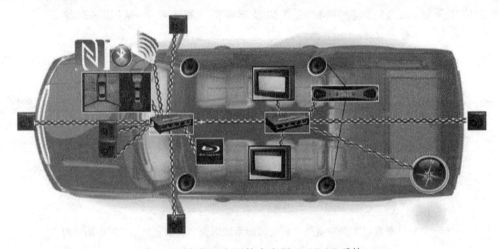

图 5-37 车载以太网技术应用于 ADAS 系统

2013 年,第一辆采用车载以太网技术的汽车——宝马 X5(4 个摄像头拼接的环视)量产。2015 年,宝马全系列(7 系、5 系、3 系和 i 系电动汽车)、捷豹、路虎和大众的帕萨特都集成了汽车以太网技术,而且宝马车里已经不是单纯的环视,而是整车系统都基于汽车以太网来设计。

奥迪 A8 是第一款称为 L3 级自动驾驶的汽车(见图 5-38),拥有多个第一,包括第一个使用激光雷达,第一个使用域控制器,第一个使用车载以太网做骨干网的运算架构。

即便如此,奥迪 A8 仍然不能算严格意义上的 L3 级自动驾驶。毫无疑问,未来 L3 级自动驾驶的汽车将把域控制器、以太骨干网、AUTOSAR 和激光雷达作为标配。而域控制器、以太骨干网、AUTOSAR(特别是新出的自适应 AUTOSAR)和激光雷达的核心是车载以太骨干网,以太骨干网是其他三者存在的共同基础。

可以预见,随着大数据、云计算等技术进入汽车领域,车载以太网将作为汽车骨干网络,发挥着不可替代的重要作用(见图 5-39)。

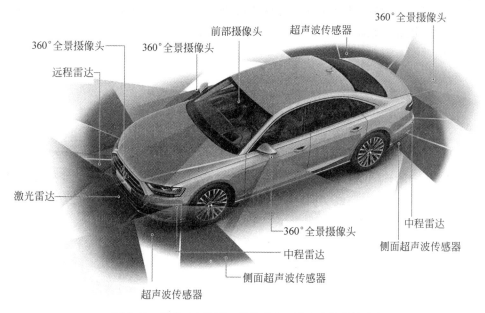

图 5-38　奥迪 A8 是第一款称为 L3 级自动驾驶的汽车

图 5-39　车载以太网将成为汽车骨干网络

复习思考题

1. 选择题

1) 在 BMW 车系 F01/F02 车型中,采用以太网作为快速编程接口,其数据传输速率为_____。

  A. 50Mb/s　　　　　B. 100Mb/s　　　　　C. 150Mb/s　　　　　D. 200Mb/s

2) 在 BMW 车系 F01/F02 车型中，FlexRay 总线是_____的综合性主总线系统。

    A. 发动机控制系统　　　　　　　　B. 灯光照明控制系统

    C. 行驶动态管理系统　　　　　　　　D. 影音娱乐控制系统

2. 问答题

1) 以太网在车载网络系统中的主要作用有哪些？

2) 目前，FlexRay 总线主要用于汽车的哪些系统？

3) 简述 FlexRay 总线的特性。

3. 实操题

1) 在宝马车系教学车辆或实训台架上，利用 BMW 编程系统（ICOM A）进行编程训练。

2) 在宝马车系教学车辆或实训台架上，指出 FlexRay 总线各个元件的安装位置。

第 6 章 网关与诊断总线

> ⚠ **教学提示**：作为汽车网络系统的核心控制装置，网关负责协调不同结构和特性的总线网络之间的协议转换、数据交换、故障诊断等工作。
>
> ⚠ **教学要求**：本章主要介绍网关与诊断总线。要求学生了解网关的作用和工作原理，熟悉诊断总线的信息传输过程及使用方法。

6.1 网关

6.1.1 网关的作用和工作原理

1. 网关的定义

网关（gateway，GW）是在采用不同体系结构或协议的网络之间进行互通时，用于提供协议转换、数据交换等网络兼容功能的设备。

网关又称网间连接器、协议转换器。网关在传输层上以实现网络互联，是最复杂的网络互联设备，仅用于两个高层协议不同的网络互联。网关既可以用于广域网互联，也可以用于局域网互联。网关是一种充当转换重任的计算机系统或设备。在使用不同的通信协议、数据格式或语言，甚至体系结构完全不同的两种系统之间，网关是一个翻译器。与网桥只是简单地传达信息不同，网关对收到的信息要重新打包，以适应目标系统的需求。同时，网关也可以提供过滤和安全功能。大多数网关运行在 OSI 7 层协议的顶层——应用层。

我们知道，从一个房间走到另一个房间，需要经过一扇门。同理，从一个网络向另一个网络发送信息，也需要经过一道"关口"，这道关口就是网关。顾名思义，网关就是一个网络连接到另一个网络的"关口"。

2. 网关的作用

网关的作用主要体现在以下几个方面：
(1) 网关可以把局域网上的数据转变成可以识别的 OBD Ⅱ 诊断数据语言，方便诊断；
(2) 网关可以实现低速网络和高速网络的信息共享；
(3) 与计算机系统中的网关作用一样，负责接收和发送信息；
(4) 激活和监控局域网络的工作状态；
(5) 实现汽车网络系统内数据的同步性；

(6) 对信息标识符作翻译。

简而言之,网关就是用于连接不同类型的总线系统的设备。如图6-1所示,通过网关可连接具有不同逻辑和物理性能的总线系统。因此,尽管各个总线系统的数据传输速率不同,网关仍能保证数据交换的正常进行。也就是说,不同传输速率的数据总线通过网关得以协同工作(见图6-2)。

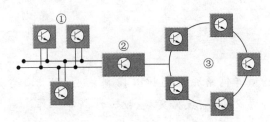

图 6-1 通过网关连接不同的总线系统

①—线形总线系统(如车身总线);②—网关;③—环形总线系统(如 MOST)

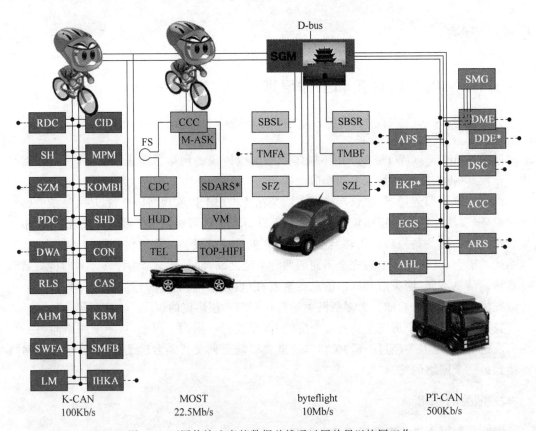

图 6-2 不同传输速度的数据总线通过网关得以协同工作

在图6-2中,传输速率为100Kb/s的K-CAN(车身CAN总线)相当于自行车的速度,传输速率为500Kb/s的PT-CAN(动力传动系统CAN总线)相当于载货汽车的速度,传输速率为10Mb/s的安全气囊系统总线(byteflight)相当于乘用车的速度,传输速率为22.5Mb/s的影音娱乐系统总线(MOST)相当于超级跑车的速度。尽管各个总线系统的数据传输速率和数据流量都不尽相同,且差异巨大,但在安全和网关模块(SGM)的统筹安排和指挥调度下,却能平稳运行、协同工作。

如图6-3所示,不同总线系统的输出数据到达网关后,网关要对其作进一步的处理。在网关中过滤各个信息的速度、数据量和紧急程度,并在必要时进行缓冲存储。同时,还要做故障的监控和诊断工作。

3. 网关的工作原理

可以用火车站(见图6-4)转换旅客的过程来说明网关的工作原理。

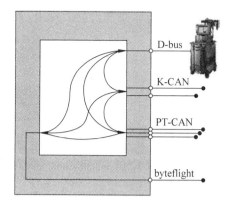

图6-3 网关对总线信息的处理　　　　图6-4 网关的作用与火车站相似

如图6-5所示,在沈阳北站,站台A到达一列特快列车(驱动CAN总线,数据传输速率为500Kb/s),车上有数百名旅客。在站台B上已经有一列普快列车(舒适/信息CAN总线,数据传输速率为100Kb/s)在等待,有一些乘客要换乘这列普快列车,有一些乘客要换乘特快列车继续旅行。

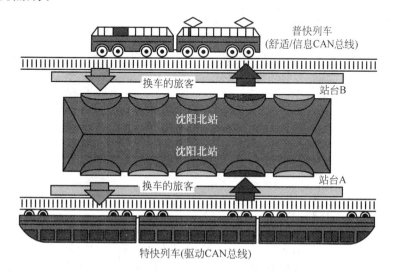

图6-5 旅客换乘火车与网关的数据交换过程对比

车站/站台的这种换乘功能,即让旅客换车,以便通过速度不同的交通工具到达各自目的地的功能,与驱动CAN总线和舒适/信息CAN总线两系统网络的网关功能是相同的。

网关的主要任务是使两个数据传输速率不同的系统之间能正常进行信息交换。

6.1.2 网关的安装位置及其电路

在 BMW 车系中,中央网关模块(ZGM)、安全和网关模块(SGM)、多音频系统控制器(M-ASK)、便捷进入及起动系统(CAS)、控制显示(CD)、组合仪表、车身网关模块(KGM)等控制单元都具有网关功能。

在奥迪和大众车系中,根据车型的不同,网关可能安装在组合仪表内、车上供电控制单元内,或设有独立的网关控制单元。由于通过 CAN 总线的所有信息都供网关使用,所以网关也用作诊断接口。

以前奥迪和大众车系是通过网关的 K-线来查询诊断信息的,从途安(Touran)汽车开始改为通过诊断 CAN 总线来完成这个工作。

1. Audi A8 的网关 J533

Audi A8 2003 年型乘用车网关 J533 将驱动 CAN 总线、舒适 CAN 总线、组合仪表 CAN 总线、诊断 CAN 总线、影音娱乐系统 MOST 总线以及车距调节(自适应巡航)系统 CAN 总线(选装)连接在一起,将其构成一个完整的汽车网络系统。

如图 6-6 所示,Audi A8 2003 年型乘用车的网关 J533 安装在前排乘客手套箱后面,其外观如图 6-7 所示,所连接的总线如图 6-8 所示,电路如图 6-9 所示。

图 6-6 Audi A8 2003 年型乘用车网关 J533 安装在前排乘客手套箱后面

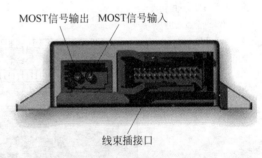

图 6-7 Audi A8 2003 年型乘用车网关 J533 实物图

2. Audi A3 网关 J533

Audi A3 2004 年型乘用车网关 J533 将驱动 CAN 总线、舒适 CAN 总线、组合仪表 CAN 总线、诊断 CAN 总线和信息娱乐 CAN 总线连接在一起,将其构成一个完整的汽车网络系统。与 Audi A8 2003 年型乘用车的网关 J533 不同的是,Audi A3 2004 年型乘用车的网关 J533 没有连接影音娱乐系统 MOST 总线以及车距调节(自适应巡航)系统 CAN 总线。

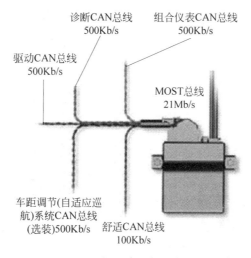

图 6-8　Audi A8 2003 年型乘用车网关 J533 连接的总线

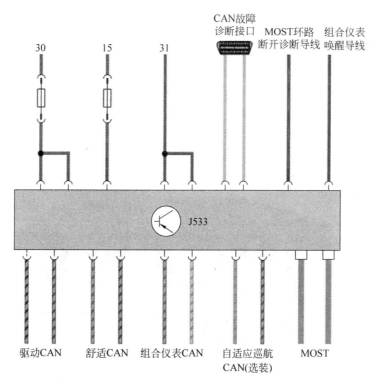

图 6-9　Audi A8 2003 年型乘用车网关 J533 的电路图

如图 6-10 所示，Audi A3 2004 年型乘用车网关 J533 安装在仪表板下的踏板旁、驾驶员右脚的上方，其连接电路如图 6-11 所示。

3. 大众速腾网关 J533

大众速腾汽车的网关 J533（见图 6-12）负责将动力系统、舒适系统、信息系统、组合仪表、诊断总线、LIN 总线等连成网络。

图 6-10　Audi A3 2004 年型乘用车网关 J533 的安装位置

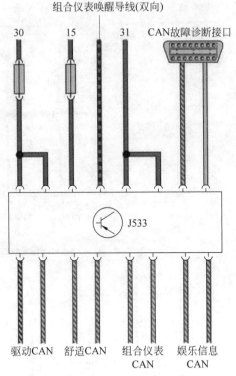

图 6-11　Audi A3 2004 年型乘用车网关 J533 的连接电路

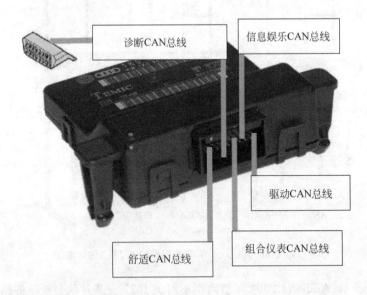

图 6-12　速腾网关 J533

　　大众速腾汽车的网关 J533 安装在仪表板下方,加速踏板的上方(见图 6-13)。网关 J533 的针脚功能说明如图 6-14 所示。

　　需要指出的是,所有控制单元必须先在网关上注册,经网关认证通过之后,才能够进行正常的通信。

第 6 章 网关与诊断总线

图 6-13 速腾网关的安装位置

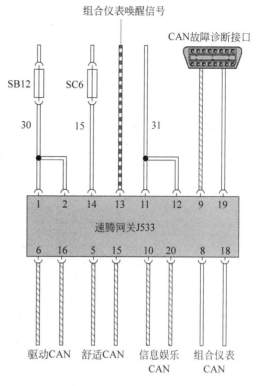

图 6-14 速腾网关的针脚功能说明

6.2 诊断总线

6.2.1 K 诊断总线

2000 年以前，奥迪、大众车系使用 K 诊断总线（简称 K-线）传输故障信息。K 诊断总线用于汽车故障诊断仪与相应控制单元之间的信息交换，负责网关与故障诊断接口之间的通信（见图 6-15）。

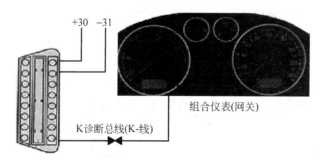

图 6-15 K 诊断总线负责网关与诊断数据接口之间的通信

故障信息存储在控制单元的存储器中,将故障检测仪连接到故障诊断接口上,也就实现了故障检测仪与 K 诊断总线的连接。借此,可以读出相应的故障信息,并进行故障诊断(见图 6-16)。

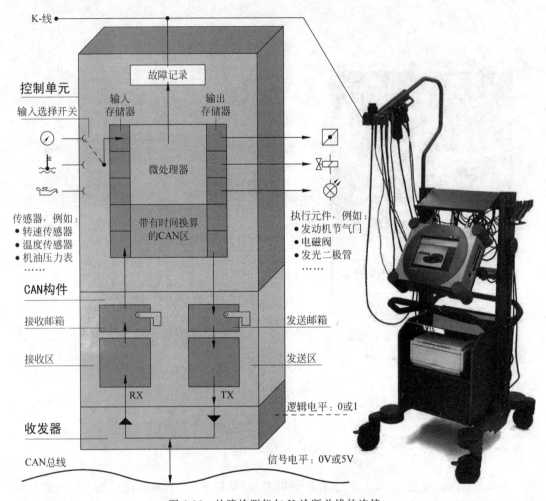

图 6-16　故障检测仪与 K 诊断总线的连接

6.2.2　大众车系的诊断 CAN 总线

1. "虚拟 K-线"——诊断 CAN 总线

随着汽车技术的不断进步,汽车上的控制单元越来越多,诊断系统需要传输的数据量也越来越大,K 诊断总线已经无法满足信息传输流量和传输速率的要求。

2000 年后,奥迪车系、大众车系开始采用汽车诊断、测量和信息系统 VAS5051 或汽车诊断和服务信息系统 VAS5052 来进行自诊断,并通过诊断 CAN 总线完成诊断控制单元和车上其他控制单元之间的数据交换。

早期使用的诊断导线(K-线或 L-线)就不再使用了(与废气排放监控相关的控制单元除外),由诊断 CAN 总线取而代之。

图 6-17 诊断 CAN 总线是双绞线

诊断 CAN 总线也是未屏蔽的双绞线（见图 6-17），其截面面积为 0.35mm²。CAN-Low 导线是橙/褐色。CAN-High 导线是橙/紫色。在全双工模式时，数据传输速率为 500Kb/s。也就是说，诊断 CAN 总线可以双向同时传输数据。

在图 6-18 和图 6-19 所示的汽车网络系统中，各个控制单元的诊断数据经各自的数据总线传到网关 J519 或 J533，再由网关利用诊断 CAN 总线传输到故障诊断接口。通过诊断 CAN 总线和网关的快速数据传输，诊断控制单元就可在连接到车上后快速显示车上所装元件及其故障状态。

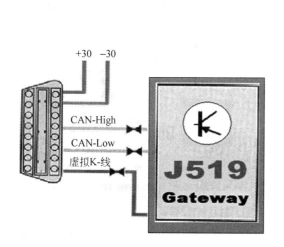

图 6-18 诊断数据经网关(J519)利用诊断 CAN 总线传输到故障诊断接口

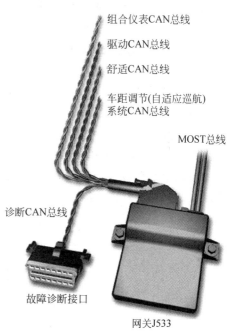

图 6-19 诊断数据经网关(J533)利用诊断 CAN 总线传输到故障诊断接口

随着诊断 CAN 总线的推广应用，大众汽车集团已经逐步淘汰控制单元内部的故障存储器（K-线存储器）。因为诊断 CAN 总线承担着原来 K-线的任务，因此，为了"缅怀"K-线，习惯上也将诊断 CAN 总线称为"虚拟 K-线"。

2. 新型诊断接口

诊断 CAN 总线取代 K 诊断总线（K-线或 L-线）之后，对车上的故障诊断接口也作了改进。新型诊断接口的针脚布置如图 6-20 所示，各个针脚的用途见表 6-1。由表 6-1 可见，新型诊断接口仍然保留了 K-线和 L-线的针脚，以确保系统向下兼容功能。

图 6-20 新型诊断接口的针脚布置

表 6-1　新型诊断接口的针脚用途

针　脚	导　线	针　脚	导　线
1	15 号接线柱	7	K-线
2～3	暂未使用	8～13	暂未使用
4	接地（搭铁）	14	诊断 CAN 总线（CAN-Low 导线）
5	接地（搭铁）	15	L-线
6	诊断 CAN 总线（CAN-High 导线）	16	30 号接线柱

采用诊断 CAN 总线和新型诊断接口之后，除了需要对汽车故障诊断仪（如 VAS5051）进行软件升级之外，还需要使用新的诊断连接导线（用于连接新型诊断接口和汽车故障诊断仪）。这种与诊断 CAN 总线匹配的新的诊断连接导线（见图 6-21）有两种规格，其代号分别为 VAS5051/5A（长 3m）和 VAS5051/6A（长 5m）。

图 6-21　与诊断 CAN 总线匹配的新的诊断连接导线

图 6-22 为汽车故障诊断仪 VAS5051 与故障诊断接口的连接示意图，从中既可以看出诊断连接导线的作用（用于连接新型诊断接口和汽车故障诊断仪），又可以看出故障信息的传输过程。

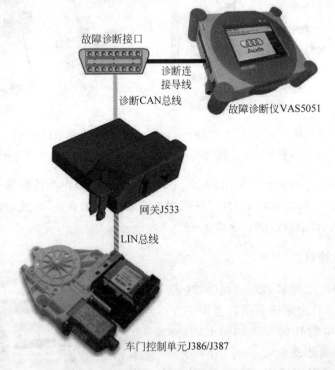

图 6-22　汽车故障诊断仪与故障诊断接口的连接（Audi A3 2004 年型汽车）

就车诊断的步骤、条件及相关说明见表 6-2。

表 6-2　就车诊断的步骤、条件及相关说明

序号	诊断	条	件	备　注
1	开始	点火开关打开	是	无法经诊断 CAN 总线来唤醒控制单元
		点火开关关闭	是,但不是在休眠模式	
2	执行	点火开关打开	是	
		点火开关关闭	是,但无写入功能(例如给控制单元编码)	
3	结束	关闭点火开关结束	否	

6.2.3　宝马车系的诊断 CAN 总线

1. D-CAN 总线

宝马汽车集团将 BMW 车系的诊断 CAN 总线称为 D-CAN 总线。D-CAN 总线采用线形、双线结构,最大数据传输速率为 500Kb/s。

连接好 BMW 诊断系统后,网关(接线盒控制单元)将 BMW 诊断系统的请求传输给内部总线,之后,应答以相反的方向同时进行。

美国的相关法规要求,从 2008 年起,所有在美国市场上销售的汽车必须装备 D-CAN 总线,过渡阶段从 2006 年 9 月开始。为了适应这一要求,BMW 车系的 D-CAN 总线早已开始取代以前的故障诊断接口及基于 KWP 2000(Keyword Protocol 2000)的协议。首批采用 D-CAN 总线的是 E70(BMW X5)和 R56(Mini Cooper),此后生产的 BMW 汽车都已经开始采用 D-CAN 总线。

2. D-CAN 故障诊断接口

采用 D-CAN 总线之后,BMW 车系的故障诊断接口(故障诊断插座)也作了相应的改进,淘汰了原来的故障诊断接口(见图 6-23),新的与 D-CAN 总线匹配的故障诊断接口如图 6-24 所示。

图 6-23　原来的故障诊断接口　　图 6-24　新的与 D-CAN 总线匹配的故障诊断接口

如图 6-25 所示，D-CAN 故障诊断接口（故障诊断插座）安装在驾驶员侧仪表板下方，驾驶员左脚脚踏板的上方。

图 6-25　D-CAN 故障诊断接口（故障诊断插座）的安装位置

D-CAN 故障诊断接口（故障诊断插座）与诊断仪的连接关系如图 6-26 所示。

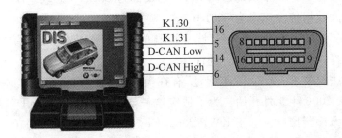

图 6-26　D-CAN 故障诊断接口（故障诊断插座）与诊断仪的连接关系

采用 D-CAN 总线之后，对汽车网络系统进行故障诊断时，需要使用光学编程系统 OPS（见图 6-27）或光学检测和编程系统 OPPS（见图 6-28）及相应的 OBD 连接导线。

图 6-27　光学编程系统 OPS 及相应的　　图 6-28　光学检测和编程系统 OPPS 及相应的
　　　　　　OBD 连接导线　　　　　　　　　　　　　　　OBD 连接导线

就检测和编程功能而言，光学检测和编程系统 OPPS 比光学编程系统 OPS 多了一个 byteflight 接口，可利用该接口测试控制单元，而 OPS 则取消了该接口。

复习思考题

1. 网关在汽车网络系统中的作用有哪些?
2. Audi 车系早期的诊断总线和目前的诊断总线有何区别?
3. 宝马车系的 OPPS 和 OPS 的区别何在?

第 7 章 典型汽车网络系统

> **教学提示**：尽管控制思想和控制功能相同，但技术流派不同，各个国家典型车系的汽车网络系统也各有特点，各具特色。
>
> **教学要求**：本章主要介绍各种典型车系的汽车网络系统。要求学生了解不同车系汽车网络系统的特点，熟悉其组成和工作原理。

7.1 奥迪车系汽车网络系统

7.1.1 Audi A6 网络系统概览

作为奥迪车系高端车型的代表，Audi A6（在德国称之为 Audi C6）采用了先进的汽车网络系统（见图 7-1）。顶级配置的 Audi A6 网络系统最多有 81 个控制单元、18 个总线系统，通过 CAN 总线进行故障诊断。

下面以国内常见的 Audi A6 为例，介绍其网络系统的基本构成。

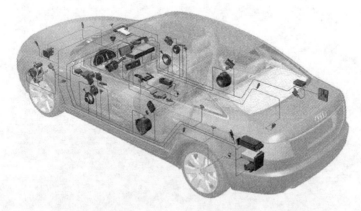

图 7-1 Audi A6 的汽车网络系统

1. 控制单元的安装位置

Audi A6 乘用车控制单元的安装位置如图 7-2 所示。

2. 熔断器和继电器的安装位置

Audi A6 乘用车熔断器（保险丝）和继电器的安装位置如图 7-3 所示。

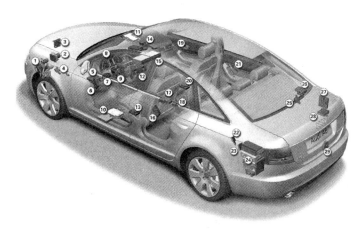

图 7-2 Audi A6L 乘用车控制单元的安装位置

①—辅助加热控制单元 J364；②—带电子差速锁（EDS）的 ABS 控制单元 J104；③—车距调节控制单元 J428；④—左前轮轮胎压力监控发射元件 G431（在车轮拱形板内）；⑤—供电控制单元 J519；⑥—驾驶员车门控制单元 J386；⑦—使用和起动授权控制单元 J518；⑧—组合仪表内控制单元 J285；⑨—转向柱电气控制单元 J527；⑩—电话、Telematik 控制单元 J526、电话发送和接收器 R36；⑪—发动机控制单元 J623；⑫—全自动空调控制单元 J255；⑬—有记忆功能的座椅调节/转向柱调节控制单元 J136；⑭—水平调节控制单元 J197、前照灯照程调节控制单元 J431、轮胎压力监控控制单元 J502、供电控制单元（2）J520、前部信息系统显示和操纵控制单元 J523、数据总线诊断接口（网关）J533、无钥匙式起动授权天线读入单元 J723；⑮—CD 换碟机 R41、CD 播放机 R92；⑯—左右车门控制单元 J388；⑰—安全气囊控制单元 J234；⑱—车身偏转（横摆）速率传感器 G202；⑲—前乘客车门控制单元 J387；⑳—前乘客带记忆功能的座椅调节控制单元 J521；㉑—右后车门控制单元 J389；㉒—左后轮轮胎压力监控发射元件 G433（在车轮拱形板内）；㉓—驻车加热无线电接收器 R64；㉔—带有 CD 播放机的导航控制单元 J401、语音输入控制单元 J507、数字式组合音响系统控制单元 J525、收音机 R、TV 调谐器 R78、数字收音机 R147；㉕—右后轮轮胎压力监控发射元件 G434（在车轮拱形板内）；㉖—停车辅助系统控制单元 J446、挂车识别控制单元 J345；㉗—舒适系统中央控制单元 J393；㉘—电动驻车/手制动器控制单元 J540；㉙—电源（电能）管理控制单元 J644

图 7-3 熔断器（保险丝）和继电器安装位置

①—左侧继电器盒（位于排水槽内）；②—继电器和熔断器支架（在仪表板左后部）；③—仪表板左侧的熔断器支架；④—右侧主熔断器支架（位于排水槽内）；⑤—仪表板右侧的熔断器支架；⑥—继电器和熔断器支架（在行李厢内右侧）

3. Audi A6 网络系统构成

Audi A6 乘用车网络系统构成如图 7-4 所示。

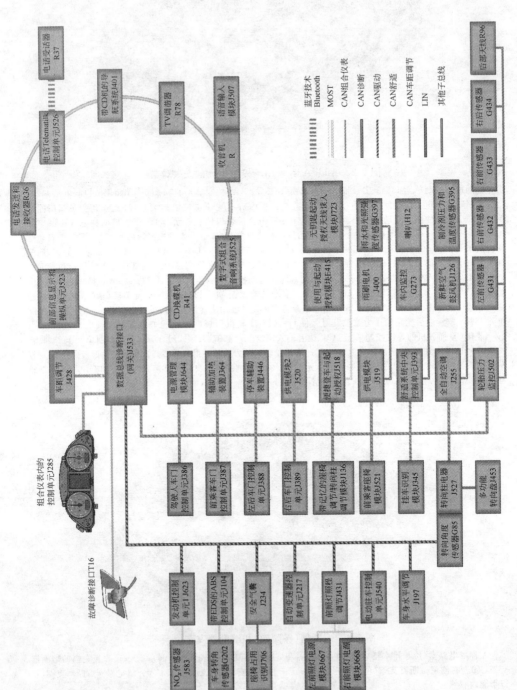

图 7-4 Audi A6 乘用车网络系统构成

7.1.2 Audi A6 网络子系统

1. Audi A6 乘用车舒适总线系统

Audi A6 乘用车舒适总线系统的构成如图 7-5 所示,控制单元的安装位置如图 7-6 所示。

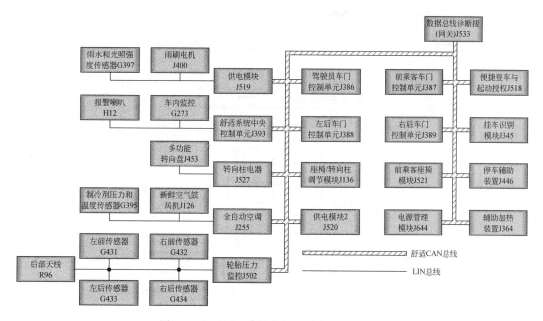

图 7-5 Audi A6 乘用车舒适总线系统的构成

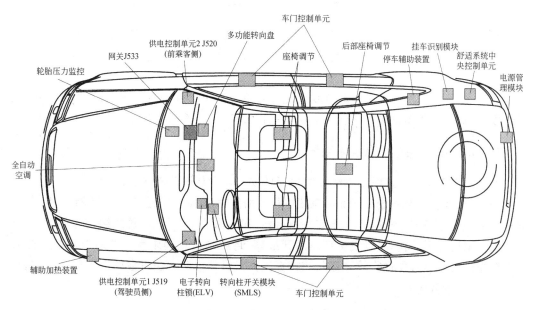

图 7-6 Audi A6 乘用车舒适总线系统控制单元的安装位置

Audi A6 舒适总线系统的数据传输速率最大为 100Kb/s，属于 CAN/B 级别。舒适 CAN 总线采用双绞线进行数据传输，CAN-High 导线为橙/绿色，CAN-Low 导线为橙/棕色，具有单线工作能力。

需要注意的是，如果在点火开关关断状态下拔下控制单元的线束插头，总线系统会产生故障记忆，并存储故障代码。另外，在实际维修工作中，还要特别注意总线系统的休眠电流（静态电流）！

2. Audi A6 乘用车驱动总线系统

Audi A6 乘用车驱动总线系统控制单元的安装位置如图 7-7 所示。

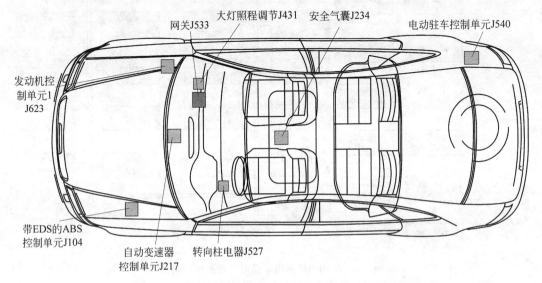

图 7-7　Audi A6 乘用车驱动总线系统控制单元的安装位置

Audi A6 驱动总线系统的数据传输速率最大为 500Kb/s，属于 CAN/C 级别。驱动 CAN 总线采用双绞线进行数据传输，CAN-High 导线为橙/黑色，CAN-Low 导线为橙/棕色。

需要注意的是，Audi A6 驱动总线系统没有单线工作能力，只要有一根导线发生断路或短路故障，则整个驱动总线系统就不能正常工作。

3. Audi A6 乘用车信息娱乐系统

Audi A6 乘用车信息娱乐系统控制单元的安装位置如图 7-8 所示。

Audi A6 信息娱乐系统采用光学总线进行数据传输，数据传输速率最大为 21.2Mb/s。光学总线采用光导纤维（光纤，亦称光缆）进行语音和图像数据的传输，总线结构为环形。

由于采用环形结构，一旦发生环路断开故障，将影响信息娱乐系统的所有功能。此时，可借助光学信号衰减仪进行故障诊断和排查工作。具体诊断方法可参阅本书第 3 章的相关内容，在此不再赘述。

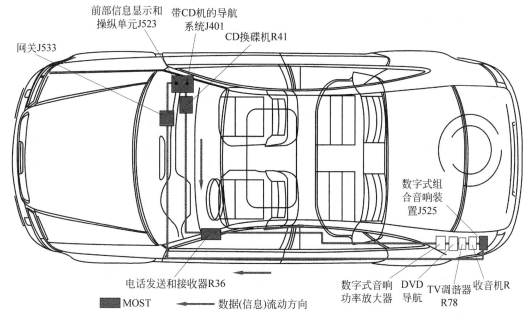

图 7-8　Audi A6 乘用车信息娱乐系统控制单元的安装位置

4. Audi A6 乘用车 LIN 总线系统

Audi A6 乘用车 LIN 总线系统主要控制空调系统、防盗报警系统、轮胎压力监控系统、安全气囊系统的座椅占用识别等。各个 LIN 总线系统之间的数据交换是由控制单元通过 CAN 总线实现的。

Audi A6 乘用车 LIN 总线系统控制单元的安装位置如图 7-9 所示。

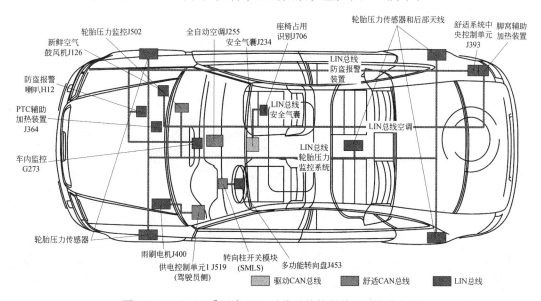

图 7-9　Audi A6 乘用车 LIN 总线系统控制单元的安装位置

5. Audi A6 乘用车子总线系统

Audi A6 乘用车子总线系统控制单元的安装位置如图 7-10 所示。

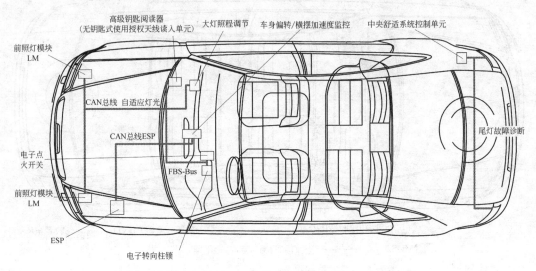

图 7-10　Audi A6 乘用车子总线系统控制单元的安装位置

Audi A6 乘用车子总线系统主要控制前照灯照程调节、电子转向柱锁、车身偏转/横摆加速度监控、汽车授权进入系统(FBS)、尾灯故障诊断等系统。系统的最大数据传输速率为 500Kb/s(自适应灯光系统),负责不同领域的各个子总线系统没有定义统一的传输标准,可以采用不同的数据协议和信号形式进行数据传输,通过主控制器的自诊断功能来完成故障诊断工作。

6. Audi A6 乘用车网关（诊断接口）

Audi A6 乘用车网关（诊断接口）安装在手套箱后面的模块架上,如图 7-11 所示。

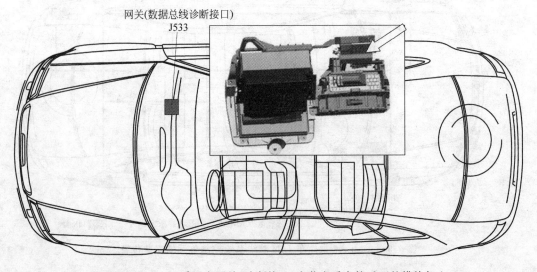

图 7-11　Audi A6 乘用车网关（诊断接口）安装在手套箱后面的模块架上

作为全车网络系统的核心控制单元,Audi A6 乘用车网关(诊断接口)既是整车不同总线之间的接口,也是汽车故障诊断仪(如 VAS5051)与全车各个控制单元之间的接口。同时,作为诊断总线的主控制单元,网关还负责进行 MOST 环路断开诊断、总线系统的休眠/唤醒以及电控元件保护等工作。

7.2 宝马车系汽车网络系统

7.2.1 宝马车系网络系统概览

1. 宝马车系网络系统的发展

作为推动和开发汽车网络技术应用的主要汽车制造商之一,宝马汽车集团早在 1989 年就开始在其生产的 E31 型汽车上使用网络技术(I 总线技术),其网络技术的发展历程和装备情况见表 7-1。

表 7-1 宝马车系汽车网络技术的发展历程和装备情况

车型	生产时间	I 总线	K 总线	M 总线	CAN	K-CAN	K-CAN P+S	PT-CAN	MOST	byteflight
E31	1989—1999	√								
E36	1990—2002				√					
E38	1999—2001	√	√	√						
E39	1995—2004	√	√	√						
E46	1997—	√	√							
E52	2000—	√	√							
E53	1999—	√	√	√						
E60	2003—					√		√	√	√
E61	2004—					√		√	√	√
E63	2003—					√		√	√	√
E64	2004—					√		√	√	√
E65	2001—						√	√	√	√
E66	2001—						√	√	√	√
E67	2002—						√	√	√	√
E83	2003—		√					√		
E85	2002—		√					√	√	
E87	2004—		√					√	√	

在 2008 年推出的新款 BMW F01/F02 型汽车上,又采用了以太网(用作快速编程接口)、FlexRay(用于控制行驶动态管理系统的综合性主总线系统)以及具有系统扩展功能的 LIN 总线。可以说,宝马车系的汽车网络技术一直处于业界前列。

2. 宝马车系网络系统的基本构成

按照控制能力和数据传输速率的不同,宝马车系网络系统原则上分为两大类,即主总线系统和子总线系统。

主总线系统负责跨系统的数据交换,数据交换量大,且数据传输速率差别很大,参差不齐。子总线系统负责系统内的数据交换,用于交换特定系统内数据量相对较少的数据。

网关用作多个网络之间的接口,即使各总线系统的传输速率不同,网关也可以进行数据交换。

宝马车系主总线系统见表7-2,子总线系统见表7-3,网关见表7-4。

表7-2 宝马车系主总线系统

主总线系统	数据传输速率	总线结构
K 总线*	9.6Kb/s	线形,单线
D 总线	10.5~115Kb/s	线形,单线
CAN	100Kb/s	线形,双线
K-CAN	100Kb/s	线形,双线
F-CAN	100Kb/s	线形,双线
PT-CAN	500Kb/s	线形,双线
byteflight	10Mb/s	星形,光纤
MOST	22.5Mb/s	环形,光纤

*在早期车型中,K总线称为I总线。

表7-3 宝马车系子总线系统

子总线系统	数据传输速率/(Kb/s)	总线结构
K 总线协议	9.6	线形,单线
BSD 位串行数据接口	9.6	线形,单线
DWA 总线	9.6	线形,单线
LIN 总线	9.6~19.2	线形,单线

表7-4 宝马车系的网关

车　型	网　关
E38	组合仪表
E46	组合仪表
E60/61	安全和网关模块(SGM)
E63/64	安全和网关模块(SGM)
E65/66/67	中央网关模块(ZGM)或安全和网关模块(SGM)
E83	组合仪表
E85	组合仪表
E87	接线盒

7.2.2 宝马车系的K总线

1. K总线的特性

宝马车系将车身总线称为K总线。K总线用于将普通车辆电气系统、信息和通信系统及安全系统的组件联网。其他具有通信功能并相互交换数据的控制单元也连接到K总线上。

由于K总线只用一根导线朝两个方向传输数据,因而采用半双工模式传输数据。因此,每次只能进行发送或接收。K总线的数据传输速率为9.6Kb/s。

如图 7-12 所示,利用 K 总线传输信息时,总线电平为 0V 和 12V。总线电平由低变高时为逻辑 1,总线电平由高变低时为逻辑 0。

2. K 总线的控制系统

K 总线用于控制空调、收音机、CD 换碟机、中央信息显示屏、电子禁起动防盗锁以及驻车距离报警等系统。BMW E85 车型中的 K 总线如图 7-13 所示。

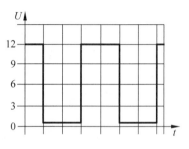

图 7-12　K 总线的电平

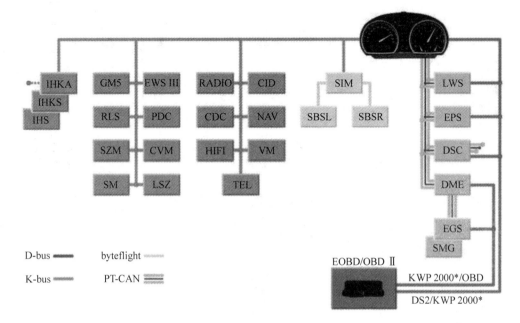

图 7-13　BMW E85 车型中的 K 总线

CDC—CD 换碟机；CID—中央信息显示屏；CVM—敞篷车车顶模块；EWS Ⅲ—电子禁起动防盗锁；GM5—通用模块 5；HIFI—高保真音响；IHKA—自动恒温空调；IHKS—手动恒温空调；IHS—手动空调；LSZ—车灯开关中心；NAV—导航系统；PDC—驻车距离报警系统；RADIO—收音机；RLS—雨量和光照传感器；SM—座椅模块；SZM—中控台开关中心；TEL—电话；VM—视频模块

7.2.3　宝马车系的 K-CAN

1. K-CAN 的应用

宝马车系将其车身控制器局域网称为 K-CAN。K-CAN 是 Bosch 公司专门为宝马车系开发的总线系统。K-CAN 用于传输车身控制系统的信息,将舒适和车身电子系统组件(车灯控制、座椅调节和空调器等)联网。

K-CAN 采用线形拓扑结构,以铜质双绞线作为传输介质,其数据传输速率为 100Kb/s。K-CAN 是一个多主控总线,连接到该总线上的每个控制单元都可以发送信息。由于 K-CAN 的数据传输速率比 K 总线快得多,因此,目前在宝马车系中,K-CAN 已经取代了 K 总线。

如图 7-14 所示,在 BMW E65/66 中,K-CAN 又分为 K-CAN 系统(K-CAN S)和 K-CAN 外围设备(K-CAN P)两个部分。

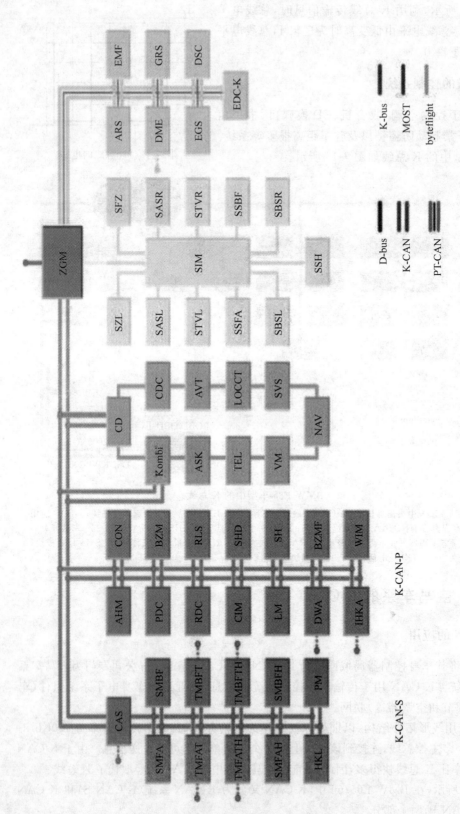

图 7-14 E65 的 K-CAN 系统/外围设备

AHM—挂车模块；BZM—中控台操作中心；BZMF—后座区中控台操作中心；CAS—便捷登车及起动系统；CIM—底盘集成模块；CON—控制器；DWA—防盗报警系统；HKL—行李厢盖举升装置；IHKA—自动恒温空调；LM—车灯模块；PDC—驻车距离报警系统；PM—电源模块；RDC—轮胎充气压力监控装置；RLS—雨量和光照传感器；SH—驻车暖风；SHD—滑动/外翻式天窗；SMBF—前乘客座椅调节模块；SMBFH—前乘客座侧后座椅调节模块；SMFA—驾驶员座椅调节模块；SMFAH—驾驶员侧后座椅调节模块；TMBFT—前乘客侧车门模块；TMBFTH—前乘客侧后部车门模块；TMFAT—驾驶员车门模块；TMFATH—驾驶员侧后车门模块；WIM—雨刷器模块

宝马汽车集团将其汽车底盘控制器局域网称为 F-CAN。F-CAN 的构造和功能与 K-CAN 完全相同,但 F-CAN 专门用于传输底盘控制系统的数据,如动态稳定控制系统、主动转向系统等,如图 7-15 所示。

2. K-CAN 的电平

K-CAN 的 CAN-H 导线电平由低变高时为逻辑 1,电平再次变低时为逻辑 0。

如图 7-16 所示,CAN-H 导线的显性电平为 4V,隐性电平为 1V;CAN-L 导线的隐性电平为 4V,显性电平为 1V。在 K-CAN 上传输一个显性电平时,CAN-H 导线与 CAN-L 导线之间的电压差为 3V。

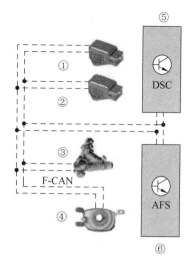

图 7-15　E60 的 F-CAN
①—DSC 传感器 1；②—DSC 传感器 2；③—主动转向系统伺服电机；④—转向柱开关中心；⑤—动态稳定控制系统(DSC)；⑥—主动转向系统(AFS)

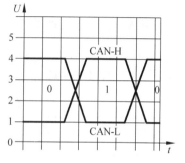

图 7-16　K-CAN 的电平

K-CAN 的实际电压波形如图 7-17 所示。

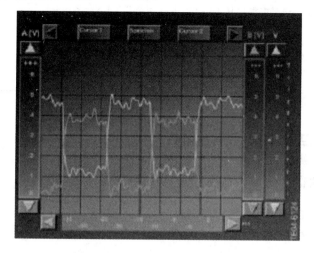

图 7-17　K-CAN 的实际电压波形

3. K-CAN 的终端电阻

如图 7-18 所示,在 K-CAN 中,基本控制单元上的终端电阻阻值为 820Ω,其他控制单元上的终端电阻阻值为 120Ω。

4. K-CAN 的唤醒功能

在 BMW E65/66 中,唤醒信号直接由 K-CAN 传输,不再使用以前的总线端 15(15 号接线端子)唤醒导线功能。

K-CAN 控制单元的接收装置直接将唤醒信号传输至控制单元的输出级,由输出级接通总线端 30(30 号接线端子)。于是,挂接在 K-CAN 总线上的所有设备均被唤醒。

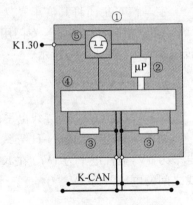

图 7-18 K-CAN 的终端电阻
①—控制单元;②—微处理器;③—终端电阻;④—发送和接收单元;⑤—金属氧化物半导体场效应管(MOSFET)

5. K-CAN 的应急工作特性

K-CAN 采用双线结构,具有应急工作特性,即具有单线应急工作能力。出现表 7-5 所示情况时,K-CAN 作为单线总线工作。

表 7-5 K-CAN 总线的工作状态

序号	工作条件	工作状态
1	K-CAN-H 导线和 K-CAN-L 导线均正常	K-CAN 总线双线运行,正常工作
2	K-CAN-H 导线断路	K-CAN 总线进入单线应急工作状态
	K-CAN-L 导线断路	
3	K-CAN-H 导线对地短路(搭铁)	
	K-CAN-L 导线对地短路(搭铁)	
4	K-CAN-H 导线对电源电压 U_{B+}(蓄电池端电压)短路	
	K-CAN-L 导线对电源电压 U_{B+}(蓄电池端电压)短路	

7.2.4 宝马车系的 PT-CAN

1. PT-CAN 的特性

宝马车系将其动力传动系统的控制器局域网称为 PT-CAN。PT-CAN 是 Bosch 公司专门为宝马车系开发的总线系统。

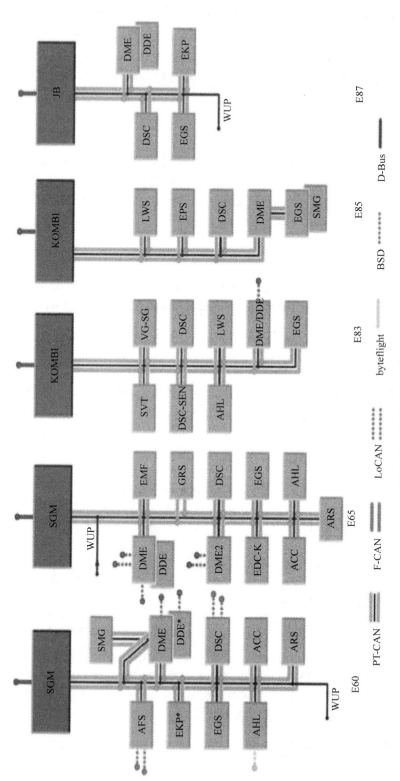

图 7-19 BMW 车系的 PT-CAN

ACC—主动定速巡航控制系统；AFS—主动转向系统；AHL—自适应弯道照明灯；ARS—主动式侧翻稳定装置；DDE—数字式柴油机电子控制单元；DME—数字式发动机电子控制单元；DME2—数字式发动机电子控制单元 2；DSC—动态稳定控制系统；EGS—自动变速器电子控制单元；EKP—电动燃油泵；SMG—手动顺序换挡变速器控制单元；EDC-K—连续式减振器电子控制系统；EMF—电子驻车制动器；GRS—偏转率传感器；DSC-SEN—动态稳定控制系统传感器；KOMBI—组合仪表；LWS—转向角传感器；EPS—电子转向助力系统；VG-SG—分动器控制单元；JB—接线盒；SVT—电子转向助力泵；WUP—唤醒导线

PT-CAN 采用线形总线结构,其数据传输速率为 500Kb/s。PT-CAN 将所有属于动力传动系统的控制单元和模块连接在一起,所有总线设备均以并联方式连接。

PT-CAN 的特点是使用了 3 根导线(CAN-H 导线、CAN-L 导线、CAN-WUP 导线),而不是其他车系的两根导线(CAN-H 导线与 CAN-L 导线)。其中,CAN-WUP 导线作为唤醒导线使用,与 PT-CAN 的数据传输功能无关。唤醒导线可使控制单元从休眠状态(节电模式)进入正常工作状态。

2. PT-CAN 的应用

在宝马车系中,由 E60 开始使用 PT-CAN。PT-CAN 用于将动力传动和底盘系统的控制单元连成网络。PT-CAN 在 E60、E65、E83、E85、E87 车型中的应用如图 7-19 所示。

在 E60、E65 中,以 SGM(安全和网关模块)为网关;在 E83、E85 中,以 KOMBI(组合仪表)为网关;在 E87 中,以 JB(接线盒)为网关。

3. PT-CAN 的电平

如图 7-20 所示,PT-CAN 处于隐性状态时,CAN-H 导线和 CAN-L 导线的电平均为 2.5V。当 PT-CAN 处于显性状态时,CAN-H 导线的电平上升到 4V,CAN-L 导线的电平下降到 1V。

4. PT-CAN 的终端电阻

如图 7-21 所示,PT-CAN 的终端电阻安装在距离最远的两个控制单元上。两个 120Ω 的终端电阻并联连接得到总电阻 60Ω,可在 CAN-H 导线和 CAN-L 导线之间的总线上测到该电阻。

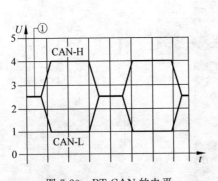

图 7-20 PT-CAN 的电平
①—PT-CAN 处于隐性状态;CAN-H—CAN 高导线信号;CAN-L—CAN 低导线信号

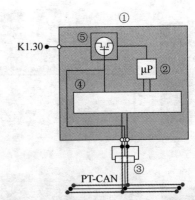

图 7-21 PT-CAN 的终端电阻
①—控制单元;②—微处理器;③—终端电阻;④—发送和接收单元;⑤—金属氧化物半导体场效应管(MOSFET)

关于宝马车系的光学总线系统(MOST 和 byteflight)可参阅本书第 3 章,子总线系统可参阅本书第 4 章。

7.3 大众车系汽车网络系统

7.3.1 大众车系网络系统概览

1. 大众车系网络技术发展历程

由于 Audi 和大众同属于一个汽车集团,两者之间是技术共享,彼此个性化发展的关系。因此,先进技术总是先在高端车系(即 Audi 车系)上采用,此后,陆续在低端车系(即大众车系)上采用。因而,在技术层面上,大众与 Audi 是一脉相承的。

大众车系网络技术发展以控制器局域网 CAN 为主线,其发展历程见表 7-6。

表 7-6 大众车系网络技术发展历程

年 份	汽车网络技术的进展及装备水平
1997	帕萨特乘用车的舒适系统上采用了数据传输速率为 62.5Kb/s 的 CAN 总线
1998	帕萨特和高尔夫乘用车的驱动系统上增加了数据传输速率为 500Kb/s 的 CAN 总线
2000	帕萨特和高尔夫乘用车上都采用了带有网关的第 2 代 CAN 总线
2001	大众公司提高了 CAN 总线的设计标准,将舒适系统 CAN 总线的数据传输速率提高到 100Kb/s,驱动系统的数据传输速率提高到 500Kb/s
2002	大众集团在新的 PQ24 平台上使用带有车载网络控制单元的第 3 代 CAN 数据总线
2003	大众集团在新的 PQ35 平台上使用 5 重结构的 CAN 总线系统,并且出现了单线的 LIN 总线

2. 大众车系 CAN 网络的类型

如图 7-22 所示,目前大众车系的 CAN 总线系统划分为驱动系统、舒适系统、信息系统、仪表系统、诊断系统 5 个局域网,通过网关构成一个完整的汽车网络体系。

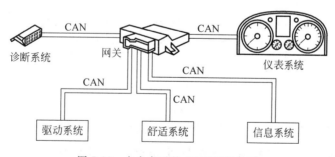

图 7-22 大众车系的 CAN 网络体系

3. 驱动系统 CAN 总线

大众车系驱动系统 CAN 总线的组成如图 7-23 所示。

驱动系统 CAN 总线由 15 号导线(经点火开关的蓄电池正电)激活,采用双线式数据总线,其数据传输速率为 500Kb/s,所以也称为高速 CAN 总线。控制单元通过驱动 CAN 总

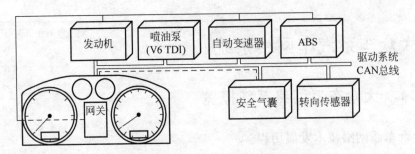

图 7-23　驱动系统 CAN 总线的组成

线的 CAN-High 导线和 CAN-Low 导线来进行数据传输。

4. 舒适系统 CAN 总线

大众车系舒适系统 CAN 总线的组成如图 7-24 所示。

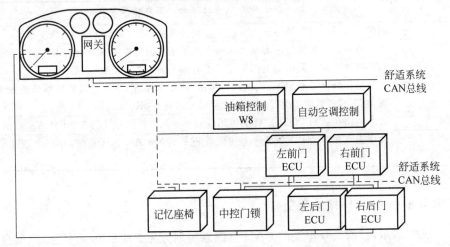

图 7-24　大众车系舒适系统 CAN 总线的组成

舒适系统 CAN 总线由 30 号导线（蓄电池正电）激活，采用双线式数据总线，控制单元通过舒适 CAN 总线的 CAN-High 导线和 CAN-Low 导线来进行数据传输，其数据传输速率为 100Kb/s，所以也称为低速 CAN 总线。

5. 网关

网关具有协议转换、故障存储、改变信息优先级等功能，负责协调和控制整个网络系统的工作。依车型不同，有采用组合仪表作为网关的（如 2002 年型 Golf/Bora 乘用车），也有采用专用控制单元作为网关的（如迈腾、速腾、速派、途安等）。

6. 诊断总线

如图 7-25 所示，诊断总线用于诊断仪器（如 VAS5051）通过网关和相应控制单元之间的信息交换，它被用来代替早期的 K-线或者 L-线。

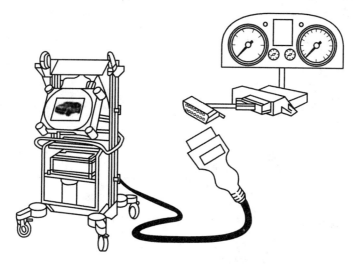

图 7-25 诊断总线通过网关连接各控制单元

7. LIN 总线

LIN(局域互联网)总线是指所有的控制单元都在一个系统总成内(如发动机系统、自动变速器系统、空调系统、车门中控锁(中央门锁)系统、天窗系统等)的局域互联网。

汽车中的 LIN 总线一般作为 CAN 总线的子网存在,它只有一根数据导线,导线截面为 $0.35mm^2$,且没有屏蔽措施。目前,大众车系的 LIN 总线多用于空调系统的控制。

8. 电源管理

驱动系统 CAN 总线通过 15 号接线端子(经点火开关的蓄电池正电)接通或关闭,在发动机运转时才需要电流。舒适系统 CAN 总线由 30 号接线端子(蓄电池正电)供电,即一直处于准备工作(待命)状态。

为了避免蓄电池电能的无谓消耗,有必要进行电源管理。当控制单元之间没有信息交换时,舒适系统总线进入休眠模式(电流节约模式)。在休眠模式下舒适系统总线只取用很小的电流(电流为 mA 级),需要时可通过如中央门锁、无线远程遥控器操作等自行启动。

9. 内部故障管理

控制单元内部有错误计数器,一次发送失败计数加 8,一次接收错误计数加 1。当累计超过 127 时,系统不再允许控制单元发送信息;当累计超过 255 时,控制单元将自动与总线系统脱离。

但是,当控制单元发送信息时,若没有收到答复信号,控制单元将重复发送,而接收错误将不被计数。

7.3.2 大众迈腾汽车网络系统

1. 迈腾汽车网络系统概览

大众迈腾(Magotan,即帕萨特 B6)汽车网络系统如图 7-26 所示,各个总线系统的数据传输速率见表 7-7。

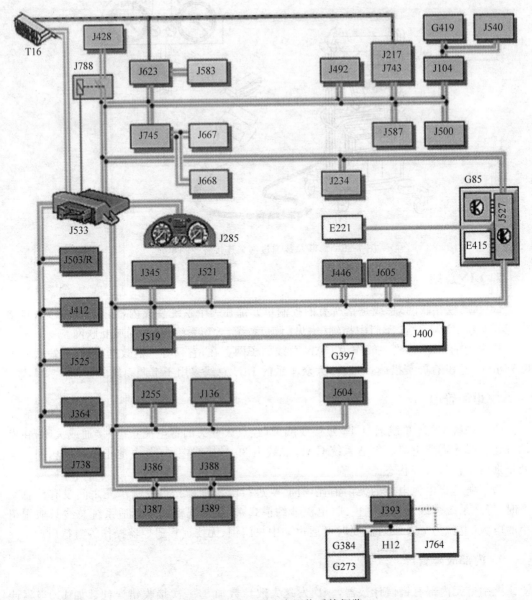

图 7-26 大众迈腾汽车网络系统概览

T16—故障诊断接口；J428—车距控制系统控制单元；J788—驱动 CAN 总线断路继电器；J623—发动机控制单元；J583—NO$_x$ 传感器控制单元；J492—四轮驱动控制单元；J217—自动变速器控制单元；J743—DSG 双离合器变速器机械电子单元；G419—ESP 组合传感器控制单元；J540—电子机械驻车制动控制单元；J104—ABS 控制单元；J500—助力转向控制单元；J587—换挡杆传感器控制单元；J745—前照灯控制单元；J667—左侧大灯模块；J668—右侧前照灯模块；J234—气囊控制单元；J533—网关；J285—仪表控制单元；J503/R—导航控制单元(收音机)；J412—电话准备系统控制单元；J525—数字音响控制单元；J364—驻车加热控制单元；J738—电话控制单元；G85—转向角度传感器；J527—转向柱控制单元；E415—进入和起动许可控制单元；E221—多功能转向盘控制单元；J345—拖车控制单元；J521—副驾驶座椅记忆控制单元；J446—停车辅助控制单元；J605—行李厢盖控制单元；J519—车载电源控制单元；J400—雨刷电机控制单元；G397—雨量及光线传感器；J255—空调控制单元；J136—驾驶员座椅记忆控制单元；J604—驻车加热控制单元；J386—左前(驾驶员)车门控制单元；J387—右前(副驾驶)车门控制单元；J388—左后车门控制单元；J389—右后车门控制单元；J393—舒适系统控制单元；G384—车辆倾斜传感器；G273—内部监控传感器；H12—防盗警报喇叭；J764—电子转向柱锁

表 7-7 大众迈腾汽车各个总线系统的数据传输速率

总 线 系 统	数据传输速率/(Kb/s)	总 线 系 统	数据传输速率/(Kb/s)
驱动 CAN 总线	500	LIN 总线	20
舒适 CAN 总线	100	仪表 CAN 总线	500
信息 CAN 总线	100	诊断 CAN 总线	500
智能大灯 CAN 总线	500	位串行数据接口(BSD)	9.8
电子驻车制动 CAN 总线	500		

2. 驱动 CAN 总线网络

驱动 CAN 总线网络系统的总体布置如图 7-27 所示，控制单元的安装位置如图 7-28 所示。

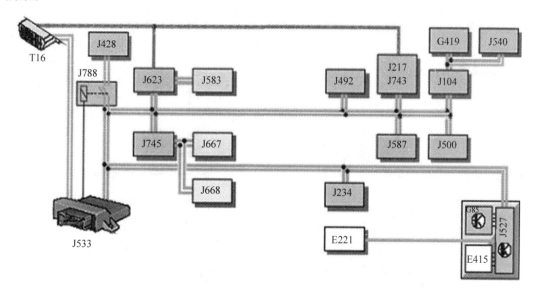

图 7-27 驱动 CAN 总线网络系统的总体布置

T16—故障诊断接口；J428—车距控制系统控制单元；J788—驱动 CAN 总线断路继电器；J623—发动机控制单元；J583—NO$_x$ 传感器控制单元；J533—网关；J745—前照灯控制单元；J667—左侧前照灯模块；J668—右侧前照灯模块；J492—四轮驱动控制单元；J217—自动变速器控制单元；J743—DSG 双离合器变速器机械电子单元；J104—ABS 控制单元；G419—ESP 组合传感器控制单元；J540—电子机械驻车制动控制单元；J500—助力转向控制单元；J587—换挡杆传感器控制单元；J234—气囊控制单元；E221—多功能转向盘控制单元；G85—转向角度传感器；J527—转向柱控制单元；E415—进入和起动许可控制单元

3. 舒适 CAN 总线网络

舒适 CAN 总线网络系统的总体布置如图 7-29 所示，控制单元的安装位置如图 7-30 所示。

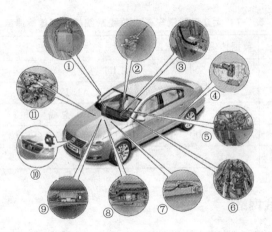

图 7-28 驱动 CAN 总线网络系统控制单元的安装位置

①—大灯控制单元 J745；②—换挡杆传感器控制单元 J587；③—气囊控制单元 J234；④—四轮驱动控制单元 J492；⑤—转向柱控制单元 J527；⑥—网关 J533；⑦—自动变速器控制单元 J217；⑧—助力转向控制单元 J500；⑨—发动机控制单元 J623；⑩—车距控制系统控制单元 J428；⑪—ABS 控制单元 J104

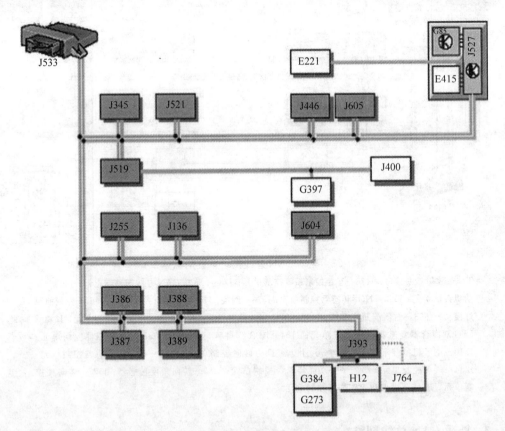

图 7-29 舒适 CAN 总线网络系统的总体布置

J533—网关；J345—拖车控制单元；J521—副驾驶座椅记忆控制单元；J446—停车辅助控制单元；J605—行李厢盖控制单元；E221—多功能转向盘控制单元；G85—转向角度传感器；J527—转向柱控制单元；E415—进入和起动许可控制单元；J519—车载电源控制单元；J400—雨刷器电机控制单元；G397—雨量及光照传感器；J255—空调控制单元；J136—驾驶员座椅记忆控制单元；J604—驻车加热控制单元；J386—左前(驾驶员)车门控制单元；J387—右前(副驾驶)车门控制单元；J388—左后车门控制单元；J389—右后车门控制单元；J393—舒适系统控制单元；G384—车辆倾斜传感器；G273—内部监控传感器；H12—防盗警报喇叭；J764—电子转向柱锁

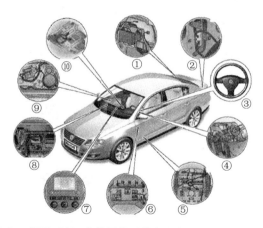

图 7-30　舒适 CAN 总线网络系统各个控制单元的安装位置

①—停车辅助控制单元 J446；②—拖车控制单元 J345；③—多功能转向盘控制单元 E221；④—转向柱控制单元 J527；⑤—驾驶员座椅记忆控制单元 J136；⑥—车载电源控制单元 J519；⑦—空调控制单元 J255；⑧—舒适系统控制单元 J393；⑨—右前（副驾驶）车门控制单元 J387；⑩—副驾驶座椅记忆控制单元 J521

4. 信息娱乐 CAN 总线网络

信息娱乐 CAN 总线网络系统的总体布置如图 7-31 所示，控制单元的安装位置如图 7-32 所示。

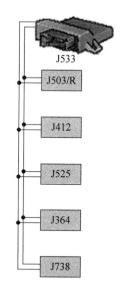

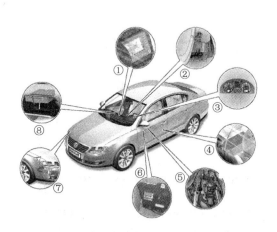

图 7-31　信息娱乐 CAN 总线网络系统的总体布置

J533—网关；J503/R—导航控制单元（收音机）；J412—电话准备系统控制单元；J525—数字音响控制单元；J364—驻车加热控制单元；J738—电话控制单元

图 7-32　信息娱乐 CAN 总线网络系统各个控制单元的安装位置

①—导航控制单元（收音机）J503/R；②—电话控制单元 J738；③—仪表控制单元 J285；④—数字音响控制单元 J525；⑤—网关 J533；⑥—故障诊断接口 T16；⑦—驻车加热控制单元 J364；⑧—电话准备系统控制单元 J412

5. LIN 总线网络

LIN 总线网络系统的总体布置如图 7-33 所示,控制单元的安装位置如图 7-34 所示。

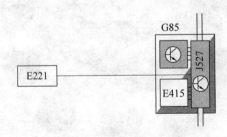

图 7-33　LIN 总线网络系统的总体布置

E221—多功能转向盘；G85—转向角度传感器；J527—转向柱控制单元；
E415—进入和起动许可控制单元

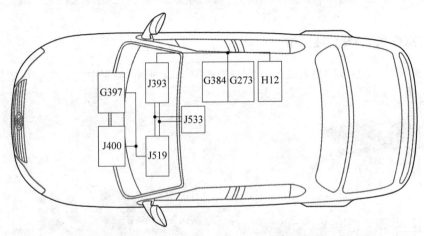

图 7-34　LIN 总线网络系统各个控制单元的安装位置

G397—雨量及光线传感器；J400—雨刷器电机控制单元；J519—车载电源控制单元；
J393—舒适系统中央控制单元；J533—网关；G384—车辆倾斜传感器；G273—内部监控
传感器；H12—防盗警报喇叭

6. 电子机械驻车制动 CAN 总线(子总线)

电子机械驻车制动 CAN 总线(子总线)系统的总体布置及控制单元的安装位置如图 7-35 所示。电子驻车制动 CAN 总线的数据传输速率为 500Kb/s,不支持单线工作模式。

7. 智能大灯 CAN 总线(子总线)

智能大灯 CAN 总线(子总线)系统的总体布置及控制单元的安装位置如图 7-36 所示。智能大灯 CAN 总线的数据传输速率为 500Kb/s,不支持单线工作模式。

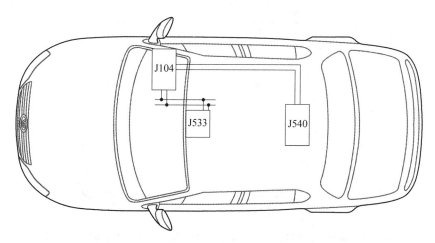

图 7-35 电子机械驻车制动 CAN 总线系统的总体布置及控制单元的安装位置

J104—ABS 控制单元；J533—网关；J540—电子机械驻车制动控制单元

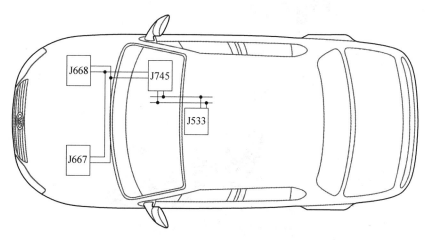

图 7-36 智能大灯 CAN 总线系统的总体布置及控制单元的安装位置

J667—左侧大灯模块；J668—右侧大灯模块；J745—智能大灯控制单元；J533—网关控制单元

8. 位串行数据接口总线 BSD

位串行数据接口总线 BSD 的总体布置及控制单元的安装位置如图 7-37 所示。位串行数据接口总线 BSD 的数据传输速率为 9.8Kb/s，与 LIN 总线相比，应用位串行数据接口总线增强了防盗功能。

9. 仪表与诊断 CAN 总线

仪表与诊断 CAN 总线如图 7-38 所示。

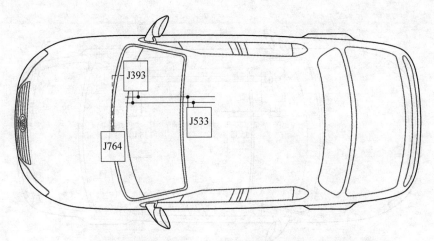

图 7-37　位串行数据接口总线 BSD 的总体布置及控制单元的安装位置

J764—电子转向柱锁；J393—舒适系统中央控制单元；J533—网关

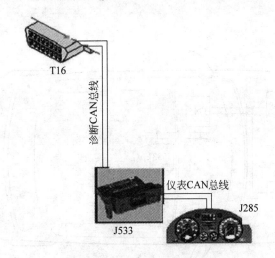

图 7-38　仪表与诊断 CAN 总线

T16—故障诊断接口；J533—网关；J285—仪表控制单元

7.4　法国车系汽车网络系统

7.4.1　汽车局域网 VAN

1. VAN 总线

法国车系汽车网络系统使用的是 VAN 网络。VAN 的全称是 vehicle area network，即汽车局域网。VAN 是由法国雷诺汽车公司和标致-雪铁龙汽车集团联合开发的，属于现场总线中的一种。

VAN 数据总线系统协议是一种只需要中等通信速率的通信协议，适用于车身功能和车辆舒适性功能的管理。VAN 作为专门为汽车开发的总线,1994 年成为国际标准。VAN 通信介质简单,数据传输速率可达 1Mb/s(40m 内),按 SAE 的分类应该属于 C 类汽车总线。

VAN 支持分布式实时控制的通信网络,可广泛应用于汽车门锁、电动车窗玻璃升降、空调、自动报警以及娱乐控制等系统。VAN 总线作为串行通信网络,与一般总线相比,其数据通信具有突出的可靠性、实时性和灵活性。VAN 标准特别考虑了严峻的环境温度、电磁干扰和振动因素,尤其适用于需要现场总线的实时控制系统。

与控制器局域网 CAN 一样,VAN 也采用两根导线进行数据传输。两根导线分别称为 DATA 数据导线和 DATAB 数据导线(对应于 CAN-High 导线和 CAN-Low 导线)。VAN 的数据导线既可以采用铜质双绞线,也可以采用同轴电缆,还可以采用光导纤维(即光纤或光缆)。

VAN 总线的 DATA 数据导线和 DATAB 数据导线的电压如图 7-39 所示。不难看出,与控制器局域网 CAN 一样,VAN 也采用差动信号传输方式,抗干扰能力强,且有良好的容错能力。同时,VAN 总线在一条导线出现故障的情况下,还具有单线工作能力。

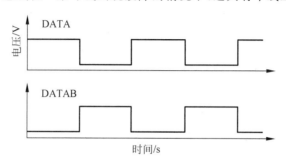

图 7-39 VAN 总线 DATA 与 DATAB 的电压示意图

2. VAN 总线的应用

VAN 总线的应用形式主要有两种:一种为单一的 VAN 网络,另一种为 VAN-CAN 混合网络。东风神龙公司生产的爱丽舍、毕加索(1.6L、2.0L)和赛纳汽车均采用了 VAN 多路传输系统。法国与中国合资生产的标致、雷诺汽车上的电器全部都是以 VAN 网络形式连接的,包括音响主机、显示屏、CD 机、空调、车速表以及安全气囊等。

1) 单一的 VAN 网络

最先开发的 VAN 总线主要用于汽车舒适系统的控制,如空调、防盗报警、卫星导航、CD 机、收放机、组合仪表、多功能显示屏、门锁、电动车窗、车灯等,主要应用车型有赛纳和毕加索,属于纯粹的 VAN 总线的车型。

现在应用的 VAN 多路传输系统中,使用 BSI 智能控制盒(即中央控制计算机)对各功能单元进行控制,如图 7-40 所示。这样,既减少了对驾驶员本身素质的依赖,又提高了驾驶和乘车的舒适性及安全性。

2) VAN-CAN 混合网络

随着技术进步,在单一的 VAN 网络基础上,又引入了 CAN 网络技术,构成 VAN、CAN 双网并存的混合网络系统。

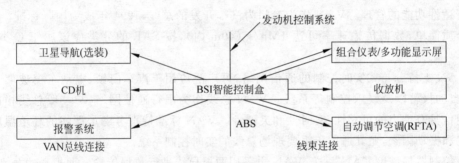

图 7-40　VAN 多功能传输系统结构示意图

如图 7-41 所示,在 VAN-CAN 双网并存的混合网络系统中,VAN 总线主要用于汽车舒适系统的控制,CAN 总线主要用于汽车动力传动、制动、悬架等系统的控制,VAN 总线和 CAN 总线两个网络系统由网关(BSI 智能控制盒)连接起来,协同工作。

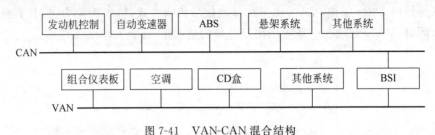

图 7-41　VAN-CAN 混合结构

7.4.2　标致、雪铁龙汽车的 VAN 网络

下面以标致 206、标致 207、雪铁龙 C2 为例介绍法国车系的 VAN 汽车网络系统。

1. VAN 网络结构

如图 7-42 所示,作为 VAN 网络的网关,智能控制盒(BSI)把来自 4 个网络的信息集中起来,并加以处理。

4 个网络分别如下所述。

(1) CAN 内部系统网络(即 CAN I/S 网络)。CAN I/S 网络用于将智能控制盒(BSI)连接到发动机控制单元(1320)、自动变速器控制单元(1630)和 ABS 控制单元(7020)上,其数据传输速率为 250Kb/s。

(2) VAN 舒适网络。VAN 舒适网络用于将智能控制盒(BSI)连接到组合仪表(0004)和空调控制单元(8080)上,其数据传输速率为 125Kb/s。

(3) 两个 VAN 车身网络。两个 VAN 车身网络的数据传输速率均为 62.5Kb/s。其中一个 VAN 车身网络用于将智能控制盒(BSI)和防盗报警控制单元(8602)连接起来(依车型)。另外一个 VAN 车身网络用于将智能控制盒(BSI)与发动机舱控制盒(BM34)、转向盘下转换模块(CV00)、安全气囊控制单元(6570)连接起来。

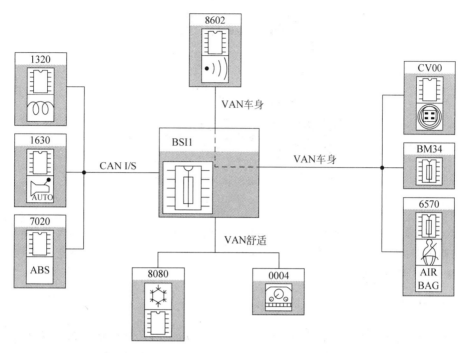

图 7-42 以智能控制盒(BSI)为网关的 VAN 网络

BSI1—智能控制盒；1320—发动机控制单元；1630—自动变速器控制单元；7020—ABS 控制单元；0004—组合仪表；8080—空调控制单元；BM34—发动机舱控制盒；CV00—转向盘下转换模块；6570—安全气囊控制单元；8602—防盗报警控制单元

2. 智能控制盒

如图 7-43 所示，智能控制盒(BSI)是整车网络系统的核心控制单元，由电子电路部分和功率部分(包括熔断器和继电器)构成。

作为 VAN 网络系统的网关，智能控制盒(BSI)除了负责管理 VAN 网络的电量(电源)供应(休眠、激活和暂停供电)之外，还负责在下面网络之间进行数据传输和协议转换：

(1) CAN I/S、VAN 舒适网络和 VAN 车身网络之间；

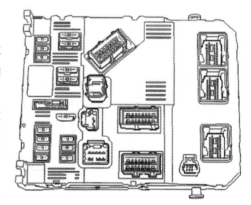

图 7-43 智能控制盒(BSI)

(2) 诊断工具和(舒适、车身)VAN 网络之间。

此外，智能控制盒(BSI)还可以实施远程编码和数据下载，以方便故障的检测与维修工作。

3. 电源管理功能

如图 7-44 所示，智能控制盒 BSI 对汽车电源系统(蓄电池和发电机)进行统筹管理，以维持汽车电网电压的稳定，并确保蓄电池具有足够的起动能力。

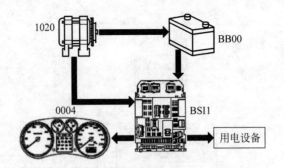

图 7-44 智能控制盒 BSI 的电源管理功能

1020—发电机；BB00—蓄电池；智能控制盒—BSI1；组合仪表—0004

当汽车电源系统(蓄电池和发电机)工作不良时，可对部分舒适性用电设备(除霜机、鼓风机、空调压缩机等)进行占空比控制，以降低电能消耗。必要时可强制这些舒适性用电设备停止工作，以保证汽车的正常行驶。

4. 休眠与激活模式

如图 7-45 所示，VAN 网络的激活(工作)条件很多，其激活与休眠状态不仅仅取决于点火开关钥匙的位置。在某些情况下，VAN 网络可以运行一段时间，运行时间的长短由智能控制盒管理，其目的是在发动机不工作的时候限制电能消耗。

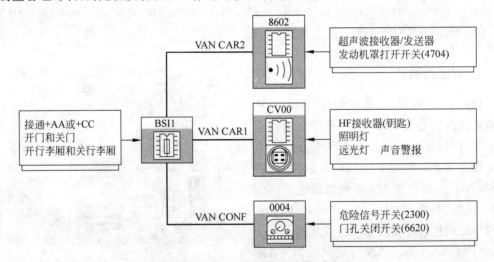

图 7-45 VAN 网络的激活(工作)条件

在激活模式下，VAN 网络的运行时间一般为 65s(如果没有＋AA 和＋CC)。

VAN 舒适网络和 VAN 车身网络同时被激活。在＋AA 断开后的 60s 内，VAN 网络维持激活状态。这样可以保证车门玻璃的上升或下降、忘记拔下钥匙时自动报警、灯光伴我回家模式等功能。

激活模式的启动是通过激活传感器以下列形式完成的：

(1) 直接信号(直接输入 BSI)；

(2) 间接信号(通过 DATAB 接地)。

当所有激活或维持原状的条件均消除后,系统再等待 65s 后,VAN 网络即转为休眠模式,以降低系统的电能消耗。

5. 发动机舱控制盒

如图 7-46 所示,发动机舱控制盒(BM34)由两个模块组成,安装在发动机舱内。发动机舱控制盒的 3 个主要作用是:

(1) 利用熔断器(保险丝)保护发动机舱内的用电设备;

(2) 电力分配(雨刷器、灯光照明等);

(3) 保持 BM34 与智能控制盒(BSI)的通信。

发动机舱控制盒的模块 1 通过熔断器完成冷却风扇电机、ABS 系统、防盗点火锁的电力分配和保护,同时,还向智能控制盒提供信息。

发动机舱控制盒的模块 2 通过蓄电池接线柱(+BB)和点火接线柱(+CC)确保主线束和发机线束信息传输的电力分配和保护。受发动机电控单元

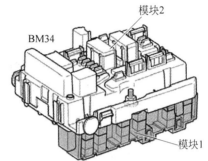

图 7-46 发动机舱控制盒(BM34)

(1320)的控制,发动机舱控制盒的模块 2 向发动机电控单元、电动燃油泵、点火线圈、喷油器、氧传感器加热电阻等较大功率用电器供电。

在智能控制盒的控制下,发动机舱控制盒的模块 2 通过 VAN 车身网络以执行元件模式和智能控制盒(BSI)通信,传输有关空调鼓风机、高音喇叭、近光灯、远光灯、前雾灯、前后玻璃清洗泵、前雨刷器的控制信息。

受智能控制盒的控制,发动机舱控制盒的模块 2 在发生碰撞(根据安全气囊控制单元给出的信息)的情况下自动切断电动燃油泵电源,以防止燃油外溢,撞车后发生火灾。

发动机舱控制盒的模块 2 还可以通过 VAN 车身网、智能控制盒接收发动机机油压力报警信息,并与智能控制盒一起作为以下智能部件之间信息传输的桥梁和纽带:

(1) 发动机机油油位传感器和发动机机油温度传感器(视具体车型而定);

(2) 操纵装置,如空调压缩机、发电机模块和起动机吸合线圈等。

汽车故障检测仪和发动机舱控制盒之间不传输信息。发动机舱控制盒模块 2 的故障自诊断(故障读取、激活测试等)通过 VAN 车身网由智能控制盒实施。

需要指出的是,发动机舱控制盒的故障信息存储在智能控制盒中,发动机舱控制盒的模块 1 没有自诊断功能。

6. 转向盘下转换模块

转向盘下转换模块(CV00)是一个可以接收网络信息的电子控制单元,负责管理转向盘下的所有操作,并通过 VAN 车身网络和智能控制盒通信。

如图 7-47 所示,转向盘下转换模块的控制功能包括:

(1) 转向盘下的主要操纵件(照明、信号和雨刷器等);

(2) 高频接收器(车门锁止和解锁)、蜂鸣器和旋转开关;

(3) 应答器天线、安全气囊和高音喇叭的连接。

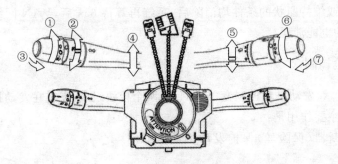

图 7-47 转向盘下转换模块的控制功能

①—示宽灯、近光灯(旋转式开关);②—前后雾灯(旋转式开关);③—远光灯和近光灯的变换;
④—转向指示灯;⑤—前雨刷器;⑥—后雨刷器;⑦—前风挡玻璃清洗和雨刷器

7. 组合仪表

组合仪表主要完成以下信息的显示:

(1) 燃油油量、发动机转速、车速和各种指示灯的显示;
(2) 机油压力、机油油位和机油温度(视具体版本而定)的显示;
(3) 发动机冷却液温度的显示;
(4) 保养指示,提醒驾驶员下次保养的时间;
(5) 里程表显示,即时里程和总里程。

组合仪表的信息传输网络如图 7-48 所示。

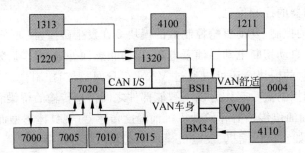

图 7-48 组合仪表的信息传输网络

BSI1—智能控制盒;1320—发动机控制单元;7020—ABS 控制单元;0004—组合仪表;
BM34—发动机舱控制盒;CV00—转向盘下转换模块;1211—燃油泵/标尺;1220—发动机
冷却液温度传感器;1313—发动机转速传感器;4100—机油油位/温度传感器;4110—机油
油压表;7000—左前轮转速传感器;7005—右前轮转速传感器;7010—左后轮转速传感器;
7015—右后轮转速传感器

8. 全自动空调

全自动空调(RFTA)可以实现座舱温度、空气流量和风量分配的全自动调节,其信息传输网络如图 7-49 所示。

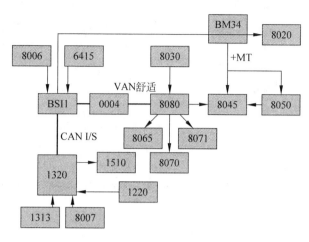

图 7-49 全自动空调的信息传输网络

BSI1—智能控制盒；1320—发动机控制单元；0004—组合仪表；BM34—发动机舱控制盒；1220—发动机冷却液温度传感器；1313—发动机转速传感器；8007—线性压力控制器；8080—空调控制单元；8060—空调控制面板；8020—空调压缩机；1510—空调风扇电机；6415—外部空气温度传感器；8006—蒸发器传感器；8030—座舱温度传感器；8045—鼓风机控制模块；8050—鼓风机电动机；8070—进风门步进电机；8071—配风门步进电机；8065—混风门步进电机

9. 防盗报警系统

1）应答器防起动

应答器防起动（ADC2）系统通过锁止发动机电控单元（1320）使车辆不能起动，进而实现车辆防盗功能，其信息传输网络如图 7-50 所示。

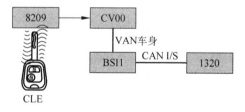

图 7-50 应答器防起动（ADC2）系统的信息传输网络

BSI1—智能控制盒；1320—发动机控制单元；CV00—转向盘下转换模块；
8209—应答器天线；CLE—智能钥匙（含遥控器）

2）锁止/解锁功能

车门和行李厢的开启是电控的，锁止和解锁功能可以通过高频遥控器或用钥匙操作门锁和行李厢。门锁和行李厢的锁止/解锁功能信息传输网络如图 7-51 所示。

3）防盗报警

识别车辆被非法入侵的方法有两种：其一是对车门锁、行李厢锁、发动机罩盖的关闭状态进行监控；其二是对座舱内空气量的变化（容积）进行监控。视车型配置不同，防盗报警方式略有差别。

防盗报警系统的信息传输网络如图 7-52 所示。

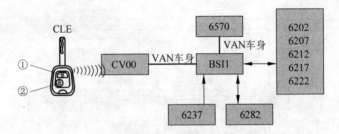

图 7-51 门锁和行李厢的锁止/解锁功能信息传输网络

①—按钮 1(可以在锁止时启动报警);②—按钮 2(可以在解锁时关闭报警);BSI1—智能控制盒;CV00—转向盘下转换模块;CLE—智能钥匙(含遥控器);6570—安全气囊控制单元和预张紧器;6237—行李厢开关;6282—行李厢开启驱动器;6202、6207、6212、6217、6222—车门电动锁

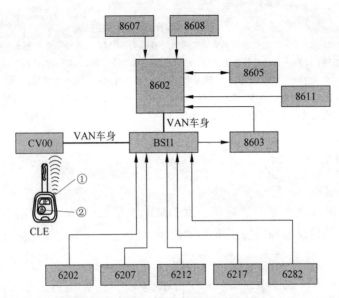

图 7-52 防盗报警系统的信息传输网络

①—按钮 1(可以在锁止时启动报警);②—按钮 2(可以在解锁时关闭报警);BSI1—智能控制盒;CV00—转向盘下转换模块;CLE—智能钥匙(含遥控器);8602—防盗器报警音量控制单元;8607、8608—容积传感器(依车型);8603—防盗器报警开关;8605—防盗报警器;8611—发动机罩盖关闭开关;6202、6207、6212、6217—车门电动锁;6282—行李厢开启驱动器

10. 照明控制

1) 外部照明控制

外部照明的控制功能如下:

(1) 示宽灯、近光灯和远光灯的点亮和熄灭,牌照灯、后雾灯的点亮和熄灭;

(2) 转向信号灯和应急报警灯的点亮和熄灭;

(3) 前雾灯的点亮和熄灭。

外部照明控制的信息传输网络如图 7-53 所示。

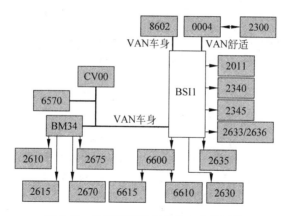

图 7-53 外部照明控制的信息传输网络

BSI1—智能控制盒；CV00—转向盘下转换模块；BM34—发动机舱控制盒；0004—组合仪表；2300—信号报警按钮；6570—安全气囊控制单元；2610 和 2615—左前和右前大灯；2670 和 2675—左前和右前雾灯；6600—前照灯高度调节开关；6615 和 6610—左、右前照灯调节器步进电机；2630 和 2635—左后和右后转向信号灯；2011—后雾灯；2340 和 2345—左、右转向信号灯；2633 和 2636—左、右牌照板照明灯；8602—防盗报警器控制单元

2）内部照明控制

内部照明的控制功能如下：

（1）前顶灯的逐步点亮和熄灭；

（2）左右阅读灯的点亮和熄灭；

（3）整理厢照明灯的点亮和熄灭；

（4）行李厢照明灯的点亮和熄灭。

内部照明控制的信息传输网络如图 7-54 所示。

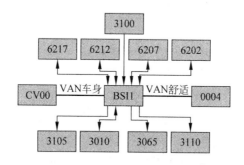

图 7-54 内部照明控制的信息传输网络

BSI1—智能控制盒；CV00—转向盘下转换模块；0004—组合仪表；6202、6207、6212、6217—所有开启件门锁；3010—车内顶部控制面板；3065—阅读灯；3100—行李厢照明开关；3105—行李厢照明灯；3110—整理厢照明灯

11. 除霜及雨刷器控制

1）除霜控制

除霜控制功能包括后车窗（后风挡玻璃）延时除霜和外后视镜延时除霜两部分，其信息

传输网络如图 7-55 所示。

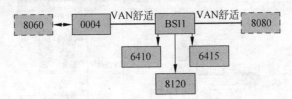

图 7-55 除霜控制功能信息传输网络

BSI1—智能控制盒；0004—组合仪表；8060—空调控制单元（RF 手动空调版本）；8080—空调控制单元（RFTA 全自动空调版本）；6410、6415—左、右车外后视镜；8120—后车窗（后风挡玻璃）加热器（电热电阻）

2）雨刷器控制

雨刷器控制功能包括：

(1) 前雨刷器间歇性刮水、慢速刮水和快速刮水；

(2) 前风挡玻璃清洗；

(3) 后风挡玻璃刮净和清洗。

雨刷器控制功能信息传输网络如图 7-56 所示。

12. ABS 制动系统

T21 系列汽车（标致 206、标致 207、雪铁龙 C2）配备的是 TEVES MK70 型 ABS 制动系统，系统内部集成了电子制动力分配（REF）功能，可有效防止制动时车轮抱死，具有良好的制动效能和制动方向稳定性。

如图 7-57 所示，ABS 制动系统通过 CAN I/S 网络进行信息传输。

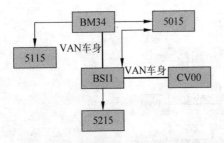

图 7-56 雨刷器控制功能信息传输网络

BSI1—智能控制盒；CV00—转向盘下转换模块；BM34—发动机舱控制盒；5015—前雨刷器电机；5115—前后风挡玻璃清洗泵；5215—后雨刷器电机

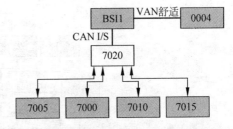

图 7-57 ABS 制动系统通过 CAN I/S 网络进行信息传输

BSI1—智能控制盒；0004—组合仪表；7020—ABS 控制单元；7000—左前车轮转速传感器；7005—右前车轮转速传感器；7010—左后车轮转速传感器；7015—右后车轮转速传感器

13. 安全气囊系统

安全气囊系统根据碰撞传感器信号检测和识别正面、侧面和后部（追尾）的碰撞及其碰撞强度，决定相应方向的安全气囊是否引爆以及引爆强度，进而对车内乘员实施最大限度的安全保护。

安全气囊系统的信息传输网络如图7-58所示。

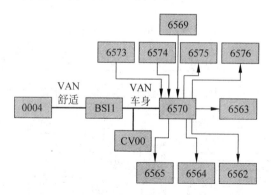

图7-58 安全气囊系统的信息传输网络

BSI1—智能控制盒；CV00—转向盘下转换模块；0004—组合仪表；6570—安全气囊控制单元和安全带预张紧器；6564、6565—正面安全气囊；6562、6563、6575、6576—安全气囊；6573、6574—卫星式传感器(依车型)；6569—乘客安全气囊解除开关(依车型)

7.5 丰田车系汽车网络系统

7.5.1 丰田车系汽车网络系统概览

日本丰田汽车公司将其汽车网络系统称为多路传输系统，主要有 CAN、BEAN 和 AVC-LAN 等几种网络结构。

1. CAN、BEAN 和 AVC-LAN

CAN 是指符合 ISO 标准的串行数据通信网络。车身电子局域网(body electronic area network, BEAN)是丰田汽车公司自己开发的双向通信网络。音响视听局域网(audio visual communication-local area network, AVC-LAN)是丰田汽车公司开发的、主要用于音频和视频设备中的通信网络。

CAN 总线的数据传输速率比 BEAN 和 AVC-LAN 的要快，因此底盘控制系统采用 CAN 总线传输数据，以达到在加快传输速率的同时，保证高质量的数据传输的目的。

2. 网关和 CAN 通信网络

CAN、BEAN、AVC-LAN 网络的通信协议各不相同。如图7-59所示，网关内置CPU 从各总线接收数据，然后按照各通信协议把该数据变换后通过不同的总线发送出去。网关根据车辆的功能预先确定需要处理的数据。

如图7-60所示，丰田整车网络系统包含两个 CAN 接头，用来从主总线线路和辅总线线路连接各传感器和控制单元。

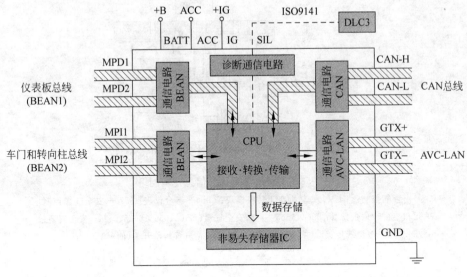

图 7-59　网关的结构

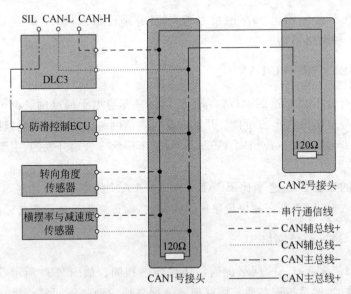

图 7-60　丰田整车网络系统包含两个 CAN 接头

7.5.2 丰田车系汽车网络系统的组成

1. 雷克萨斯 LS430 乘用车多路传输系统

如图 7-61 所示,雷克萨斯 LS430 乘用车全车电控单元以网关控制单元为中心,设置了几个总线系统,包括仪表板总线、门控总线、转向柱总线、Back-up 总线(控制转向信号灯、尾灯、制动灯和后雾灯)和 AVC-LAN。

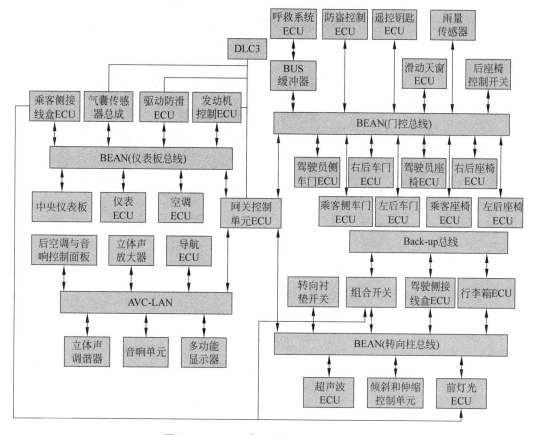

图 7-61 LS430 乘用车车身网络通信系统

2. 雷克萨斯 RX330 乘用车多路传输系统

雷克萨斯 RX330 乘用车的 CAN 总线连接了驱动防滑控制 ECU、转向传感器、横摆率和减速度传感器以及 DLC3(3 号诊断连接器)。DLC3 通过 CAN-H 导线和 CAN-L 导线传输故障信息,诊断测试仪通过 DLC3 可以检测 CAN 总线系统通信的故障码。

如图 7-62 所示,在雷克萨斯 RX330 车型中,CAN 总线包含 CAN 1 号接头、CAN 2 号接头、驱动防滑控制 ECU、转向传感器、横摆率与减速度传感器和 DLC3 等元件。

如图 7-63 所示,BEAN 总线采用单线传输数据,CAN 总线和 AVC-LAN 总线采用双绞线传输数据。

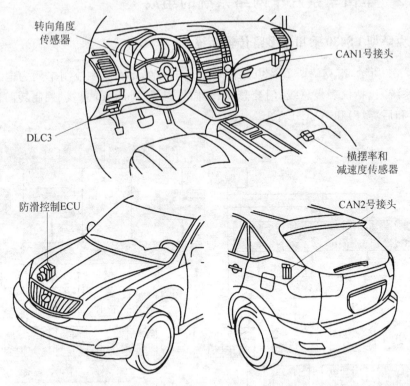

图 7-62 CAN 元件位置分布

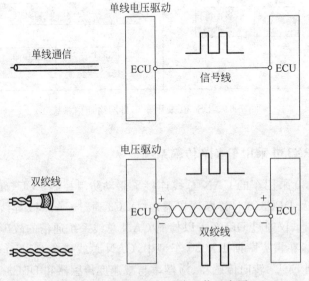

图 7-63 单线通信与双线通信示意图

复习思考题

1. 简述奥迪车系汽车网络系统的组成和特点。
2. 简述宝马车系汽车网络系统的组成和特点。
3. 简述大众车系汽车网络系统的组成和特点。
4. 简述法国车系汽车网络系统的组成和特点。
5. 简述丰田车系汽车网络系统的组成和特点。

第 8 章 汽车网络系统检修

> **教学提示**：在汽车网络系统的检测与维修作业中，具有示波器功能的专用检测设备发挥着不可替代的作用。

> **教学要求**：本章主要介绍汽车网络系统的检修方法。要求学生了解常用检测仪器的类别和使用方法，熟悉 CAN 总线故障波形的分析方法，掌握汽车网络系统检修的基本技能。

8.1 常用检测仪器

8.1.1 万用表

1．万用表的基本功能

万用表(multi-meter)又叫多用表、三用表、复用表，分为指针式万用表和数字式万用表两大类。万用表是一种多功能、多量程的测量仪表，一般万用表可测量直流电流、直流电压、交流电流、交流电压、电阻和音频电平等，有的还可以测电容量、电感量及半导体的一些参数(如晶体三极管共发射极电流放大系数 β 等)。

2．数字式多功能汽车万用表

目前，在汽车维修领域，多使用数字式多功能汽车万用表。

数字式多功能汽车万用表(见图 8-1 和图 8-2)除具有一般万用表的通断性、电压、电流、电阻测试功能之外，还具有信号频率测量、发动机转速测量、脉宽测量、温度测量、占空比测量等汽车电路检测的实用功能，是汽车电工必备的得力工具。

3．万用表的使用

使用多功能汽车万用表进行汽车电路检测时，必须遵循以下基本原则：
(1) 检测电压时必须并联万用表；
(2) 检测电流时必须串联万用表；
(3) 检测电阻、二极管时必须在断路状态下进行，不得带电测试；
(4) 测试时应根据测试项目及数据大小选择适当的挡位、量程及表笔插孔。

图 8-1　AT-950B 多功能汽车万用表　　图 8-2　K616 多功能汽车万用表

8.1.2　示波器

1. 示波器的基本功能

示波器(oscilloscope)是一种用途十分广泛的电子测量仪器。它能把人的肉眼看不见的电信号变换成看得见的图像,便于人们研究各种电现象的变化过程。

示波器利用狭窄的、由高速电子组成的电子束,打在涂有荧光物质的屏幕上,就可产生细小的光点。在被测信号的作用下,电子束就像一支笔的笔尖,可以在屏幕上描绘出被测信号瞬时值的变化曲线。

利用示波器能观察各种不同信号幅度随时间变化的波形曲线,还可以用它测试各种不同的电量,如电压、电流、频率、相位差、幅值等。

与汽车万用表相比,示波器具有更加精确及描述细致的优点。汽车万用表通常只能用一两个电参数来反映电信号的特征,而示波器则用电压随时间变化的图像来反映一个电信号,它显示的电信号比汽车万用表更准确、更形象。

汽车示波器不仅可以快速捕捉电信号,还可以记录信号波形,显示电信号的动态波形,便于一面观察一面分析。

无论是高速信号(如喷油器、间歇性故障信号)还是低速信号(如节气门位置变化及氧传感器信号),用汽车示波器都可得到真实的波形曲线,犹如医生给患者做心电图一样。

2. 多通道通用示波器

在汽车网络系统的故障诊断、检测中,既可以采用多通道通用示波器(见图8-3和图8-4)对总线波形进行分析,也可以使用具有示波器功能的汽车专用检测仪对总线波形进行分析。

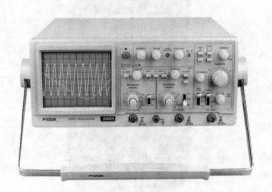
图 8-3 Protek 6502A 型双通道示波器（20MHz）

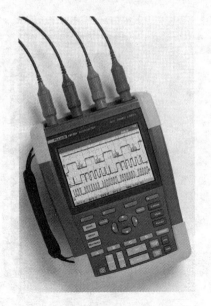
图 8-4 Fluke 190 Series Ⅱ 型便携式四通道示波器

8.1.3 汽车检测仪

汽车检测仪是现代汽车故障诊断、检测和维修必不可少的设备。汽车检测仪一般都具有读取故障码、清除故障码、动态数据分析和执行元件测试等功能。此外，还具有支持特定车系/车型的专业功能，如提供系统基本调整、自适应匹配（含防盗控制单元及钥匙匹配）、编码、单独通道数据、登录系统、传送汽车底盘号码等专业功能。

1. 大众汽车集团专用汽车检测仪 VAS5051

VAS5051（见图 8-5）是大众、奥迪车系的专用汽车检测仪，是一个集车辆诊断、检测、信息系统于一体的综合式检测仪，在大众、奥迪车系电路检测，特别是汽车网络系统的故障诊断、检测和波形分析中发挥着不可替代的作用。

VAS5051 实际上是一个检测仪系列，按照其推出时间和功能上的差异，可以分为 VAS5051 汽车检测仪（见图 8-6）、VAS5051B 汽车检测仪（见图 8-7）、VAS5052 汽车检测仪（见图 8-8）和 VAS5053 汽车检测仪（见图 8-9）4 种，可以用于捷达、宝来、迈腾、速腾、高尔夫、奥迪、桑塔纳、高尔、帕萨特、波罗以及红旗等车型的汽车网络系统的故障诊断与检测。

图 8-5 VAS5051 汽车检测仪总成

作为大众早期检测仪 VAG1551 和 VAG1552 的更新换代产品，凡是 VAG1551 和 VAG1552 具有的功能，VAS505X 系列检测仪也都具备。

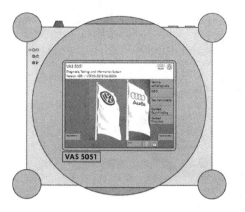
图 8-6　VAS5051 汽车检测仪

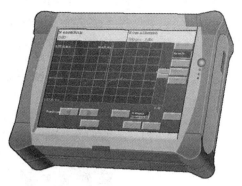
图 8-7　VAS5051B 汽车检测仪

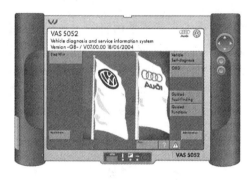
图 8-8　VAS5052 汽车检测仪

图 8-9　VAS5053 汽车检测仪

VAS5051 系列汽车检测仪通过 CAN 总线诊断接口与汽车进行通信（见图 8-10），实现汽车故障的诊断、检测和维修指导。

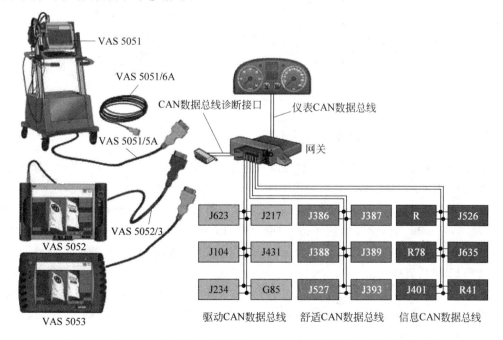
图 8-10　VAS5051 系列汽车检测仪通过 CAN 总线诊断接口与汽车进行通信

加装专用的以太网网卡(见图8-11)和相应软件之后,VAS5051还可以与国际互联网(Internet)连接,实现远程遥控诊断(Tele-Diagnose)。

图 8-11　VAS5051专用的以太网网卡

所谓远程遥控诊断(见图8-12),是相对于传统的技术支持体系而言的。在传统的技术支持体系中,汽车维修服务站在遇到疑难杂症时,只能通过电话或传真与汽车制造商的售后技术服务支持人员进行交流和探讨。通过远程遥控诊断,能够让技术支持人员(可能远在欧洲)与汽车维修服务站的车间技工(可能在亚洲)同时观察VAS5051显示屏上的显示信息,并进行相应操作,实现"远程专家会诊"。

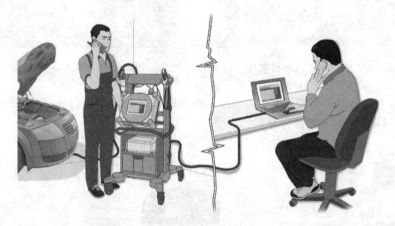

图 8-12　远程遥控诊断(Tele-Diagnose)

2. 宝马汽车集团专用汽车检测仪 GT1

宝马(BMW)车系所使用的车辆检测设备叫作综合测试仪GT1(Group Tester 1),是一种功能强大的汽车检测设备。

GT1(见图8-13)不仅具有汽车电控系统故障诊断DIS(diagnostic information system)功能,同时,还提供车辆维修的技术指导性文件TIS(technical information system)和电子版本的电路图系统WDS(wire drawing system)。在实际的修车过程中,绝大部分故障都可以通过GT1得到解决。

GT1采用触摸屏技术(见图8-14),操作简单,且具有强大的联网功能,可以通过有线或无线的方式与被检测车辆及宝马售后技术服务支持系统实现联网。GT1的联网功能如图8-15~图8-17所示。

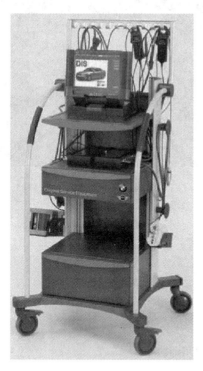

图 8-13 综合测试仪 GT1(Group Tester 1)

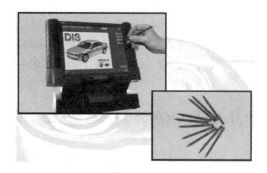

图 8-14 采用触摸屏技术的操作面板

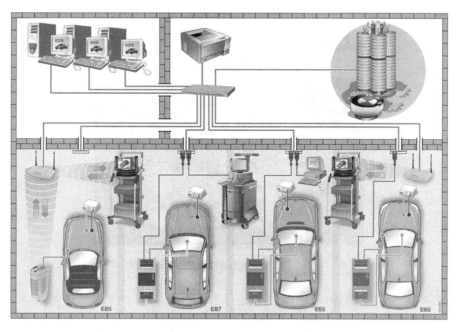

图 8-15 GT1 与被检测车辆及宝马售后技术服务支持系统的联网

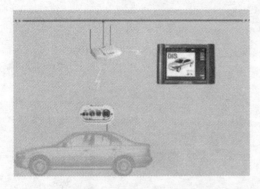 

图 8-16　GT1 与被检测车辆及宝马售后技术服务支持系统的无线联网　　图 8-17　GT1 与被检测车辆检测诊断接口的连接

8.2　检测仪的使用与波形分析

8.2.1　VAS5051 检测仪的使用

1. 系统启动

启动 VAS5051 检测仪,通过单击启动屏幕中的"车辆自诊断"按钮,进入"测量和信息系统"界面(见图 8-18)。然后连接测量导线,进入数字存储式示波器(digital storage oscilloscope, DSO)界面。

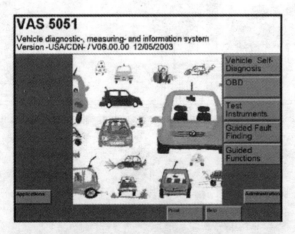

图 8-18　VAS5051 检测仪的"测量和信息系统"界面

进入 DSO 界面(见图 8-19)后,就可以进行参数设置、波形测量和读取测量结果了。在 DSO 屏幕上可以同时显示 3 个测量曲线。

为了能更好地对不同测量曲线加以区别,其按键标识、参数和所显示的测量曲线均以不同颜色标出:

通道 A——黄色;

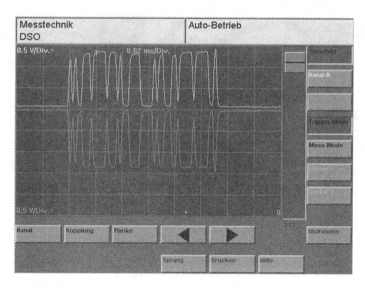

图 8-19　DSO 界面(无故障的驱动 CAN 总线波形)

通道 B——绿色；

预置测量——蓝色。

在 DSO 屏幕上可以进行下列设置：

(1) 通过"通道 A"和"通道 B"按钮选择测量通道；

(2) 通过"测量模式"按钮选择测量模式；

(3) 通过箭头设置时间范围。

在无故障的驱动 CAN 总线波形(见图 8-19)中可以看到，CAN-High(黄色)和 CAN-Low(绿色)的脉冲始终沿着相反的方向变化。在分析 CAN-High 和 CAN-Low 波形时，应首先查找其隐性电压。在没有信息传输时，CAN-High 和 CAN-Low 脉冲都停留在隐性电压。当驱动 CAN 总线上有信息传输时，CAN-High 脉冲由其隐性电压沿正向成像，而 CAN-Low 脉冲则由其隐性电压沿负向成像。

在进行电压波形分析时要注意，示波器显示的电压波形可能与其实际值存在一定的误差(误差值最大不超过 10%)。

2. 适配器的使用

就车检测总线系统时，一定要使用适配器。VAG1598/30(见图 8-20)适用于检测驱动(动力)CAN 总线波形，VAG1598/11(见图 8-21)适用于检测舒适和信息 CAN 总线波形。

3. 双通道检测驱动(动力)CAN 总线

1) 双通道工作模式下 DSO 的连线

如图 8-22 所示，两根 CAN 总线导线中的每一根导线都通过一个通道进行测量。通过对 DSO 实测电压波形进行分析，可以很容易地发现故障。测量时，将通道 A 的红色测量导线连接 CAN-High 导线，黑色测量导线接地(搭铁)；通道 B 的红色测量导线连接 CAN-Low 导线，黑色测量导线接地(搭铁)。

图 8-20 适配器 VAG1598/30

图 8-21 适配器 VAG1598/11

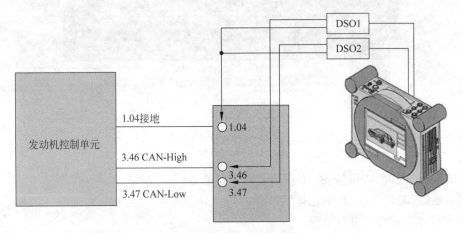
图 8-22 双通道工作模式下 DSO 的连线（Audi A8 3.3 TDI）

2) DSO 的设置

双通道检测 CAN 总线电压波形时，DSO 的设置如图 8-23 所示。

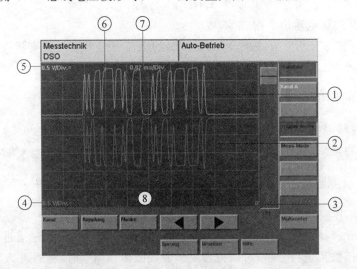
图 8-23 DSO 的设置（双通道检测 CAN 总线电压）

① 用通道 A 测量 CAN-High 信号。

② 用通道 B 测量 CAN-Low 信号。

③ 将通道 A 和通道 B 的零线坐标置于等高。在图 8-23 中,黄色的 CAN-High 信号零标记已被绿色的 CAN-Low 信号零标记遮盖,即 CAN-High 信号和 CAN-Low 信号的零点已经重合。经验证明,在同一零坐标线下对电压值进行分析更为简洁方便。

④ 通道 B 的电压轴精度的设定。一般将通道 B 的电压轴精度设定为每个单格 0.5V,即 0.5V/Div。此时,分析 CAN 总线的电压波形比较清晰、直观。

⑤ 通道 A 的电压轴精度的设定。一般将通道 A 的电压轴精度设定为每个单格 0.5V,即 0.5V/Div。此时,分析 CAN 总线的电压波形比较清晰、直观。

⑥ 触发点的设定。触发点应位于被测信号的幅值范围内。CAN-High 信号的触发点宜设定在 2.5~3.5V 之间,CAN-Low 信号的触发点宜设定在 1.5~2.5V 之间。

⑦ 时间轴精度的设定。时间轴精度应尽可能选择的高一些,以利于发现电压波形短暂、细微的变化,一般将时间轴精度设定为每个单格 0.02ms,即 0.02ms/Div。

⑧ 具体的电压波形。图 8-23 中的曲线 8 即为一条 CAN 总线信息的具体的电压波形。

3) 电压值的应用

CAN 总线的数据传输是通过两个逻辑状态 0(显性)和 1(隐性)来实现的。每一个逻辑状态都对应于相应的电压值(见图 8-24),控制单元应用其电压差值获得数据信息。

① 通道 A 和通道 B 的零线。通道 B 的绿色零标记遮盖了通道 A 的黄色零标记。

② CAN-High 信号的隐性电压大约为 2.6V(逻辑值 1)。

③ CAN-High 信号的显性电压大约为 3.8V(逻辑值 0)。

④ CAN-Low 信号的隐性电压大约为 2.4V(逻辑值 1)。

⑤ CAN-Low 信号的显性电压大约为 1.2V(逻辑值 0)。

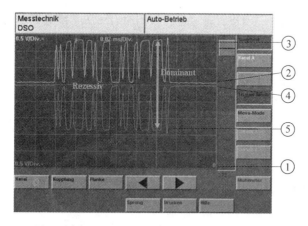

图 8-24 总线波形显示的电压值

总线系统利用两条导线的电压差确认数据。当 CAN-High 信号的电压值上升时,相应的 CAN-Low 信号的电压值下降。CAN 总线只有两种工作状态:在隐性电位时,两个电压值很接近;在显性电位时,两个电压差值达约为 2.5V。双通道测量工作模式下 CAN-High 信号和 CAN-Low 信号的实测电压值见表 8-1。需要注意的是,在表 8-1 中,括号内的数据为理论电压值,括号前边的数据为实测电压值。同时,实测电压值会有大约 100mV 的微小波动。

表 8-1　双通道测量工作模式下 CAN-High 信号和 CAN-Low 信号的实测电压值　　　　　　V

电　　压	电压(CAN-High 对地)	电压(CAN-Low 对地)	电　压　差
显性电压	3.8(3.5)	1.2(1.5)	2.6(2.5)
隐性电压	2.6(2.5)	2.4(2.5)	0.2(0)

4. 单通道检测驱动(动力)CAN 总线

可直接利用 DSO 的单通道对 CAN 总线的电压波形进行检测,但采用双通道检测更易于对故障波形进行诊断和分析。

1) DSO 单通道工作模式的线路连接

利用 DSO 的单通道对 CAN 总线的电压波形进行检测时,将 DSO 的红色测量导线连接 CAN-High 导线,黑色测量导线连接 CAN-Low 导线,如图 8-25 所示。

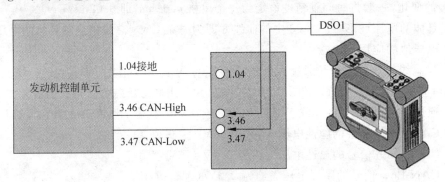

图 8-25　DSO 单通道工作模式下的线路连接

当两个 CAN 信号用一个 DSO 通道进行检测时,DSO 屏幕上显示的是 CAN-High 信号和 CAN-Low 信号的电压差。

这种检测方式在故障查询方面不如双通道的检测方式方便。例如,在 CAN 总线导线短路的故障状态下,利用单通道检测模式分析是不可行的。

在双通道检测模式下,CAN 总线的每一条导线都有电压信号,这更有利于判定故障。单通道检测模式主要用于快速查看 CAN 总线是否处于激活状态。

2) DSO 的设置和电压分析

在单通道检测模式下,DSO 的设置和电压分析如图 8-26 所示。

① 电压轴精度的设定。一般将电压轴精度设定为每个单格 0.5V,即 0.5V/Div。此时,分析 CAN 总线的电压波形比较清晰、直观。

② 时间轴精度的设定。时间轴精度一般设定为每个单格 0.01ms,即 0.01ms/Div。

③ 零线位置。在单通道工作模式下进行检测,零线位置可设定在隐性电压(逻辑值 1)上。

④ 显性电压(逻辑值 0)。

单通道检测工作模式下 CAN-High 信号和 CAN-Low 信号的实测电压值见表 8-2。

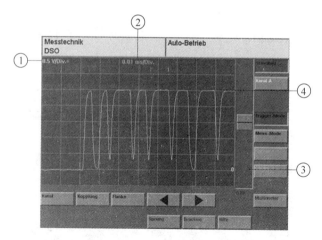

图 8-26 DSO 的设置和电压分析(单通道工作时)

表 8-2 单通道检测工作模式下 CAN-High 信号和 CAN-Low 信号的实测电压值   V

电　　压	电压差(CAN-High －CAN-Low)
显性电压大约 2.5	3.8(CAN-High)－1.2(CAN-Low)=2.6
隐性电压大约 0	2.6(CAN-High)－2.4(CAN-Low)=0.2

5. 在双通道模式下检测舒适 CAN 总线和信息 CAN 总线

1) 在双通道工作模式下检测时 DSO 的连接

在双通道工作模式下检测舒适 CAN 总线和信息 CAN 总线时 DSO 的连接如图 8-27 所示。

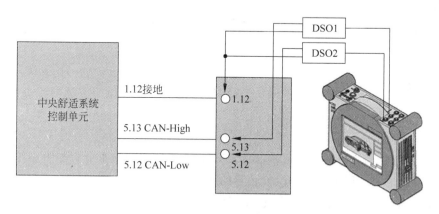

图 8-27 检测舒适和信息 CAN 总线时 DSO 的连接(在双通道工作模式下)

两条 CAN 总线每一根导线都通过一个通道进行检测。通过对总线波形的分析可以很容易地发现故障。由于需要单一的电压测量值,舒适 CAN 总线和信息 CAN 总线采用双通道检测是必要的。舒适 CAN 总线和信息 CAN 总线采用该形式的连接可以非常方便地判断总线是否处于"单线工作"状态。

2) DSO 的设置

在双通道工作模式下检测舒适和信息 CAN 总线时 DSO 的设置如图 8-28 所示。

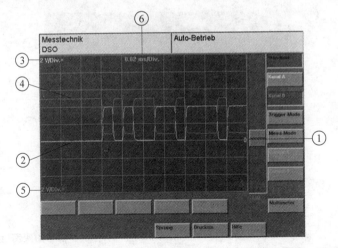

图 8-28 在双通道工作模式下检测舒适和信息 CAN 总线时 DSO 的设置

① 通道 A 和通道 B 的零坐标线等高。通道 A 的零标记被通道 B 所掩盖。在读取数值时,可以将两个零线彼此分开。

② 通道 A 显示 CAN-High 信号。

③ 通道 A 的电压轴精度的设定。一般将通道 A 的电压轴精度设定为每个单格 2V,即 2V/Div。此时,分析 CAN 总线的电压波形比较清晰、直观。

④ 通道 B 显示 CAN-Low 信号。

⑤ 通道 B 的电压轴精度的设定。通道 B 的电压轴精度的设定应与通道 A 一致,以便于进行比较分析。

⑥ 时间轴精度的设定。时间轴精度一般设定为每个单格 0.02ms,即 0.02ms/Div。舒适 CAN 和信息 CAN 的比特周期较长($10\mu s$)。

在舒适和信息 CAN 总线中,CAN-Low 信号的隐性电平高于 CAN-High 信号的隐性电平,而 CAN-High 信号的显性电平高于 CAN-Low 信号的显性电平。为便于分析,建议将两条零线分开(见图 8-29)。

3) 电压分析

在双通道工作模式下检测舒适和信息 CAN 总线时的电压波形分析如图 8-29 所示。

① 通道 B 的显示区域(CAN-Low 信号的波形)。

② 通道 A 的显示区域(CAN-High 信号的波形)。

③ 通道 B 的零线。

④ CAN-Low 信号的显性电压向下没有达到零线坐标。

⑤ CAN-Low 信号的隐性电压。在总线不工作的状态下,5V 的隐性电压切换到 0V。

⑥ 通道 A 的零线坐标和 CAN-High 信号的隐性电压。

⑦ CAN-High 信号的显性电压。

⑧ 一个比特的显示($10\mu s$ 比特时间)。

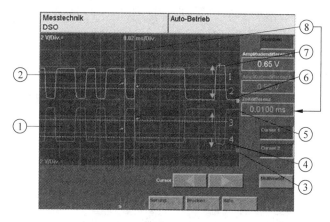

图 8-29 在双通道工作模式下检测舒适和信息 CAN 总线时的电压分析

在舒适和信息 CAN 总线中，其信号电压必须达到规定区域，才能正确传输信息。在 DSO 屏幕上用蓝线给出了电压阈值（如 CAN-High 信号的显性电压至少要达到 3.6V 以上），如果未达到要求，控制单元将不能准确地判定信号电压是逻辑值 0 还是逻辑值 1，这将导致出现故障存储或者总线转入单线工作状态。

在双通道工作模式下检测舒适和信息 CAN 总线时的电压计算见表 8-3。

表 8-3　在双通道工作模式下检测舒适和信息 CAN 总线时的电压计算　　　　　　　V

电　　压	U(CAN-High 对地)	U(CAN-Low 对地)	电　压　差
显性电压	4（>3.6，虚线 1）	1（<1.4，虚线 4）	3
隐性电压	0（<1.4，虚线 2）	5（>3.6，虚线 3）	-5

6. 在单通道模式下检测舒适 CAN 总线

舒适 CAN 的电压可以用 DSO 直接检测。进行总线诊断时，采用双通道模式进行电压检测更为适合，在单通道模式下检测舒适 CAN 总线主要用于快速判断总线是否处于激活状态。

1) 单通道模式检测时 DSO 的连接

在单通道模式下检测舒适 CAN 总线时，DSO 的连接如图 8-30 所示。

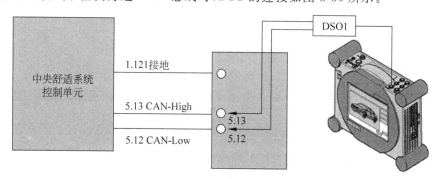

图 8-30　在单通道模式下检测舒适 CAN 总线时 DSO 的连接

当用单通道的 DSO 对两个 CAN 信号进行检测时，DSO 屏幕上显示的是两个 CAN 信号的电压差值，即 CAN-High 信号与 CAN-Low 信号的电压差值。

该检测模式不如双通道检测模式便于故障查询。

2) DSO 的设定和电压分析

在单通道模式下检测舒适 CAN 总线时，DSO 的设定和电压分析如图 8-31 所示。

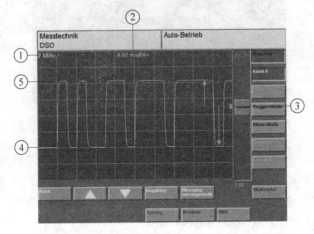

图 8-31　在单通道模式下检测舒适 CAN 总线时 DSO 的设定和电压分析

① 通道 A 电压轴精度的设定。一般将通道 A 的电压轴精度设定为每个单格 2V，即 2V/Div。此时，分析 CAN 总线的电压波形比较清晰、直观。

② 通道 A 时间轴精度的设定。通道 A 的时间轴精度一般设定为每个单格 0.02ms，即 0.02ms/Div。

③ 通道 A 的零线。显性电压高于零线，隐性电压低于零线。

④ 隐性电压。对电压差进行检测时，信号的隐性电压值为 −5V[0V(CAN-High)−5V(CAN-Low)=−5V]。

⑤ 显性电压。对电压差进行检测时，信号的显性电压值为 3V[4V(CAN-High)−1V(CAN-Low)=3V]。

在单通道模式下检测舒适 CAN 总线时，信号的隐性电压和显性电压的计算见表 8-4。

表 8-4　隐性电压和显性电压的计算（在单通道模式下检测舒适 CAN 总线）　　　　V

电压	电压差(CAN-High 相对 CAN-Low)
显性电压	4(CAN-High)−1(CAN-Low)=3
隐性电压	0(CAN-High)−5(CAN-Low)=−5

不难看出，在单通道模式下检测时，显性电压位于正电压区，隐性电压位于负电压区，这有利于 CAN 总线故障的分析和判断。双通道模式检测也应用于舒适 CAN 总线和信息 CAN 总线的单线工作状态。

8.2.2　CAN 总线系统的故障信息

当 CAN 总线系统发生故障时，可以借助 VAS5051 查询到 CAN 总线系统的故障存储记录。至于可能的故障原因和故障排除方法,需要具体参阅维修手册或者使用故障指南。

1. 驱动 CAN 总线的故障存储记录

驱动 CAN 总线系统的故障存储记录见表 8-5。

表 8-5 驱动 CAN 总线系统的故障存储记录

故障源	故障类型	说明
驱动 CAN 总线	没有通信	• 控制单元不能接收数据 • CAN 总线断路 • 在驱动 CAN 总线上安装了错误的或者有故障的控制单元 • 一个控制单元出现 Time-out（功能信息故障时间＞500ms）故障 • 控制单元的软件（控制程序）出现故障
	失效	• 在故障存储记录中,一个控制单元出现连续两次总线关闭状态（既不发送 CAN 信息也不接收 CAN 信息） • 控制单元故障
	硬件故障,该故障仅存在于发动机控制单元和变速器控制单元	• 在故障存储记录中,一个控制单元出现连续两次总线关闭状态（既不发送 CAN 信息也不接收 CAN 信息） • 控制单元故障 • 发现安装了错误的控制单元 • 发动机和变速器之间的线路出现断路或短路故障 • CAN 总线短路
	缺少某控制单元（如组合仪表）发送来的信息	• CAN 总线断路或短路 • 在拔下变速器控制单元插头的情况下打开过点火开关 • 控制单元错误或有故障
	不可靠信号	• 仅接收到一个控制单元信息内容的一部分 • CAN 导线断路或短路 • 控制单元错误或有故障 • 一条信息出现 Time-out 故障
	软件状态监控	• 控制单元故障 • CAN 总线断路 • 在拔下变速器控制单元插头的情况下打开过点火开关
	读取来自某控制单元（如空调）的故障存储	控制单元有故障
组合性故障（舒适 CAN） 总线显示（信息 CAN）	读取故障存储	在总线上至少有一个控制单元有一条故障记录

2. 舒适 CAN 总线和信息 CAN 总线的故障存储记录

舒适 CAN 总线和信息 CAN 总线的故障存储记录见表 8-6。

表 8-6　舒适 CAN 总线和信息 CAN 总线的故障存储记录

故障源	故障类型	说　明
组合性故障（舒适 CAN）或者总线显示（信息 CAN）	故障	• 在故障存储记录中，一个控制单元出现连续两次总线关闭状态（既不发送 CAN 信息也不接收 CAN 信息）
	没有通信（或者没有信号）	• 持续 2s 没有接收信号记录 • 当执行某项功能时，所需从另一个控制单元获得的信息超过 2s 仍未能接收到 • 只接收到所需信息的一部分内容，该故障类型为"不可靠信号" • 一条信息出现 Time-out 故障
	单线工作	• CAN 总线单线工作时间超过 2s • CAN 总线导线断路 • CAN 总线导线短路
组合性故障（舒适 CAN）或者总线显示（信息 CAN）（注：带有 KWP 2000 才具备该功能）	电路电器故障	• CAN 总线单线工作时间超过 2s • 整个网络系统处于单线工作状态（断路） • 所有控制单元都处于单线工作状态
	断路	• CAN 总线单线工作——断路状态（没有短路） • CAN 总线导线断路 • 一个控制单元处于单线工作状态
某控制单元（如电器网络控制单元）	没有通信	• 当执行某项功能时，所需从另一个控制单元获得的信息超过 2s 仍未能接收到 • 该控制单元出现 Time-out 故障
某控制单元（如电器网络控制单元）	读取故障存储	• CAN 信息的发送控制单元，信息内容标明为故障信息，并有故障存储记录。每一个利用该信息的接收控制单元都进入应急工作状态，在发送控制单元有警告提示 • 在控制单元内有故障存储
驱动 CAN 总线	读取故障存储	驱动 CAN 总线上的一个控制单元有故障记录

8.2.3　驱动 CAN 总线故障波形分析

当故障存储记录中出现"驱动 CAN 总线故障"时，使用 DSO 进行故障波形分析，可以很方便地确定故障点的位置以及引发故障的原因。

在驱动 CAN 总线故障波形分析中，一般习惯用通道 A 测量 CAN-High 导线的电压（黄色波形），用通道 B 测量 CAN-Low 导线的电压（绿色波形）。

1. CAN-High 导线与 CAN-Low 导线短路

CAN-High 导线与 CAN-Low 导线短路的故障波形如图 8-32 所示。

CAN-High 导线与 CAN-Low 导线的波形一致，其电压置于隐性电压值（大约 2.5V）。控制单元内部短路或 CAN-High 导线和 CAN-Low 导线连接在一起都可能导致这种短路故障。可以通过插拔驱动 CAN 总线上的控制单元，对故障点进行判断。

如果是线束短路引起的故障,需要将 CAN 线组(CAN-High 导线和 CAN-Low 导线)从总线节点处依次拔除,同时注意 DSO 的波形变化。当故障线组被拔下后,DSO 的波形应恢复正常。

2. CAN-High 导线对正极短路

CAN-High 导线对正极短路的故障波形如图 8-33 所示。

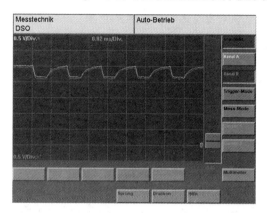

图 8-32 CAN-High 导线与 CAN-Low 导线短路的故障波形

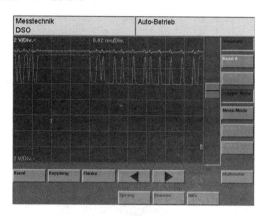

图 8-33 CAN-High 导线对正极短路的故障波形

CAN-High 导线的电压被置于 12V,CAN-Low 导线的隐性电压被置于大约 12V。

这是由于在控制单元收发器内的 CAN-High 导线和电源正极(12V 常火线)连接引起的。可以通过插拔驱动 CAN 总线上的控制单元,对故障点进行判断。

如果是线束短路引起的故障,需要将 CAN 线组(CAN-High 导线和 CAN-Low 导线)从总线节点处依次拔除,同时注意 DSO 的波形变化。当故障线组被拔下后,DSO 的波形应恢复正常。

3. CAN-High 导线对地短路

CAN-High 导线对地短路的故障波形如图 8-34 所示。

CAN-High 导线的电压位于 0V;CAN-Low 导线的电压也位于 0V,但在 CAN-Low 导线上还能够看到一小部分电压变化。

可以通过插拔驱动 CAN 总线上的控制单元,对故障点进行判断。如果是线束短路引起的故障,需要将 CAN 线组(CAN-High 导线和 CAN-Low 导线)从总线节点处依次拔除,同时注意 DSO 的波形变化。当故障线组被拔下后,DSO 的波形应恢复正常。

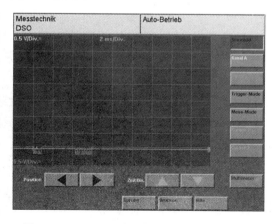

图 8-34 CAN-High 导线对地短路的故障波形

4. CAN-Low 导线对地短路

CAN-Low 导线对地短路的故障波形如图 8-35 所示。

CAN-Low 导线的电压大约为 0V；CAN-High 导线的隐性电压也被降至 0V。

可以通过插拔驱动 CAN 总线上的控制单元，对故障点进行判断。如果是线束短路引起的故障，需要将 CAN 线组（CAN-High 导线和 CAN-Low 导线）从总线节点处依次拔除，同时注意 DSO 的波形变化。当故障线组被拔下后，DSO 的波形应恢复正常。

5. CAN-High 导线和 CAN-Low 导线均对正极短路

CAN-High 导线和 CAN-Low 导线均对正极短路的故障波形如图 8-36 所示。

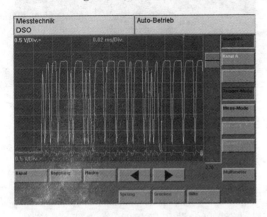

图 8-35 CAN-Low 导线对地短路的故障波形

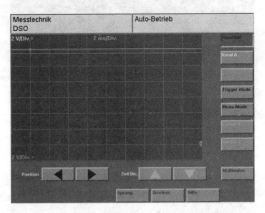

图 8-36 CAN-High 导线和 CAN-Low 导线均对正极短路的故障波形

CAN-High 导线和 CAN-Low 导线两条导线的电压都约为 12V。

可以通过插拔驱动 CAN 总线上的控制单元，对故障点进行判断。如果是线束短路引起的故障，需要将 CAN 线组（CAN-High 导线和 CAN-Low 导线）从总线节点处依次拔除，同时注意 DSO 的波形变化。当故障线组被拔下后，DSO 的波形应恢复正常。

6. CAN-High 导线断路

CAN-High 导线断路的故障波形如图 8-37 所示。

CAN-High 波形变化范围很大且杂乱无章（可能有其他控制单元的信号窜入）。发生 CAN-High 导线断路故障时，驱动 CAN 总线无法正常工作。

可以通过插拔驱动 CAN 总线上的控制单元，对故障点进行判断。如果是线束断路引起的故障，需要将 CAN 线组（CAN-High 导线和 CAN-Low 导线）从总

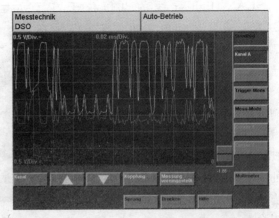

图 8-37 CAN-High 导线断路的故障波形

线节点处依次拔除,同时注意 DSO 的波形变化。当故障线组被拔下后,DSO 的波形应恢复正常。

7. CAN-Low 导线断路

CAN-Low 导线断路的示意图如图 8-38 所示,其故障波形如图 8-39 和图 8-40 所示。

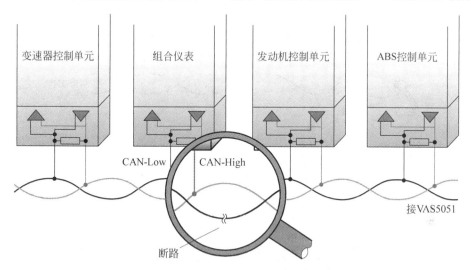

图 8-38 CAN-Low 导线断路示意图

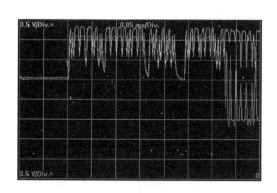

图 8-39 CAN-Low 导线断路的故障波形(1)

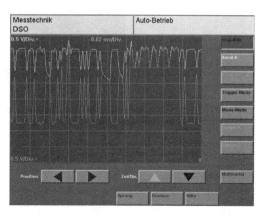

图 8-40 CAN-Low 导线断路的故障波形(2)

CAN-Low 波形变化范围很大且杂乱无章(可能有其他控制单元的信号窜入)。发生 CAN-Low 导线断路故障时,驱动 CAN 总线无法正常工作。

可以通过插拔驱动 CAN 总线上的控制单元,对故障点进行判断。如果是线束断路引起的故障,需要将 CAN 线组(CAN-High 导线和 CAN-Low 导线)从总线节点处依次拔除,同时注意 DSO 的波形变化。当故障线组被拔下后,DSO 的波形应恢复正常。

8. CAN-Low 导线与正极短路

CAN-Low 导线与正极短路的示意图如图 8-41 所示,其故障波形如图 8-42 所示。

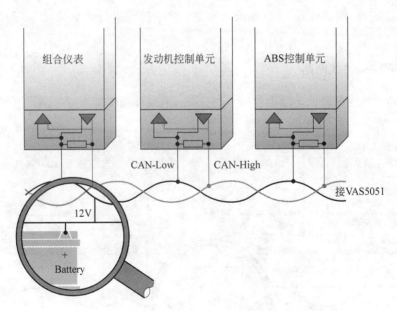

图 8-41　CAN-Low 导线与正极短路的示意图

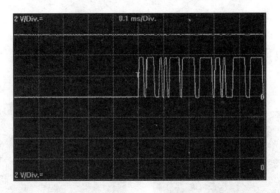

图 8-42　CAN-Low 导线与正极短路的故障波形

发生 CAN-Low 导线对正极短路故障时，CAN-Low 导线的电压恒为蓄电池电压，且 CAN-High 导线能继续传送 CAN 总线信号。

需要指出的是：处于休眠状态下的舒适和信息 CAN 总线波形与此相类似，但区别在于，休眠状态下的舒适和信息 CAN 总线的 CAN-High 导线上的电压恒为 0V，且无明显波动。

9. CAN-High 导线和 CAN-Low 导线装混

CAN-High 导线和 CAN-Low 导线装混的示意图如图 8-43 所示，其故障波形如图 8-44 所示。

当 CAN 导线装混时，CAN-Low 导线上会出现一条高于 2.5V（静电平）的电压波形曲线，实测波形也证实了这一点——在图 8-44 的左侧，CAN-Low 导线电压高于 2.5V。

当一个控制单元或一组控制单元的 CAN-High 导线与 CAN-Low 导线装混时，暂时在

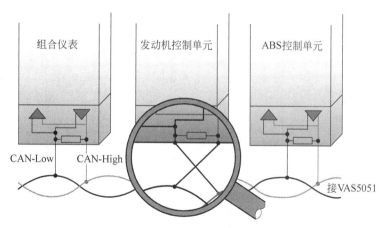

图 8-43 CAN-High 导线和 CAN-Low 导线装混的示意图

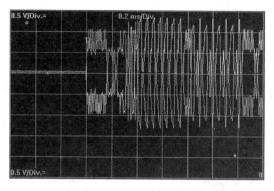

图 8-44 CAN-High 导线和 CAN-Low 导线装混的故障波形

示波器上不一定就能看出有什么差别。出现差别的频率可能非常低,以至于经过很长时间也不会显示出来。

如果控制单元装混了,那么就无法进行数据交换,CAN 信息中断导致控制单元相互干扰,这种情况积累多了就会产生 CAN 数据总线故障记录。一般这种故障多发生在安装新件(新的控制单元)时或以前曾经修理过 CAN 总线导线的情况下。

故障排查方法:仔细测量无法进行通信的控制单元和可以进行通信的控制单元之间的导线(按电路图),故障肯定就在这两个控制单元之间。

8.2.4 舒适 CAN 和信息 CAN 总线故障波形分析

当故障存储记录中出现"舒适 CAN 总线故障"时,使用 DSO 进行故障波形分析,可以很方便地确定故障点的位置以及引发故障的原因。

在舒适 CAN 和信息 CAN 总线故障波形分析中,一般习惯于用通道 A 测量 CAN-High 电压(黄色波形),用通道 B 测量 CAN-Low 电压(绿色波形)。

1. CAN-High 导线与 CAN-Low 导线之间短路

CAN-High 导线与 CAN-Low 导线之间短路的示意图如图 8-45 所示,故障波形如图 8-46 和图 8-47 所示。

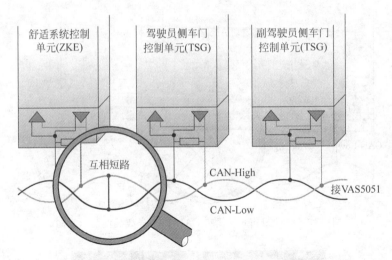

图 8-45 CAN-High 导线与 CAN-Low 导线之间短路的示意图

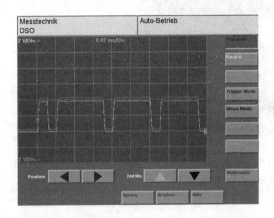 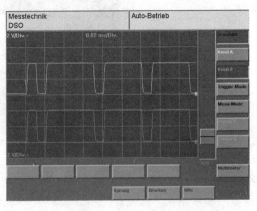

图 8-46 CAN-High 导线与 CAN-Low 导线之间短路的故障波形(零线坐标重叠)　　图 8-47 CAN-High 导线与 CAN-Low 导线之间短路的故障波形(零线坐标分开)

由故障波形可以看出,CAN-High 导线与 CAN-Low 导线的电压波形完全相同。CAN-High 导线与 CAN-Low 导线之间短路影响所有舒适 CAN 或信息 CAN 的工作,舒适 CAN 或信息 CAN 因而转为单线工作。此时,通信过程中,只有一条线路的电压起作用,控制单元利用该电压对地值确定传输的数据内容。

在图 8-46 所示的故障波形中,通道 A 和通道 B 的零线坐标是几乎重叠在一起的。通过设置,可以将两个通道的零线坐标分开(见图 8-47)。将零线坐标分开后,可以更加清楚地观察 CAN-High 导线与 CAN-Low 导线的波形变化。

2. CAN-High 导线对地短路

CAN-High 导线对地短路的示意图如图 8-48 所示,其故障波形如图 8-49 所示。

由故障波形可以看出,CAN-High 导线的电压置于 0V,CAN-Low 导线的电压正常。在该故障情况下,所有舒适 CAN 或信息 CAN 都转为单线工作。

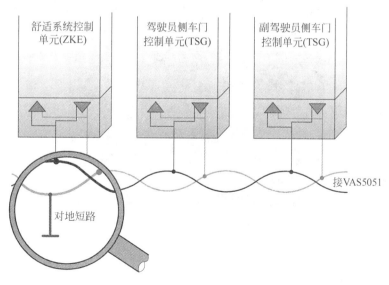

图 8-48 CAN-High 导线对地短路的示意图

3. CAN-High 导线对正极短路

CAN-High 导线对正极短路的故障波形如图 8-50 所示。

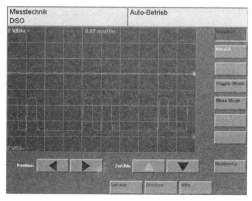

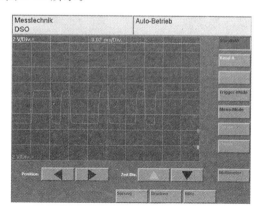

图 8-49 CAN-High 导线对地短路的故障波形　　图 8-50 CAN-High 导线对正极短路的故障波形

CAN-High 导线的电压大约为 12V 或为蓄电池电压。CAN-Low 导线的电压正常。在该故障情况下,所有舒适 CAN 或信息 CAN 都转为单线工作。

4. CAN-Low 导线对地短路

CAN-Low 导线对地短路的故障波形如图 8-51 所示。

CAN-Low 导线的电压置于 0V, CAN-High 导线的电压正常。在该故障情况下,所有舒适 CAN 或信息 CAN 都转为单线工作。

5. CAN-Low 导线对正极短路

CAN-Low 导线对正极短路的示意图如图 8-52 所示,其故障波形如图 8-53 所示。

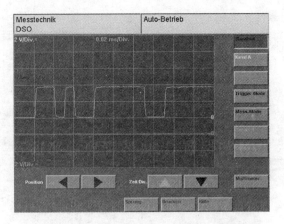

图 8-51　CAN-Low 导线对地短路的故障波形

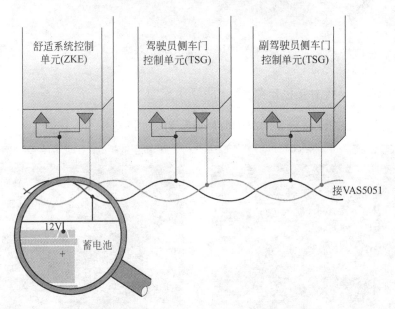

图 8-52　CAN-Low 导线对正极短路的示意图

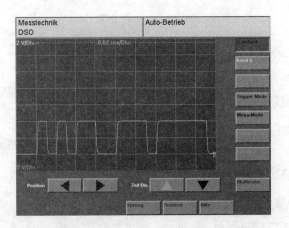

图 8-53　CAN-Low 导线对正极短路的故障波形

CAN-Low 导线的电压大约为 12V 或为蓄电池电压，CAN-High 导线的电压正常。在该故障情况下，所有舒适 CAN 或信息 CAN 都转为单线工作。

6. CAN-Low 导线断路

CAN-Low 导线断路的示意图如图 8-54 所示，其故障波形如图 8-55 和图 8-56 所示。

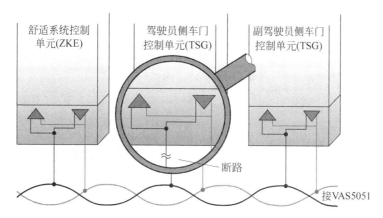

图 8-54　CAN-Low 导线断路的示意图

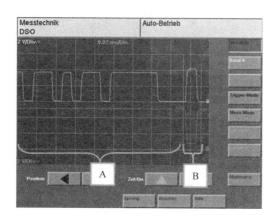

图 8-55　CAN-Low 导线断路的故障
　　　　　波形(0.02ms/div)

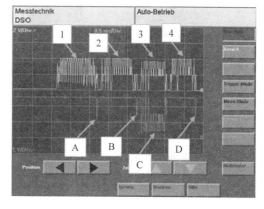

图 8-56　CAN-Low 导线断路的故障
　　　　　波形(0.5ms/div)

在图 8-55 中，CAN-High 导线电压正常。在 CAN-Low 导线上为 5V 的隐性电压和一个位长的 1V 显性电压。当信息内容被正确接收后，控制单元会发送这个显性电压作为应答。

图 8-55 显示的是由多个控制单元组成的系统。图中"A"部分是某控制单元发送的信息，接收控制单元在"B"时刻接收到正确的信息内容后，就用一个显性电压给予应答。因为在"B"时刻有多个控制单元同时收到正确的信息，这些控制单元又都同时发送一个显性电压作为应答，因此，该位的电压要大一些。

图 8-56 和图 8-55 显示的是同一个故障波形，只不过对时间轴的单格时间值做了调整。图 8-56 的时间轴是 0.5ms/div，而图 8-55 的时间轴是 0.02ms/div。

由图 8-56 可见，信息"1"仅在 CAN-High 导线上发送，但在 CAN-Low 导线上的"A"处也能得到确认收到的应答。同样，信息 2 仅在 CAN-High 导线上发送，但在 CAN-Low 导线上的"B"处也能得到确认收到的应答；信息 4 仅在 CAN-High 导线上发送，但在 CAN-Low 导线上的"D"处也能得到确认收到的应答。以上波形说明，控制单元 A、B、D 处于单线工作状态。而信息 3 则在 CAN-High 导线和 CAN-Low 导线两条导线上发送，说明控制单元 C 处于双线工作状态（见图 8-57）。

7. CAN-High 导线断路

CAN-High 导线断路的故障波形如图 8-58 所示。

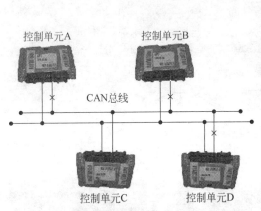

图 8-57　不同控制单元的工作状态

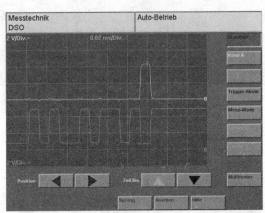

图 8-58　CAN-High 导线断路的故障波形

CAN-High 导线断路时，CAN-Low 导线波形正常，CAN-High 导线电压长时间保持在零电位，但偶有变化。其分析过程可参考 CAN-Low 导线断路故障，在此不再赘述。

前面介绍的短路都是没有接触电阻情况下的直接短路。在实际工作中会经常出现由于线束绝缘包皮破损导致的短路。破损的线束靠近金属车身（搭铁或称接地）或者正极，经常还带有潮气，这就会使该处产生接触电阻。下面分析有接触电阻情况下的短路（有接触电阻情况下的短路俗称虚接或虚短路）故障。

8. CAN-High 导线对正极通过接触电阻短路

CAN-High 导线对正极通过接触电阻短路的故障波形如图 8-59 所示。

CAN-High 导线的隐性电压拉向正极方向。CAN-High 导线隐性电压大约为 1.8V，正常时应大约为 0V。该 1.8V 电压是由于接触电阻引起的。接触电阻阻值越小则隐性电压越大。在没有接触电阻的情况下，该电压值应该是蓄电池电压，即电源正极电压。

9. CAN-High 导线通过接触电阻对地短路

CAN-High 导线通过接触电阻对地短路的故障波形如图 8-60 所示。

CAN-High 导线的显性电压移向接地方向。CAN-High 导线的显性电压大约为 1V，正常的显性电压大约为 4V（标准值为 3.6V）。该 1V 电压就是受接触电阻的影响所致，接触电阻阻值越小，则显性电压越小。在没有接触电阻的情况下短路，该电压应为 0V。

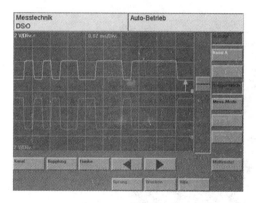 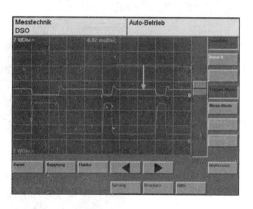

图 8-59　CAN-High 导线对正极通过接触电阻短路的故障波形

图 8-60　CAN-High 导线通过接触电阻对地短路的故障波形

10. CAN-Low 导线对正极通过接触电阻短路

CAN-Low 导线对正极通过接触电阻短路的故障波形如图 8-61 所示。

CAN-Low 导线的隐性电压拉向正极方向。CAN-Low 导线的隐性电压大约为 13V，正常值应大约为 5V。该 13V 电压就是受接触电阻的影响所致。接触电阻的阻值越小，则隐性电压越大。在没有接触电阻的情况下，该电压值应为蓄电池电压。

11. CAN-Low 导线通过接触电阻对地短路

CAN-Low 导线通过接触电阻对地短路的故障波形如图 8-62 所示。

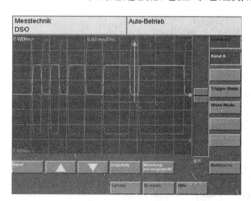 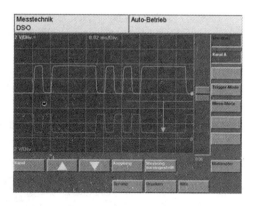

图 8-61　CAN-Low 对正极通过接触电阻短路的故障波形

图 8-62　CAN-Low 导线通过接触电阻对地短路的故障波形

CAN-Low 导线的隐性电压拉向 0V 方向。CAN-Low 导线隐性电压大约为 3V，正常值应大约为 5V。该 3V 电压就是受接触电阻的影响所致。接触电阻的阻值越小，则隐性电压越小。在没有接触电阻的情况下，该电压值应为 0V。

12. CAN-High 导线与 CAN-Low 导线之间通过接触电阻短路

CAN-High 导线与 CAN-Low 导线之间通过接触电阻短路的故障波形如图 8-63 所示。

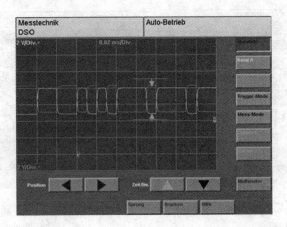

图 8-63　CAN-High 导线与 CAN-Low 导线之间通过接触电阻短路的故障波形

CAN-High 导线与 CAN-Low 导线之间通过接触电阻短路时，CAN-High 导线与 CAN-Low 导线的显性电压均正常，但 CAN-High 导线与 CAN-Low 导线的隐性电压相互靠近。CAN-High 导线的隐性电压大约为 1V，正常值应为 0V；CAN-Low 导线的隐性电压大约为 4V，正常值应为 5V。

13. CAN-High 导线与 CAN-Low 导线装混

CAN-High 导线与 CAN-Low 导线装混的示意图如图 8-64 所示，其故障波形如图 8-65 所示。

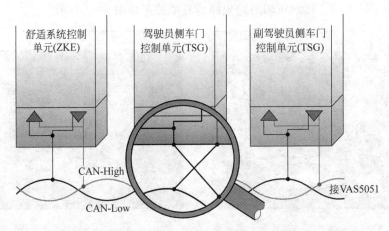

图 8-64　CAN-High 导线与 CAN-Low 导线装混的示意图

发生 CAN-High 导线与 CAN-Low 导线装混故障时，CAN 总线的隐性电压会有一个偏移（在图 8-65 的左边缘）。在隐性状态，某控制单元的导线装混会导致 CAN-High 导线上的电压升高和 CAN-Low 导线上的电压下降。

CAN 导线装混总是出现在最后一个能正常工作的控制单元和第一个不能正常工作的控制单元之间。导线装混的故障大多出现在修理 CAN 总线线束之后，应重点检查这些地方。

可根据导线的颜色来进行目视检查。在进行故障排查前应断开蓄电池，因为在测量时，舒适/信息 CAN 总线可能会处于工作状态，这将导致测量结果失准。断开蓄电池后，就可以用欧姆表来测量装混的 CAN 导线了。

在本例故障中，驾驶员侧车门控制单元上的 CAN-Low 导线的相应针脚（Pin 脚）与舒适系统控制单元上的 CAN-High 导线之间肯定存在电气连接，舒适系统控制单元上的 CAN-Low 导线与驾驶员侧车门控制单元上的 CAN-High 导线之间肯定也存在电气连接。

如果插头装混了，其他控制单元上也会出现这一故障。不管是哪种情况，最好先检查无法正常工作的控制单元的线束插头。

8.2.5 LIN 总线故障波形分析

1. LIN 总线标准波形

LIN 总线是单线式总线，仅靠一根导线传输数据。如果无信息发送到 LIN 数据总线上或者发送到 LIN 数据总线上的是一个隐性电平，那么数据总线导线上的电压就是蓄电池电压。

LIN 总线标准波形如图 8-66 所示。

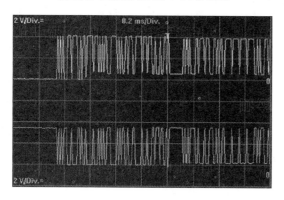

图 8-65　CAN-High 导线与 CAN-Low 导线装混的故障波形

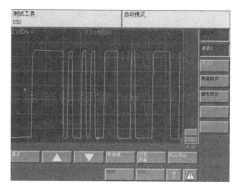

图 8-66　LIN 总线标准波形

2. LIN 总线通过 200Ω 接触电阻对正极短路（不可工作）

LIN 总线通过 200Ω 接触电阻对正极短路的故障波形如图 8-67 所示。

由图 8-67 所示的故障波形可以看出，当 LIN 总线通过 200Ω 的接触电阻对正极短路时，其显性电压的最低值已经达到 5V 左右，超过了极限值。此时，LIN 总线已经无法正常工作。

3. LIN 总线通过 300Ω 接触电阻对正极短路（可以工作）

LIN 总线通过 300Ω 接触电阻对正极短路的故障波形如图 8-68 所示。

由图 8-68 的故障波形可以看出，当 LIN 总线通过 300Ω 的接触电阻对正极短路时，其显性电压的最低值为 1.75V 左右，最高值为 3.75V 左右，在允许范围内。此时，LIN 总线可以正常工作。

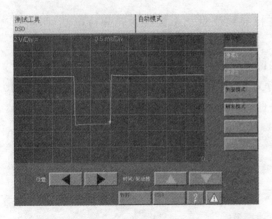 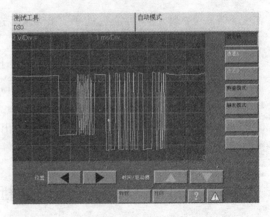

图 8-67　LIN 总线通过 200Ω 接触电阻对正极短路的故障波形(不可工作)　　图 8-68　LIN 总线通过 300Ω 接触电阻对正极短路的故障波形

8.3　静态电流的检测与线束维修

8.3.1　休眠模式及静态电流的检测

1. 舒适/信息 CAN 总线的休眠模式

为降低车辆不运行时的电能消耗,舒适 CAN 和信息 CAN 总线具有休眠模式。如图 8-69 所示,当关闭点火开关,车辆落锁 35s 后或不锁车但没任何操作 10min 后,CAN 总线将进入休眠模式。处于休眠模式时,CAN-High 导线的电压为 0V,CAN-Low 导线的电压为蓄电池电压。

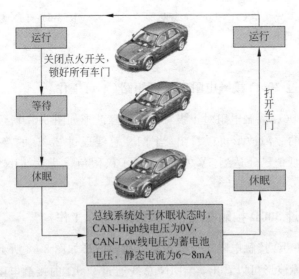

图 8-69　舒适 CAN 总线和信息 CAN 总线的休眠与唤醒

以 2002 款大众波罗(POLO)乘用车为例,其舒适/信息 CAN 总线处于休眠模式时,其静态电流(亦称暗电流、休眠电流)为 6~8mA(见图 8-69),而处于非休眠模式(激活状态)时,其工作电流约为 700mA。

当满足休眠条件时,舒适/信息 CAN 总线内部的所有控制单元将同步进入休眠模式;当出现唤醒条件(如驾驶员打开车门)时,舒适/信息 CAN 总线内部的所有控制单元将被同步唤醒,一起进入工作(运行)状态。

如果系统电路或控制单元有故障,会导致舒适/信息 CAN 总线无法进入休眠模式。此时,其工作电流约为 700mA。若故障长时间存在,将使蓄电池亏电。这一故障俗称汽车"漏电"或"跑电"。

需要指出的是,舒适/信息 CAN 总线休眠电流的大小,与车辆配置水平的高低、车载控制单元的多少密切相关。对于配置水平较低的汽车(如 2002 款大众波罗乘用车),其休眠电流往往很小,一般为 6~8mA。但对于车辆配置水平很高、车载控制单元数量众多的高档汽车(如宝马 7 系、奥迪 A6 等),其舒适/信息 CAN 总线的休眠电流往往可达几十毫安,甚至上百毫安,具体数值以厂家提供的数据为准(宝马车系的休眠电流一般为 80mA 左右)。

2. 静态电流的检测

当出现"漏电"故障,蓄电池亏电时,应首先判断"漏电"是由一般性的电器故障引起的还是由 CAN 总线的休眠/唤醒功能出现问题引起的。

可先采用依次拔除电路熔断器(拔保险丝)的方法加以判别。如果将某个电路的熔断器拔除后,故障消失,则说明"漏电"是由一般性的电器故障引起的。顺着这条被拔除熔断器的电路逐段检查线束,顺藤摸瓜,就可以找到故障点,并加以排除。

如果"漏电"不是由一般的电器故障引起的,那就要怀疑是不是 CAN 总线无法进入休眠模式了。此时,可利用 VAS5051 对总线波形和静态电流进行检测。

连接好 VAS5051,将发动机熄火,关闭所有用电设备,用遥控器锁好车门。等待 10min 后,开始利用 VAS5051 检测静态电流和总线波形。

总线处于激活状态时,其静态电流和总线波形如图 8-70 和图 8-71 所示。总线处于非激活状态时,其静态电流和总线波形如图 8-72 和图 8-73 所示。

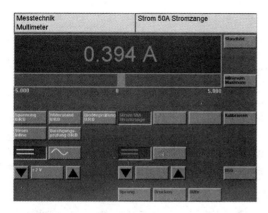

图 8-70　总线处于激活状态时的静态电流
　　　　　(实测值)

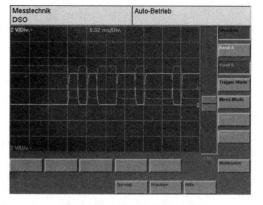

图 8-71　总线处于激活状态时的总线波形
　　　　　(实测波形)

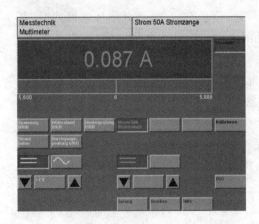

图 8-72 总线处于非激活状态时的静态电流
（实测值，并不是标准值）

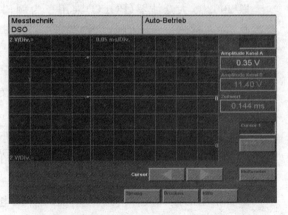

图 8-73 总线处于非激活状态时的总线波形
（实测波形）

如果经过检测，可以断定"漏电"是总线系统无法进入休眠模式引起的，则可利用 VAS5051 的故障引导功能作进一步的诊断和检查。长期的维修实践经验表明，车门的门锁开关往往是引发这一故障的常见原因，应予以高度重视。

8.3.2　CAN 总线终端电阻的检测

1. 终端电阻的作用

高频信号传输时，信号波长相对传输导线较短，信号在传输导线终端会形成反射波，干扰原来的信号，所以需要在传输导线的末端加装终端电阻，使信号到达传输导线末端后不再反射。

终端电阻一般装在系统（如驱动 CAN 总线）的两个控制单元内。如果终端电阻出现故障，则因为总线线路上出现反射信号的干扰，可能导致 CAN 总线无法正常工作。可用 DSO 对 CAN 总线信号进行检测，如果实测 CAN 总线信号波形与标准信号波形不符，则可能为终端电阻损坏。

装在驱动 CAN 总线上的终端电阻可以用万用表进行测量，但是装在舒适 CAN 总线和信息 CAN 总线上不能用万用表测量。

2. 终端电阻检测

为了测量两个终端电阻总的阻值，可调用 VAS5051 的万用表功能，按图 8-74 进行检测。

3. 终端电阻的测量步骤

终端电阻的测量步骤如下：

（1）将蓄电池正、负极接线柱上的导线（电缆）拆下；

（2）等待大约 5min，直到所有的电容器都充分放电；

（3）连接 VAS5051，调用万用表功能，连接测量导线，测量终端电阻的总阻值并做好记录；

（4）将一个带有终端电阻控制单元（如发动机控制单元）的线束插头拔下来，观察终端电阻的总阻值是否发生变化；

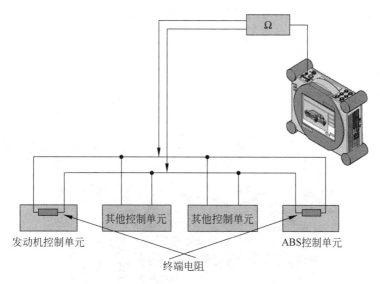

图 8-74 测量两个终端电阻总的阻值

(5) 将第一个控制单元(带有终端电阻,如发动机控制单元)的线束插头连接好,再将第二个控制单元(带有终端电阻,如 ABS 控制单元)的线束插头拔下来,观察终端电阻的总阻值是否发生变化;

(6) 分析测量结果。

4. 测量结果的分析

1) 驱动 CAN 总线的总阻值

下面以 Audi A2 1.4 车型为例,分析其驱动 CAN 总线的总阻值。

带有终端电阻的两个控制单元是由 CAN 导线连接相通的,两个终端电阻在总线上处于并联连接状态。测量的结果是每一个终端电阻的阻值大约为 120Ω,总的阻值约为 60Ω (实际测量值如图 8-75 所示)。通过该测量数据可以得出判断,驱动 CAN 总线的终端电阻是正常的。

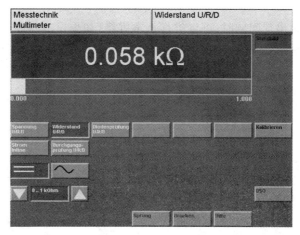

图 8-75 实际测量得到的驱动 CAN 总线两个终端电阻的总阻值

需要注意的是，单个终端电阻的阻值不一定是 120Ω 左右，其具体数值依总线结构的不同而异。

2) 驱动 CAN 总线的单个阻值

下面以 Audi A2 1.4 车型为例，分析其驱动 CAN 总线的单个阻值。

在总的阻值测量后，将一个带有终端电阻的控制单元的线束插头拔下，再进行测量，此时，屏幕上显示的阻值应该发生变化（这是测量一个控制单元的终端电阻阻值，实际测量得到的驱动 CAN 总线的单个终端电阻阻值如图 8-76 所示）。

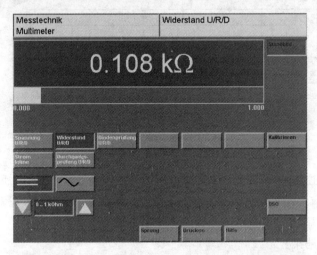

图 8-76　实际测量得到的驱动 CAN 总线的单个终端电阻阻值

如果将一个带有终端电阻的控制单元的线束插头拔下后，测量得到的阻值没有发生变化，则说明系统中存在问题。可能是被拔除的控制单元的终端电阻损坏，或者是 CAN 总线出现断路。如果在拔除控制单元后显示的阻值变为无穷大，那么，或者是未被拔除的控制单元的终端电阻损坏，或者是到该控制单元的 CAN 总线导线出现断路故障。

8.3.3　CAN 总线线束维修

CAN 总线的线束出现问题时，可以进行正常维修（如更换或将断开的导线恢复连接）。由于 CAN 总线使用的是双绞线，且双绞线的缠绕方式对 CAN 总线的抗干扰能力影响甚大，因此，在维修 CAN 总线的线束时，应特别注意以下几点。

1. 不要拆开总线接点

线束制造商在生产线束时，CAN 总线的总线接点（亦即导线的接合点，见图 8-77）是使用专用设备进行压接的，连接非常可靠，可有效防止杂波的侵入。在维修 CAN 总线的线束时，不要拆开总线接点，以免引入杂波，造成干扰。

CAN 总线接点的位置依车型不同而略有差异。Audi 汽车的驱动 CAN 总线接点位于左侧 A 柱的线束内（见图 8-78），而其舒适 CAN 和信息 CAN 的总线接点则位于右侧 A 柱仪表台右侧线束内（见图 8-79）。

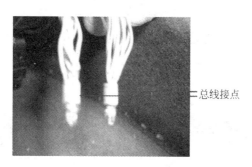

图 8-77　CAN 总线的总线接点（亦即导线的接合点）

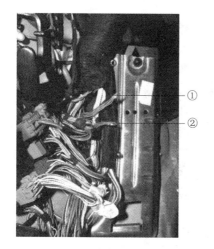

图 8-78　Audi 驱动 CAN 总线接点
①—驱动 CAN-High 导线（橙/黑）；②—驱动 CAN-Low 导线（橙/棕）

图 8-79　Audi 舒适 CAN 和信息 CAN 总线接点
①—信息 CAN-Low 导线（橙/棕）；②—信息 CAN-High 导线（橙/紫）；③—舒适 CAN-High 导线（橙/绿）；④—舒适 CAN-Low 导线（橙/棕）

2. 维修接点不宜离总线接点过近

为确保 CAN 导线不被外界的杂波侵入，维修接点不宜离总线接点过近（见图 8-80），两者至少要保证有 100mm 的距离。

3. 导线的绞合

为确保维修质量，大众汽车集团备有专用的 CAN 总线维修导线（见图 8-81），备件号码为 000 979 987，绝缘皮颜色为绿/黄和白/黄，长度为 10m，线径为 0.35mm^2。同时，维修 CAN 总线必须使用专用工具 VAS 1978（见图 8-82）。

应尽量使用专用的 CAN 总线维修导线，如果实在买不到专用导线，也可以用普通的多芯汽车电线代替。但需注意，在维修接点处，没有严格绞合的导线长度不允许超过 50mm（标准的缠绕长度为 20mm），两个维修接点之间的距离至少要大于 100mm

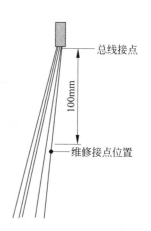

图 8-80　维修接点不宜离总线接点过近

(见图 8-81)。

不难看出,以上这些要求,都是出于防干扰的考虑。

图 8-81　CAN 总线的专用维修导线及相关要求

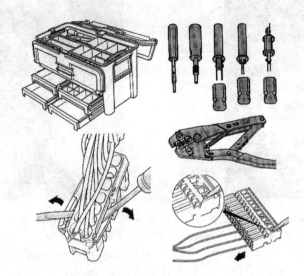

图 8-82　维修 CAN 总线的专用工具 VAS 1978 及其使用

复习思考题

1. 在汽车网络系统检修中,常用的检测设备有哪些?
2. 接触电阻可能对 CAN 总线波形产生哪些影响?
3. CAN 总线处于休眠状态时,其正常的静态电流是多少?

附录 汽车网络系统检测诊断实训指导书

1. 实训目的

通过进行汽车网络系统检测诊断实训,进一步深化对汽车网络技术的理解和认识,熟悉汽车网络技术在汽车上的具体应用以及不同车型、不同车系的网络技术特点,深刻认识和体会汽车网络系统的故障规律和故障特点,构建和积累初步的汽车网络系统检测诊断经验,切实培养和提高汽车网络系统故障检测诊断的实际工作能力。

2. 实训内容

(1) 驱动 CAN 总线正常波形的检测;
(2) 舒适 CAN 总线正常波形的检测;
(3) LIN 总线正常波形的检测;
(4) 发动机不能正常起动的检测诊断;
(5) 驾驶员侧车门玻璃升降器不能正常工作的检测诊断;
(6) 前乘客侧车门锁不能正常工作的检测诊断;
(7) 空调鼓风机不能工作的检测诊断;
(8) 雨刷器电机不能工作的检测诊断;
(9) 受 MOST 控制的 CD 不能工作的检测诊断;
(10) 蓄电池休眠电流过大的检测诊断。
注:以上故障,可由指导教师事先在教学用车(或实训台架)的网络系统上进行设置。

3. 实训器材

(1) 实训教学用车 4 辆(或实训台架 4 套);
(2) VAS5051 汽车检测仪(或 GT1,或多通道通用示波器)4 套;
(3) 数字式多功能汽车万用表 4 块;
(4) 其他辅助工具若干。

4. 实训要求

(1) 熟悉汽车网络系统的工作原理、结构组成及其元器件在汽车上的布置情况,能够确认故障现象。
(2) 能够正确、熟练地查找、使用维修资料(可以是电子版本的,也可以是纸质的),正确、熟练地使用检测诊断仪器设备及工具。

（3）能够按照正确的步骤和方法完成汽车网络系统故障诊断与维修工作。

（4）应能在规定的时间内独立完成（具体时间由指导教师视作业项目的难易程度酌定）。

（5）在检测诊断与维修过程中应注意职场健康和人身安全，爱护教学车辆及检测设备，杜绝人为损坏。

（6）将检测到的故障波形和检修完毕后的正常波形分别冻结（或手绘）存档，填写在实训作业单内，作为检测诊断的依据。同时，实训作业单内还要填写简要的检测诊断思路和体会。

5. 成绩评定

每个实训项目按满分 100 分计，学生的实训成绩由指导教师视其具体表现（对所测系统的熟悉程度，对仪器设备的使用是否熟练、正确，能否正确、熟练地查找、使用维修资料等）和完成情况酌情评定。

附：作业单（范例）

汽车网络系统检测诊断实训作业单

实训日期：_____年____月____日

实训项目	驱动 CAN 总线正常波形的检测		
学生姓名		学　　号	
实训成绩		指导教师签字	

参 考 文 献

[1] 凌永成.汽车电气设备[M].4版.北京：北京大学出版社,2019.
[2] 凌永成.汽车电子控制技术[M].4版.北京：北京大学出版社,2019.
[3] 尹力会.汽车总线系统原理与检修[M].北京：机械工业出版社,2010.
[4] 廖向阳.车载网络系统检修[M].北京：人民交通出版社,2010.
[5] 李雷.汽车车载网络系统检修[M].北京：人民邮电出版社,2009.
[6] 徐景波.汽车总线技术[M].北京：中国人民大学出版社,2011.
[7] 张军.汽车总线系统检修[M].北京：北京理工大学出版社,2010.
[8] 朱建风.常见车系 CAN-BUS 原理与检修[M].北京：机械工业出版社,2006.
[9] 南金瑞.汽车单片机及车载总线技术[M].北京：北京理工大学出版社,2005.
[10] 吴诰珪.汽车电子控制技术和车内局域网[M].北京：电子工业出版社,2004.
[11] 鲁植雄.汽车电脑控制器区域网数据总线[M].北京：人民交通出版社,2004.
[12] 李东江.汽车车载网络系统(CAN-BUS)原理与检修[M].北京：机械工业出版社,2005.
[13] 凌永成.汽车网络技术[M].北京：清华大学出版社,2012.